111 GRÜNDE, DEN 1. FC UNION BERLIN ZU LIEBEN

Frank Nussbücker

111 GRÜNDE, DEN 1. FC UNION BERLIN ZU LIEBEN

Eine Liebeserklärung an den großartigsten Fußballverein der Welt

Aktualisierte und erweiterte Neuausgabe mit elf Bonusgründen

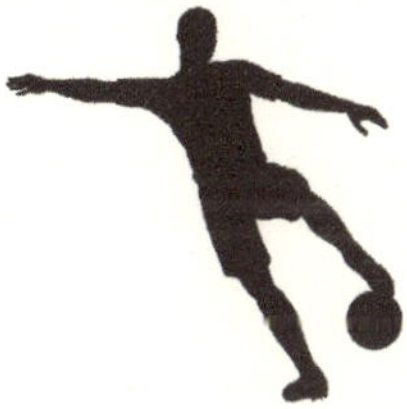

WIR SIND DER ZWÖLFTE MANN,
FUSSBALL IST UNSERE LIEBE!

INHALT

WEIL UNION FÜR MICH SCHON IMMER DA WAR

Ein Wort zuvor oder:
Der 1. Grund

Als ich am 23. März 1967 das Licht dieser Welt erblickte, firmierte unser Verein bereits seit 427 Tagen unter seinem bis heute gültigen Namen: 1. FC Union Berlin. In mein Bewusstsein trat Union zu dem Zeitpunkt, da ich genug Buchstaben beherrschte, um behaupten zu können: Ich kann lesen. Wo auch immer ich diese zu Wörtern oder gar Sätzen aneinandergereiht fand – in meiner Fibel, auf den Preistafeln im Fischgeschäft der freundlichen Frau Suckow oder der Tischplatte meiner Schulbank –, las ich los.

Eisern Union entzifferte ich so manchen Krakel, kunstvoll in den Pressspan des Schulmöbels geritzt. Auch die Zahlen- und Buchstabenkombination 1.FCU oder ausgeschrieben 1. FC Union entdeckte ich daselbst, das Ganze zumeist mit einem verlängerten oberen Balken des Buchstaben F, welcher sich bis hinter das U und in der Langfassung zumeist bis zum i erstreckte. Genau denselben Kunstgriff entdeckte ich bei den Aufnähern auf den echten Jeansjacken der langhaarigen Rabauken aus den oberen Klassen.

Unser Schuldirektor, ein Hüne mit voluminöser Kommandostimme und einer tiefen Liebe zu militärischem Kadavergehorsam, mochte weder lange Haare bei Jungen noch echte Jeansjacken oder Union-Aufnäher. Da ich brüllende Männerstimmen und obendrein alles hasste, was mich in irgendeiner Weise daran erinnerte, dass ich mit 18 dorthin musste, wo Kadavergehorsam als höchste Tugend galt, entwickelte ich bereits sehr früh eine instinktive Vorliebe, mir die Haare lang wachsen zu lassen, echte Jeans zu tragen und den

1. FC Union Berlin toll zu finden. Zu jenem Zeitpunkt hätte es sich bei Letzterem auch um eine Band, einen speziellen Teddybären oder eine Saurierart handeln können.

Ab der vierten Klasse interessierte ich mich für Fußball. Da ich meine Kindheit in einer kleinen Stadt nördlich von Berlin verlebte, standen mir zwei Vereine zur Auswahl. Der eine unterstand einer speziellen Gruppe der »bewaffneten Organe«, wie das bei uns so unschön hieß, der andere, jener 1. FC Union, war zivil. Allein aus spezieller »Zuneigung« zu meinem Schuldirektor und Armeeuniformen entschied ich mich für letzteren.

Meinem ersten Besuch von Unions Heimspielstätte, dem Stadion An der Alten Försterei, verdanke ich meine Teilhabe an einer mir gänzlich neuen Liedgut-Sparte. Der Ruf »Die Mauer muss weg!«, welcher vornehmlich bei Freistößen für die Heimmannschaft erklang, gefiel mir vor allem deshalb, weil ich mir sicher war: Mein Schuldirektor würde selbigen auf keinen Fall gutheißen. Liebte er doch auch jenes »antifaschistischer Schutzwall« genannte Berliner Betonbauwerk. Das immer wieder über den Platz schallende »Eisern Union!« war das kürzeste und zugleich echteste Arbeiter-Kampflied, welches ich je vernommen. Die Pubertät lenkte meine Aufmerksamkeit weg vom Fußball hin zu Mädchen mit langen Haaren. Später kehrte die Jagd nach dem runden Kunststoff als angenehme Form geselliger Fernsehunterhaltung in mein Leben zurück.

Seit 1988 lebe ich in Berlin-Prenzlauer Berg, seit 2002 zusammen mit meiner Liebe. Beim gemeinsamen Spaziergang durch unser Viertel lief mir, fast genau 30 Jahre nach meinem letzten leibhaftigen Stadionbesuch, meine alte Fußball-Liebe dort wieder über den Weg. Der 1. FC Union renovierte gerade mit Hilfe seiner Fans das Stadion An der Alten Försterei. Als Ausweichspielstätte diente den Eisernen ein vis-à-vis unserer Straße gelegenes Stadion. Ein paar Wochenenden gelang es mir noch, die dorthin pilgernden rotweißen Horden zu ignorieren. Dann konnte ich nicht mehr anders, als mir anlässlich meines nahenden Geburtstags eine Eintrittskarte für das nächste Union-Spiel zum Geschenk zu machen.

Spätestens in dem Augenblick, als Tausende Eiserne sangen: »FC Union, unsre Liebe, unsre Mannschaft, unser Stolz, unser Verein: Union Berlin! Union Berlin!«, wusste ich, dass meine Union-Abstinenz vorbei war. In der nächsten Saison zog ich mit An die Alte Försterei, wurde Fan, Vereinsmitglied, Stadionbesitzer.

Rot-weiß war die Schnullerkette unserer kleinen Tochter, rot-weiß ist ihr Lieblingskleid. So manches in diesen Farben gehaltene Textil begleitet mich auf all meinen Wegen, und viele meiner Gespräche mit Freunden drehen sich immer wieder um dieses eine Thema. Und führt mich der Weg mal wieder in mein Stadion, gehe ich nicht einfach zum Fußball, sondern zu Union.

Und jetzt, liebe Leserin, lieber Leser, erzähle ich dir, was für mich und viele andere so besonders ist an diesem Verein.

Frank Nussbücker

MIT UNION IN DER ACHTERBAHN

Vorwort zur erweiterten Neuausgabe

Liebe Leserin, lieber Leser, wie immer tat sich seit der letzten Auflage dieses Buches eine Menge im Hause Union. Ja mehr noch: Seit dem Ende der Ära Uwe Neuhaus sollte bis zum heutigen Tag keine Ruhe mehr einkehren.

Mit aller Gewalt – Klassenerhalt!, forderte im Herbst 2014 ein Banner unserer Ultraszene auf der Waldseite. Das Ganze galt seither in beiden Richtungen. Einem beherzten Abstiegskampf folgte alsbald der Fast-Aufstieg in die Beletage des deutschen Profifußballs, direkt anschließend erneutes Aufbegehren gegen den Spielklassenwechsel nach unten nebst Zerreißprobe der Eisernen Familie.

Dieser Achterbahn trägt die hier vorliegende erweiterte Neuauflage mit nunmehr elf Bonusgründen Rechnung. Sie erzählen vom 50. Vereinsgeburtstag und einem wohl für alle Zeiten einmaligen Freundschaftsspiel, vom Leben und Tod zweier unvergessener Unioner und der versöhnenden Zauberkraft des von uns geliebten Sports. Die berühmte Rote Wand aus über 12.000 gen Dortmund gereisten Eisernen erhebt noch einmal lauthals ihre Stimme. Von *Scheiße … wir steigen auf!* geht es direkt zur größten Krise unseres Vereins seit *Bluten für Union!* und dem Abstieg in die 4. Liga.

Eine immense Kraftanstrengung auf Rängen und Rasen verhinderte den Super-GAU. An den letzten beiden Wochenenden der Saison 2017/18 lagen sich Tausende Eiserne singend in den Armen. Viele von uns hatten Tränen in den Augen. Vieles war in Scherben gegangen. Union hatte gewankt und stand wieder auf, krempelt die Ärmel hoch zum Neuaufbau!

Zur neuen Spielzeit verlassen tragende Spieler den Verein. Leider auch Steven Skrzybski, der bereits als eiserner Steppke für uns den

Rasen umpflügte. Mit Urs Fischer nimmt ein gestandener Schweizer Verteidiger und Coach ganz vorn auf unserer Trainerbank Platz, von dem ich mir vor allem wünsche, dass er bei aller fachlichen Kompetenz auch vom Herzen her zu uns passt.

Für die Zukunft wissen wir lediglich: Es bleibt spannend im Hause Union. Aber was auch passieren mag, wir stehen und singen, laut & viel, für unsere Liebe, unseren Verein. Getreu der stets am lautesten gebrüllten Zeile unserer Hymne und dem Titel des neuen Eisernen Theaterstücks: »Wir werden ewig leben!«

Frank Nussbücker

1. KAPITEL

UNION UND ICKE

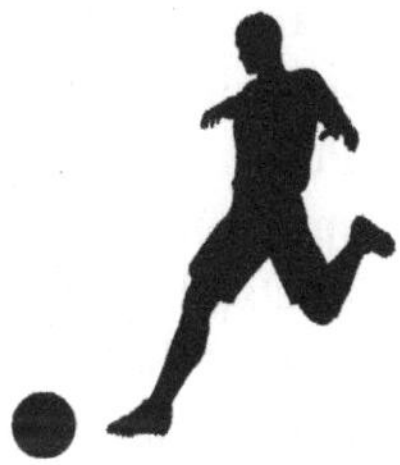

2. GRUND

Weil Nina Hagen mit meiner Schwiegermutter in eine Klasse ging

Meine Schwiegermutter lebt im Erzgebirge. In der Kreisstadt Annaberg-Buchholz legte sie ihr Abitur ab. Während der zehnten Klasse bekam sie eine neue Mitschülerin. Die war äußerst selbstbewusst, stammte aus Berlin und hieß Nina (eigentlich ja Catharina) Hagen. Um das Jahr 1970 muss das gewesen sein. Ninas Mama, die Schauspielerin Eva-Maria Hagen, gastierte am »Kreistheater Annaberg/Erzgebirge«. Seit sie mit Wolf Biermann zusammen war, bekam sie Schwierigkeiten mit der DDR-Justiz. Schließlich »verbannte« man sie aus Berlin, wo sie zuvor in Theater und Film einen Erfolg nach dem anderen gefeiert hatte. Auch beim Annaberg-Buchholzer Publikum kam sie sehr gut an. Zunächst spielte sie in *My Fair Lady*, später in *Can-Can*, wo sie zusammen mit ihrer Tochter auf der Bühne stand.

Weil die gute Nina noch schulpflichtig war, brachte man sie in der zehnten Klasse der hiesigen EOS unter, in der Klasse meiner Schwiegermutter. »Nina wollte ja gar kein Abitur ablegen, aber wahrscheinlich dachten sie bei uns: Die kommt aus Berlin, die können wir nicht in eine normale Schule stecken«, vermutet Schwiegermama. »Weil die Wohnung ihrer Mutter so klein war, wohnte Nina im Internat der EOS. Da brauchte sie nur drei Treppen runterzugehen, schon war sie in der Schule. Allerdings hatte sie meistens keine Lust auf Unterricht. Sie machte nur das, was unbedingt nötig war, mogelte sich irgendwie durch und feierte gern mal krank. Einmal besorgte sie sich aus einem medizinischen Lehrbuch die genauen Symptome einer akuten Gastritis, ging zu unserem alten Doc und spielte ihm das Ganze vor. Der Doc schrieb sie sofort krank.

Das Einzige, was sie wollte, war singen, schauspielern und wieder singen. Unserem Musiklehrer bescherte sie graue Haare. Die einfachen Lieder aus dem Lehrplan waren nicht ihr Ding. Lieber schmetterte sie ihm ganze Opernarien, perfekt vorgetragen, um die Ohren. Manchmal auch Lieder, die eindeutig nicht jugendfrei waren, der arme Mann hatte es schon schwer mit ihr. Am Wochenende zog es sie nach Berlin, da wollte sie einfach heim. Mit einer Mark in der Tasche trampte sie los und war längst nicht jeden Montag pünktlich zu Schulbeginn wieder da …« Was Nina Hagen in Berlin so trieb, darüber weiß mir meine Schwiegermutter nichts zu erzählen. Auch ich war nicht dabei, so bleibt mir an dieser Stelle nichts weiter übrig, als eins und zwei zusammenzuzählen:

Berlin, das bedeutete mit an Sicherheit grenzender Wahrscheinlichkeit auch in den Siebzigern vor allem drei Dinge: Abenteuer, Abenteuer und Abenteuer. In Berlin wohnte außerdem Ninas heiß geliebter Papa Hans, seines Zeichens Drehbuchautor und glühender Anhänger eines Berliner Fußballvereins, der die Farben Rot und Weiß in seiner Fahne führt. Na klar, Hans Hagen war Unioner, laut seiner Tochter ein Fan der ersten Stunde. An seiner Seite hatte die kleine Nina dereinst im Stadion An der Alten Försterei am eigenen Leib erfahren, *warum* ihr Papa immer wieder hierherkam, warum er hier manchmal so sehr litt und dann wieder so derart glücklich war. Aus Liebe zu ihm sei sie schließlich selbst mit Union verwachsen, bekennt sie später.

Das ist sie bis heute, auch auf ihrem Fachgebiet. Im Jahre 1998 sang sie unsere Vereinshymne ein. Dies ist auch mein Schicksalsjahr, lernte ich doch an seinem Ende niemand Geringeren als meine Schwiegermutter kennen. Zu Union allerdings brachte mich eine andere Respektsperson, wie im nächsten Grund zu lesen sein wird.

3. GRUND

Weil mein Staatsbürgerkundelehrer die Unaussprechlichen verehrte

Adolf Gustav war ein im Pulverdampf des Kalten Krieges ergrauter Aktivist der ersten Stunde. Klein von Wuchs, aber ein Beißer, dazu drahtig vom Scheitel bis unter die abgetretenen Sohlen seiner Schuhe. Was den Unterhaltungswert seiner Shows anging, war er die unangefochtene Nummer eins unter unseren Lehrern. Leider drehte sich sein Fachgebiet nicht um Unterhaltung, sondern um das Allerheiligste. Adolf Gustav war im Auftrag des Herrn unterwegs. Der hatte ihn gesandt, auf dass er uns die reine, wahre, einzige Lehre predigte: den weltweiten Übergang vom Kapitalismus zum Sozialismus, vorangetrieben von der revolutionären Arbeiterklasse unter der Führung ihrer revolutionären Vorhut, der marxistisch-leninistischen Kampfpartei. Adolf Gustav war unser Staatsbürgerkundelehrer.

Das Rad der Geschichte – ich sah es leibhaftig vor mir in nahezu jeder seiner Unterrichtsstunden. Sein Scheitel wirbelte durch die Luft, ebenso das Ende seines viel zu langen Schlipses, den er sich aus diesem Grund immer wieder unter den Hosenbund klemmte. Mit weit ausholenden Armbewegungen drehte Gustav das unsichtbare, gewaltige Geschichtsrad noch ein Stück weiter Richtung weltweitem Übergang. Die Kapitalisten dieser Welt hatten keine Chance, es sei denn, wir faulen Säcke machten sie stark, indem wir nicht feste genug lernten, nicht unser Bestes gaben, nicht mindestens drei Jahre zur Armee gingen.

Adolf Gustav hatte das Land, in welches wir hineingeboren worden waren, mit seinen eigenen Händen aufgebaut. Der Geruch der Arbeit war ihm bestens vertraut, und er kannte die Sprache der Arbeiter, weil es seine eigene war. »Drüben wäre ich wie mein Vater dazu verurteilt gewesen, für den Profit der Kriegsgewinnler meine

Knochen hinzuhalten!«, predigte er uns immer wieder. »Nur hier, im Staat der Arbeiter und Bauern, konnte einer wie ich studieren! Und ihr könnt das auch – egal, was eure Eltern auf dem Konto haben. Das Einzige, was ihr dafür bringen müsst, ist eure Leistung im Unterricht! Wie sagte Lenin? Arbeiten, arbeiten, arbeiten, leisten, leisten, leisten!«

Eben damit haperte es bei den meisten von uns, den allermeisten. Und der Eiserne Gustav, wie wir unseren Staatsbürgerkundelehrer alsbald zu nennen pflegten, wurde nicht müde, uns das um die Ohren zu hauen. Ich achtete diesen Mann. Er war keiner jener weichgespülten Phrasendrescher der zweiten oder dritten Stunde wie etliche meiner Mitschülerinnen, die ebenfalls darauf drängten, dass wir Jungs zur Sicherung von Frieden und Sozialismus drei Jahre unseres Lebens der NVA schenkten. »Geht doch selbst zur Armee!«, konnte ich denen entgegenhalten, aber dem Eisernen? Der hatte nicht nur drei Jahre seines irdischen Daseins »der Sache« gewidmet, sondern sein gesamtes Leben! Folglich beschlich mich, wann immer er in seinem kreidestaubgesättigten, ehemals wohl braunen Jackett seinen Tanz aufs steinerne Parkett des Klassenraumes legte, ein schlechtes Gewissen. Denn natürlich hängte ich mich im Unterricht längst nicht so rein, wie es der Eiserne Gustav predigte. Meine Hausaufgaben erledigte ich innerhalb von zehn Minuten, den Rest schrieb ich in aller Eile morgens von einem Mitschüler ab.

Der Eiserne Gustav brachte seine Leistung, im Klassenraum und auf dem Fußballplatz. Beim jährlichen Abschiedsspiel der Zehntklässler gegen die Lehrerauswahl gehörte er zu den beiden Leistungsträgern seiner Mannschaft. Der andere war der freundliche Herr Pechmann, unser Werken-Lehrer. Der habe früher mal bei Hertha gespielt, hieß es hinter vorgehaltener Hand. Ein Gerücht, welches Herrn Pechmann für uns zum Idol machte.

Auf dem Platz verstanden sich die beiden hervorragend, wenngleich der Eiserne Gustav für die Westberliner Hertha nur ein verächtliches Lächeln übrig hatte. Für welche Fußballmannschaft sein

Herz schlug, daraus machte der Eiserne keinen Hehl. Hier nun zeigte es sich, dass wir mit seinem Spitznamen absolut danebenlagen. Denn der Eiserne verehrte nicht etwa den 1. FC Union, dessen Anhänger sich mit dem Gruß »Eisern!« Guten Tag sagten. Adolf Gustav liebte dessen Widerpart, den »Meister unserer Herzen«, welcher alsbald zehn Jahre lang die Abschlusstabellen der DDR-Oberliga anführen sollte.

Und Gustav machte kein Geheimnis daraus, warum *sein* Herz *ebendiese* Wahl getroffen hatte. Unterstand jener Verein doch dem Ministerium für Staatssicherheit, den Tschekisten, wie Gustav die Genossen jenes Ministeriums nach den Kämpfern der ersten sowjetischen Geheimpolizei nannte. »Das sind die Arbeiter an der unsichtbaren Front«, erklärte er uns, »Schild und Schwert der Partei, die all unseren Feinden erbarmungslos die Maske vom Gesicht reißen.« Seine Lieblingsmannschaft war, wenn er es uns gegenüber auch nie wortwörtlich *so* aussprach, die stollentragende Elitegarde des Weltproletariats auf deutschem Boden.

Sein Gesicht präsentierte die Miene des endgültigen Siegers der Weltgeschichte, als uns Adolf Gustav eines Morgens verkündete: »Gestern hat unser Meister, die Mannschaft unserer Herzen, im englischen Nottingham einen historischen Sieg errungen!« Er meinte den 1:0-Auswärtserfolg der Weinroten aus Hohenschönhausen gegen Nottingham Forest im Viertelfinale des Europapokals der Landesmeister. Schlimm genug, dass der alte Kämpe in Sachen weltweiter Übergang immer recht hatte, weil er ja die reine Lehre predigte. Schlimm genug, dass ich niemals ein so bedingungslos arbeitender und leistender Kämpfer wie Adolf Gustav sein würde. Nun aber hatte er auch noch in Sachen Fußball immer recht! Das war eindeutig zu viel. Spätestens hier konnte ich nicht mehr anders, als mich auf die andere Seite zu stellen. Seit jenem Tag verehrte ich den Berliner Erzrivalen des großen sozialistischen Vorzeigeclubs.

Zwei Wochen nach dem vom Eisernen Gustav als historisch erklärten Sieg der Hohenschönhausener Kämpfer über die stollentragenden Handlanger des englischen Monopolkapitals schossen die Kicker aus Nottinghams Wald »unsere« weinrot-weißen »Diplomaten im Trainingsanzug« im Ostberliner Jahn-Sportpark mit 1:3 aus dem Wettbewerb. Der vom Eisernen gepredigte weltweite Übergang erfolgte 1990 in umgekehrter Richtung, und so manche seinem Mund entströmte Phrase gerann längst zu hässlicher realkapitalistischer Wahrheit. Die beherrscht nun, nach dem *realen* weltweiten Übergang, auch mein Leben. Meinen Frieden mit Herrn Gustav hab ich längst gefunden. Die Eisernen, ein Arbeiterverein im wahrsten Sinne des Wortes, verehre ich bis heute.

4. GRUND

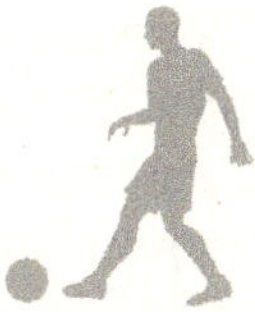

Weil Union Berlin eine Erinnerung an meine Kindheit ist

Ich war ein elfjähriger Steppke. Erstmalig fuhr ich, zusammen mit meinem Schulfreund Berge, zum Fußball nach Berlin. Was für ein feierlicher Augenblick, als ich mir an jenem regnerischen Novembersamstag den weit über zwei Meter langen rot-weißen Fanschal umband. Den hatte meine Tante Renate auf der Strickmaschine für mich gefertigt.

Leider wurde ich sogleich enttäuscht, denn Berge empfing mich am Bahnhof mit einem energischen Kopfschütteln. »Wolle weg, Alter, ick will lebend inne Försterei ankomm!« Mit diesen Worten lüftete er für einen Augenblick seinen Parka, dass ich sah: Er hatte sich seinen Schal mehrfach um den Bauch gebunden. Niemand sollte ihn sehen.

»Wieso das denn?«, wollte ich fragen, doch Berge kam mir zuvor: »Wir fahr'n nach Berlin, Alter! Da herrschen andere Jesetze. Die aus Riesa – druff jeschissen! Aber't sind jenuch Weinrote unterwegs, um versprengte Unioner uffzuklatschen.«

Bald tauchten Berges Kumpels Scholle und Ekym aus der Parallelklasse auf, und wir bestiegen – selbstverständlich schwarz – die S-Bahn nach Ostberlin. Auch Scholle und Ekym trugen ihre Fanschals »innen«. Nachdem Berge sie in meinen klamottentechnischen Fauxpas eingeweiht hatte, wurden sie die gesamte Bahnfahrt über nicht müde, mir von ihren Erfahrungen mit den Weinrot-Weißen zu erzählen.

»Eenmal sind wa aus Versehen inn falschen Zuch einjestiegen!«, legte Scholle los. »Zu spät sehe ick, der janze Waggon voller Beffzen! So schnell konnt ick jar nich kieken, wie die uns die Schals jeruppt ham. Kurz druff durften wa zukieken, wie die Dinger brenn' tun. Um een Haar hättense uns ausde fahrende Bahn jeschmissen.«

»Wer ick nie vajessen, wie die uns die Friedrichstraße langjescheucht ham!«, legte Ekym nach. »Wie ick so renne, hör icks uff eenmal so komisch durchde Luft pfeifen. Eenen Oogenblick späta hat der neben mirn Loch im Kopp. Ne Bierpulle voll uffn Scheitel, hat jeblutet wie Sau!« Mir wurde allein vom Zuhören mulmig in der Magengegend. Anderthalb Stunden später erschien es mir wie ein Wunder, dass wir lebendigen Leibes den S-Bahnhof Köpenick erreicht hatten. Ab Ostkreuz leuchtete die gesamte S-Bahn rot-weiß, und auch ein jeder von uns trug seinen Schal nun, wie es sich gehörte, um den Hals.

Am Bahnhof jede Menge blaue Trapos, auf dem Weg zum Stadion viel Bereitschaftspolizei, Armisten in grüner Uniform. Etliche blickten gelangweilt, andere ängstlich unter ihren Käppis hervor. Ein Stiefelhosenträger mit steil aufragendem Knick in seiner Schirmmütze musterte uns, als seien wir Rekruten. Breitbeinig wie ein Wildwest-Revolverheld stand er vorm Bahnwall, ich war heilfroh, als wir ihn passiert hatten.

Ein Stück durch den Wald, dann sah ich es, zum allerersten Mal, das legendäre Stadion An der Alten Försterei: ein schmuckloser Wall, Betonstufen führten hinunter zum eingezäunten Spielfeld. Unter freiem Himmel warteten über 13.000 Menschen auf den

Anpfiff. In unserem Block angekommen, unterwiesen mich Berges Kumpels in den wichtigsten Eckdaten der Hausordnung. »Der da drüben, olle Urin, iss hier anne Mittellinie der Chef«, raunte mir Ekym zu, dabei mit aller ihm möglichen Zurückhaltung auf einen langmähnigen Hünen im verwaschenen Shell-Parka deutend.

»Wennde hier Scheiße baust, brauchste nich denken, der kommt an und haut dir eene uffs Maul!«, übernahm Scholle. »Bei Urin haste höchstpersönlich anzutreten, um dir deine Kloppe abzuholn.«

Ich nickte verständig und sah zu, dass ich innerhalb unserer Gruppe möglichst weit weg von dem Genannten stand. Der aber hatte offensichtlich anderes zu tun, als seine Aufmerksamkeit uns Grünschnäbeln zu schenken. Aus tiefen, dunklen Höhlen heraus inspizierten seine Adleraugen Platz und Ränge. Rau und korngeschwängert stach sein »Eisern Union!« aus der Masse der Sänger hervor. Stimmgewaltig war der Mann, daran gab es keinen Zweifel. Zusammen mit Berge, Scholle und Ekym fielen wir ein in die Gesänge der gut 10.000 Unioner, die ihre Mannschaft bis zur letzten Spielsekunde bedingungslos nach vorn brüllten. Trotz Nieselregens der beeindruckendste Massenchor der Welt – und ich hatte in ihm mitgesungen, garantiert nicht zum letzten Mal!

5. GRUND

Weil meine Liebe, obwohl sie Fußball hasst, einen rot-weißen Sonnenschirm kaufte

Mit meiner Liebe verbinden mich viele gemeinsame Leidenschaften. Eine unserer größten ist das Schreiben. Auf einem Seminar für Prosa-Autoren lernten wir uns kennen. Es waren die Texte des anderen, die uns aufeinander aufmerksam werden ließen. Den Rest besorgte die Sommernacht. Heute arbeiten wir seit über fünf Jahren zusammen an einer Kurzgeschichtenzeitschrift, lesen die Texte des anderen, als wäre es das erste Mal, und verfolgen unseren Traum: Seit Langem sammeln wir Material für einen Roman über die lichte Zukunft des Erdballs nach dem Untergang der Menschheit, den wir gemeinsam schreiben wollen. Aber zurück zu jener Sommernacht. In ihr vertrauten wir uns eine Menge voneinander an. Nur *eine* meiner Leidenschaften verschwieg ich meiner Liebe. Ahnte ich doch, dass sie diese nicht nur nicht teilte. Ich bin sicher: Hätte sie in jener Nacht gewusst, wie es in dieser Hinsicht um mich steht, hätten wir uns nie näher kennengelernt.

Ich rede von meiner Leidenschaft für den Fußball, genau genommen meiner Fußballsucht. Die übernahm ich wohl von meinem Großvater. Er war Dorfschullehrer, hatte ein verkürztes Bein und konnte kaum laufen, zumindest wenn Gartenarbeit oder Weltkrieg anstanden. Spielten dagegen die Dorfjungs Fußball und brauchten einen Schiedsrichter, war er sofort zur Stelle. Ebenso fit zeigte er sich, wenn er am Wochenende die gut zwölf Kilometer bis in die Stadt wanderte, weil dort sein geliebter SC in der mitteldeutschen Kampfbahn spielte. In seinem schwarzen Sonntagsanzug stand Opa im Steigerwaldstadion. Alles in ihm erwartete den Augenblick, da die beiden Mannschaften aus ihren Kabinen kamen, um direkt vor seinen Augen das große Spiel zu zelebrieren. *Das* zog ihn an wie einst Odysseus der Sirenengesang. Nur, dass sich Opa nicht an einem Mast festbinden ließ, sondern rechtzeitig loslief, um pünktlich vor Anpfiff an der Traverse zu stehen.

Ähnlich erging es mir, als ich zum ersten Mal ein Fußballstadion betrat. Das Grün des Spielfelds wirkte auf mich so wohltuend wie für manch anderen der Blick aufs Meer. Mein Atem ging ruhiger, leichter – Zug um Zug fühlte ich mich eins werden mit dem Geschehen auf jenem Rasen der Leidenschaften. So geht es mir bis heute – egal, ob es um Weltmeisterschaft, Champions League oder Europa League, Bundesliga, Berlinliga, Kreisklasse C oder ein Match zwischen Freizeitkickern geht. Schon der Anblick des noch menschenleeren Platzes beschert mir eine Ruhe, die ich wohl im abgelegensten aller tibetischen Gebirgsklöster nicht finden würde. Betreten die beiden Mannschaften das Geläuf, entgleitet mir auch der letzte Gedanke, der nichts mit dem gleich beginnenden Spiel zu tun hat. Jedwede Sorge, dreht sie sich um einen Fleck auf meiner Hose, meinen eventuellen finanziellen Bankrott als Freiberufler oder gar einen Streit mit meiner Liebe – all das verweht wie eine Schäfchenwolke im Oktoberwind. Finde ich je einen kostbaren Moment der Ruhe, dann vor und während eines Fußballspiels. Für all das hat meine Liebe, sonst die Meisterin eines feinsinnigen wie sinnlichen Sprachgebrauchs, nur ein Wort übrig: »Scheißfußball!«

Anders liegt der Fall für uns beide, handelt es sich bei einem der auflaufenden Teams um den 1. FC Union Berlin. Ein Union-Spiel zu verfolgen hat für mich nichts, aber auch gar nichts mit Entspannung zu tun. Ob in Stadion, Sportsbar oder Wohnstube, spätestens nach zehn Minuten stehe ich wild gestikulierend im Banne des Ereignisses, als sei ich mindestens Trainer der Eisernen.

Was meine Liebe angeht, gebrauchte sie oben genannten Fäkalausdruck noch nie im Zusammenhang mit meiner eisernen Leidenschaft. Als sie für unseren Balkon einen Sonnenschirm kaufte, wählte sie wie selbstverständlich einen rot-weißen. Den runden Küchentisch ziert seit Beginn der Arbeit an diesem Buch eine rot-weiße Tischdecke. In meinem Arbeitszimmer steht eine große, farblich ebenso gehaltene Truhe. Die fertigte meine Liebe passgenau, auf dass ich darin meine Union-Programme sammeln kann. Kurzum: Meine Liebe unterscheidet genau, ob es bloß um Fußball geht – oder um den 1. Fußballclub Union Berlin.

6. GRUND

Weil meine Liebe ihre weiße Jeans zerschnitt, um mir eine Union-Jacke zu schenken

Meine Liebe zeigte sich beeindruckt. Als sie mich vor ein paar Jahren zum Kartenvorverkauf für Unions nächstes Auswärts-Heimspiel im Jahnstadion begleitete, staunte sie über die originelle Bekleidung vieler Fans. Etliche Fußball-Schals stammten eindeutig aus jenen Zeiten, da hierzulande Handarbeit und Strickmaschinen Hochkonjunktur gehabt hatten. Besonders eine ältere Dame im selbst gestrickten rot-weiß geringelten Pullover inklusive sauber gearbeitetem Union-Logo hatte es ihr angetan.

Zum nächsten Weihnachtsfest waren wir beide, wie sehr oft in unserem Leben, finanziell mal wieder nicht richtig flüssig. Eine Bio-Ente musste auf den Tisch, aber für Teures unterm Weihnachtsbaum wurde es knapp. Wir wollten dennoch nicht darauf verzichten, uns mit einzigartigen Gaben zu beschenken.

Meine Liebe ging zu diesem Zwecke erst einmal in ihren Lieblings-Secondhandladen, sie erstand eine leuchtend rote Kapuzenjacke. Wieder daheim, erkundigte sie sich bei meinem Freund Clemens, wie und wo sie den Aufnäher mit dem Union-Logo zu platzieren hätte. Clemens ist Fußball-, aber kein Union-Anhänger. So riet er ihr völlig korrekt, das Logo links auf der Jacke, also überm Herzen, anzunähen. Allerdings plädierte er dafür, es schräg anzusetzen, statt wie bei Union seit 1966 üblich: nahezu gerade.

Alsdann opferte meine Liebe ihre erste weiße Westjeans, um aus deren Hosenbeinen je einen Streifen für die Jackenärmel zu fertigen. Anschließend besetzte sie den Rücken des ehemaligen Von-der-Stange-Textils mit weißen Jeans-Buchstaben, welche fortan – von links nach rechts gelesen – meinen Spitznamen ergaben. Darüber prangt die Zahl 23, denn ich habe am 23. März Geburtstag. Aus fussballtechnischen Gründen blieb für den Monat kein Platz mehr. Tränen der Rührung standen mir in den Augen, als ich unterm Weihnachtsbaum mein Geschenk auswickelte. Die nächsten Wochen mochte ich trotz spielfreier Winterpause keinen Tag ohne meine einzigartige Union-Berlin-Kapuzenjacke herumlaufen. Alsbald fransten Ärmelstreifen, Rückennummer und mein Spitzname an den Rändern ein wenig aus und verliehen der Jacke den Hauch echter Altehrwürdigkeit.

»Das muss Liebe sein!«, kommentierte meine beste Union-Freundin, als sie mich zum ersten Mal derart gekleidet An der Alten Försterei erblickte. Bis heute trage ich meine Kapuzenjacke, außer bei übermäßiger Sommerhitze, zu jedem Union-Spiel.

Letzten Dezember lief ich nach unserem 2:0 gegen Kaiserslautern bei meinem Bratwurst-Test im VIP-Zelt unserem Präsidenten über den Weg. Dirk Zingler sah mich kurz an, dann schüttelte er mir spontan die Hand. Während ich mich noch fragte, wie ich wohl zu dieser Ehre käme, löste er das Rätsel mit den Worten: »Coole Jacke!«

7. GRUND

Weil wir Unioner eine Familie sind

Meiner Liebe und mir stand die Geburt unserer Tochter bevor. Das Krankenhaus Havelhöhe liegt tief im Hertha-Land. Dennoch erwählten wir es zu jenem Ort, an dem die Kleine zur Welt kommen sollte. Bei der Besichtigung von Kreißsaal und Mutter-Kind-Station sah ich den gesamten Flur mit Dankeskarten verziert, die glückliche Eltern an die Krankenhausbesatzung geschrieben hatten. Unter diesen fiel mir besonders eine auf: Jene Eltern hatten ihrem Spross in Erinnerung an einen einstigen Hertha-Star die Vornamen Arne und Friedrich verpasst. Auf ihrem Dankesfoto lag der kleine Mann in einem blau-weißen Strampler auf dem Trikot des genannten

Hertha-Verteidigers. Das kann so nicht bleiben, sagte ich mir, hier müssen auch wir zu sehen sein!

Meine erste Idee: Wir nennen unsere Tochter nach Unions aktuellem Mannschaftskapitän. Seit der vierten Liga gehörte er dem Verein an und war bis in die Zweite Bundesliga mitgewachsen: Mattuschka! Zur Geburt begleitete ich meine Liebe im Eisern-Union-Dress. Es sollte mir den Mut geben, den ich brauchte, um sie bei ihrem großen Kampf bestmöglich zu unterstützen.

Als wir dann – völlig erledigt und glücklich – zu dritt die Mutter-Kind-Station erreichten, begrüßte uns die diensthabende Nachtschwester mit den Worten: »Ist ja toll, dass hier ooch mal'n Unioner herkommt, ick bin hier nämlich die Einzige. Alle anderen, die sich für Fußball interessieren, sind für Hertha.«

Jene Schwester sollte uns in den kommenden Nächten eine enge Vertraute werden. Sie zeigte uns mit Engelsgeduld das Wickeln mit reinen Baumwollwindeln und gab uns viele Tipps mit auf den Weg. Natürlich versorgte sie auch alle anderen jungen Mütter und Familien aufs Vortrefflichste, aber zwischen uns und ihr entwickelte sich eine besondere Herzlichkeit.

Nicht nur, dass wir uns duzten, denn Unioner sagen nicht »Sie« zueinander. Ich lieh ihr meine Dauerkarte, auf dass sie zum letzten Spiel der Saison ihren Schwiegervater mit ins Stadion nehmen konnte. Seit ich selbst wieder zu Union gehen kann, treffe ich sie regelmäßig zu unseren Punktspielen An der Alten Försterei.

Wir nannten unsere Tochter natürlich nicht Mattuschka. Drei Wochen nach der Geburt der Kleinen mailte mir unsere Lieblings-Krankenschwester: *Vielen Dank für eure Karte! Das Foto eurer Kleenen hängt direkt neben dem Hertha-Spross.*

Ich hatte unsere Tochter für besagten Schnappschuss auf meine Union-Jacke gelegt und ihr meinen handgestrickten Fanschal als Requisit beigegeben. Die Kleine streckte sich ihm entgegen in der Manier eines gestandenen Torwarts, der sich anschickt, ein auf sein Gehäuse geschossenes rot-weißes Etwas sicher zu fangen. Nun also waren auch unsere Farben hier in Havelhöhe zu sehen. Von einem anderen Unioner bekamen wir reichlich Babywäsche vererbt. Das rot-weiß gestreifte Kleidchen liebt unser Töchterchen so sehr, dass sie selbst beim Telefonieren mit der Großmutter darauf zeigt und davon erzählt. Bald ist es ihr zu klein, aber wir ahnen schon, wer es bald tragen wird. Die Verlobte von Steini Junior, meinem Vordermann An der Alten Försterei, erwartet im Frühjahr ein Kind, genau wie unsere Lieblingskrankenschwester aus Havelhöhe. Ich bin mir sicher: Eines der Babys wird ein Mädchen sein.

8. GRUND

Weil ich es, wo immer ich bin, körperlich spüre, wenn Union spielt

Wie jeder Süchtige unternehme auch ich hin und wieder den Versuch, meiner Abhängigkeit zu entkommen. Mehr als einmal pro Saison sage ich mir: Heute tust du dir das nicht an, heute gehst du weder ins Stadion noch in die Sportsbar, und du setzt dich auch nicht vor den Rechner und verfolgst das Spiel via Radio oder Live-Ticker! Diese Rechnung geht regelmäßig nicht auf. Es sei denn, meine Tochter, meine Liebe, ich oder wir alle liegen derart krank darnieder, dass überhaupt nichts geht oder ich mich mit Haut und Haar im Krankenpfleger-Modus befinde. Weitere Möglichkeiten des Spielverpassens sind: Wir sind verschollen, befinden uns auf Urlaubsreise in einer funktechnisch unerschlossenen Gegend oder ich habe einen beruflichen Termin, dessen Wahrnehmung angesichts der Lebenshaltungskosten unserer kleinen Familie oberste Pflicht ist.

Doch auch in allen hier aufgeführten Fällen komme ich nicht vorbei an Unions Spielen. Der Grund dafür ist simpel: Selbst wenn ich mit aller Kraft versuche, dies nicht wahrzunehmen, weiß ich um sämtliche Punktspielansetzungen meines Vereins. Sobald das Spiel begonnen hat, drehen sich sowohl meine Gedanken als auch meine Körperempfindungen um nicht viel anderes als jenes Match.

Um mir hier keine falschen Federn anzukleben: Ich verfüge nicht einmal ansatzweise über telepathische Fähigkeiten jedweder Art. Will sagen: Ich spüre nicht, ob wir mal wieder zurückliegen, ob wir hinten sicher stehen, das Mittelfeld beherrschen oder unsere Kicker gar einen jener Tage erwischt haben, an denen sie alles, was auch nur im Entferntesten an eine Chance erinnert, umgehend in Tore ummünzen. Das Einzige, was mir mein plötzlich schneller anmutender Herzschlag, das ebenso abrupt einsetzende Kribbeln auf meiner Haut, das Pochen hinter meinen Schläfen und die mich schlagartig überfallende rot-weiße Gedankenwelt unmissverständlich klarmachen: Unser Spiel läuft.

Und noch etwas weiß ich dann: Sollte sich mir in den nächsten 105 Minuten plus Nachspielzeit irgendeine Chance darbieten, den aktuellen Spielstand zu erfahren, so werde ich diese gnadenlos nutzen, auch wenn es längst nicht immer erfreulich ist, was ich dann erfahre. Nach einem jubilierenden »Eisern!« oder dem trotzig-kämpferischen Ballen meiner hochgestreckten Faust gehe ich zur Tagesordnung über und fiebere dem nächsten Union-Spiel entgegen.

9. GRUND

Weil du mit Union nicht unbehelligt durch die Stadt kommst

1. FC Union Berlin!, sangen ein paar Jungs von vielleicht acht, neun Jahren in meine Richtung, als sie mich auf den Spielplatz kommen sahen. Ein paar Stunden vor meiner Reise nach Köpenick wollte ich noch ein bisschen mit meiner Tochter schaukeln. Sofort stimmte ich mit ein in den Gesang der Jungs, und meine Kleene ballte freudigen Gesichts ihre kleinen Hände zu Fäusten.

Wann immer ich mich mit rot-weißem Schal, Union-Mütze, -Trikot oder -Jacke durch die Stadt bewege, komme ich in zumeist angenehmen Kontakt mit meinen Mitmenschen. Eine ältere Dame in der Straßenbahn erzählte mir spontan, dass sie vor dem Mauerbau ab und zu in der Plumpe gewesen sei, dem berühmten Hertha-Platz am Gesundbrunnen. »Damals, als die noch hier jespielt ham!« Eine Frau etwa in meinem Alter ließ mich wissen, dass sie als »junget Ding« alle zwei Wochen An der Alten Försterei war. »Wo stehen wir jetzt eigentlich in der Tabelle?«, wollte sie wissen, bevor sie ausstieg.

So mancher brummt mir im Vorbeigehen ein »Eisern« zu, oft mit zum Gruß erhobener Faust. Für mich eine schöne Sache, doch nicht jeder freut sich darüber, dass das so ist – zum Beispiel mein Kumpel Jockel. Jockel ist für mich das, was ich einen links-alternativen Punk nenne. Einer von der undogmatischen Sorte. Nur in einer Sache ist er äußerst entschieden, um hier nicht das Wort »dogmatisch« zu gebrauchen: Jockel hasst aufrichtig und aus tiefstem Herzen alles, was in irgendeiner Weise mit Fußball zu tun hat.

Einer seiner vier Jobs ist der eines Fahrrad-Rikscha-Fahrers. Auf dem derartig ausgestatteten Elektrorad kutschiert er Touristen durch die Stadt. Während der Fahrt erzählt er ihnen so manches über die Sehenswürdigkeiten, was in keinem Stadtführer dieser Welt steht. Das liegt daran, dass Jockel es sich im Moment des Erzählens ausdenkt. Er hat Spaß daran, und nahezu alle seine Gäste offerieren ihm für seine Storys ein anständiges Trinkgeld.

Eines schönen Frühlingsvormittags kam Jockel später auf dem Rikscha-Hof an als gewohnt. Es war nur noch ein einziges Gefährt frei, ein nigelnagelneues leuchtend rotes. Jockel war kaum vom Hof, als ihm vom Straßenrand her ein vierschrötiger Kerl ein knackiges »Eisern!« entbot. Entgeistert schüttelte Jockel den Kopf, doch es sollte nicht der letzte Gruß dieser Art bleiben. Immer wieder hieß es in seine Richtung: »Eisern!«, »Eisern Union!« oder »Und niemals vergessen!«, wobei ihn die Grüßenden stets mit einem Blick bedachten, der blanke Verwunderung darüber verriet, dass von Jockel keinerlei Antwort kam.

Als ihn ein Fahrgast – sein Lächeln drückte pure Anerkennung aus – wissen ließ: »Sie kennen aber viele Leute! Man kommt ganz schön rum als Rikscha-Fahrer, was?«, verzichtete Jockel darauf, dem Mann die Geschichte vom Beinahe-Einsturz des Berliner Fernsehturms zu offerieren. Verbissen schweigend kutschierte er den Mann zu seinem Ziel und machte sich, schleunigst und ohne das Trinkgeld anzunehmen, aus dem Staub.

Als er kurz darauf seinen Standplatz erreichte, raunzte er seinen frühstückenden Kollegen an: »Was für'n bekloppter Tag heute! Alle paar Meter quatscht mich einer mit ›Eisern Union‹ an. Soll'n das? Was hab ich mit diesem Scheißfußballzeug zu tun?«

»Im Moment 'ne ganze Menge«, erwiderte sein Kollege kauend, »schließlich sitzt du mittendrin in 'ner 1.-FC-Union-Berlin-Werbung!« Da erst bemerkte Jockel das große, jenes knallrote Gefährt auf beiden Seiten zierende Logo. Stimmt, kramte sein Hirn die bis eben erfolgreich verdrängte Tatsache hervor, der Chef war ja Anhänger dieses bekloppten Fußballvereins! Wenig später fuhr Jockel, völlig am Ende mit seinen mentalen Kräften, auf den Hof zurück. Nie wieder Union, schwor er sich eisern.

Immerhin erzählte er mir irgendwann diese Geschichte und mittlerweile guckt er auch gar nicht mehr böse, wenn ich mir an besonders schönen Sonnentagen erlaube, ihn mit »Und niemals vergessen!« zu begrüßen.

10. GRUND

Weil »Eisern Union« des Vaters Rettung war

Mit satten 44 Lenzen erfuhr mein Leben einen tiefen Knick. Ich war am Ende mit meinem Latein, jede Sekunde stellte eine übermenschliche Anstrengung für mich dar. Im sprichwörtlichen Sinne musste ich das Laufen neu erlernen.

Ich war Vater geworden – fernab der heilen Welt unserer Urahnen! Bei ihnen hatte hier die wichtigste Herausforderung für einen Mann darin bestanden, dass er nach dem großen Baby-muss-pullern-können-Saufen in der Kneipe noch stehen konnte. Alsdann wäre es meine Aufgabe gewesen, im Wirtshaus den stolzen Erzeuger zu mimen. Einen Mann, der nicht müde wird, die Vorzüge und ganz besonderen Fähigkeiten des von ihm gezeugten Stammhalters formvollendet zu preisen, und der dabei hin und wieder ein mit der eigenen Kamera aufgenommenes Fotodokument des selbigen herumreicht.

Ich aber war ein »moderner« Vater, der bei der Geburt live mitfieberte, hernach einen Großteil seiner Nächte Bauch an Bauch mit Baby schlief und dem dieser ganz spezielle, sich beim Windelwechseln entfaltende Geruch nicht mehr aus der Nase ging. Kurzum: Ich war kein Mann mehr, sondern ein alter junger Vater. Obendrein der einer Tochter.

Meine einzige Verbindung zur Außenwelt bestand in meinen allnachmittäglichen Spaziergängen mit Baby im Tragetuch sowie meinen Besuchen An der Alten Försterei. Meine Tochter war so lieb, an jedem Heimspieltag gut gelaunt zu sein, dass ich ohne schlechtes Gewissen zu Union fahren konnte.

Dann aber kam jener Freitag im Herbst. Meine Liebe weilte bei einem Rückbildungsgymnastik-Termin. Ich war allein mit der Kleinen, die seit einer gefühlten Stunde gnadenlos vor sich hin schrie. Satt war sie, ihre Windel war frisch, und das Fieberthermometer hatte sie rigoros verweigert – wie immer, wenn sie kein Fieber hatte. … Und nur noch wenige Minuten bis 16 Uhr, meiner Losgehzeit.

Zum allerersten Mal spürte ich Wut auf die Kleine in mir aufsteigen. Mann, Baby, ich will zu Union, und das kann ich nicht, wenn du hier so rumschreist, hätte ich sie am liebsten angebrüllt. Zugleich wusste ich natürlich, dass das grober Unfug war. Also weiter die Kleine herumtragen, sie im Arm wiegen, auf ihre Matratze zu den Kuscheltieren legen. Was ich auch anstellte, nichts half. Blutenden Herzens sagte ich Union für diesen Tag ade und fühlte mich plötzlich wie der kleine Junge von damals, dem die Oma beim lockendsten Sonnenschein untersagt hatte, spielen zu gehen.

In meiner Verzweiflung griff ich meinen sorgsam zurechtgelegten Schal, schwenkte ihn direkt vor der Kleinen mit wilden Gesten durch die Luft und schrie ihr, wie dereinst die »Schlosserjungs« in einem ihrer scheinbar aussichtslosen Kämpfe, aus Leibeskräften zu: »Eisern Union, Eisern Union, Eisern Union!«

Schon beim zweiten »Eisern« hörte sie zu weinen auf. Stattdessen sah sie mich aus großen, staunenden Augen an, um schon bald ihre Fäustchen zu erheben und sie im Takte meines Gesangs auf und ab zu schwenken. Als meine Liebe von ihrem Kurs zurückkehrte, fand sie ein quietschvergnügtes Baby und einen ebensolchen Vater vor. Es sollte nicht das letzte Mal bleiben, dass unser Schlachtruf die Laune meiner Tochter – und damit auch die ihrer Eltern – schlagartig aufhellte. Mittlerweile begleitet sie seit Monaten meinen Gesang mit einem deutlich vernehmbaren »Eisan Uijon, Eisan Uijon!«, während sie ihre Fäustchen trotzig wie lustvoll durch die Luft wirbelt.

Ich liebe diesen Anblick so sehr, dass ich im Stadion aufpassen muss, dass ich an der entscheidenden Stelle nicht plötzlich selbst wie ein kleiner Troll in die Luft boxe.

11. GRUND

Weil Rot und Weiß die schönste aller Farbkompositionen ist

Neulich saß ich zusammen mit meiner Liebe in der U-Bahn. Kinderlos fuhren wir zur frühen Nachmittagsvorstellung ins Kino. Ein absoluter Luxus, von dem der Vater uns gegenüber nur träumen konnte. Seine Tochter, vielleicht 27 Monate alt, also ein halbes Jahr älter als unsere, tat durch mehrere Wellen extrovertierten Quengelns, jeweils gefolgt von hemmungslosem Weinen, kund, dass ihr das Fahren in der U-Bahn aber *so was* von missfiel.

Ängstlich und entnervt wanderten die Augen ihres Vaters von seiner Tochter zu den Umsitzenden und wieder zurück zu der bockigen Kleinen. Verzweifelt wie vergeblich versuchte er, ihr zu erklären, dass diese Reise leider unbedingt nötig und zudem bald zu Ende sei. Ihr die Tränen abzuwischen klappte ebenso wenig wie der Versuch, sie in aller Strenge zu ermahnen. Und wie lange würden die geplagten Großstadtmenschen um sie herum noch versteinerte Miene zum heillosen Spiel machen? Besagte Situation war uns bestens bekannt, und meine Liebe hat – im Gegensatz zu mir – ein ausgesprochenes Faible für herzliche Pragmatik zum richtigen Zeitpunkt. Also langte sie in ihre Umhängetasche, zauberte daraus eine zu genau diesem Zweck mitgeführte Wäscheklammer hervor und überreichte sie der Kleinen. Die hatte ihr bereits beim In-die-Tasche-Fassen zugesehen und dabei umgehend aufgehört zu weinen. Nun spielte sie fröhlich mit der Klammer, ließ sie auf- und zuschnappen, steckte sie sich an den Finger, verwandelte sie in ein Auto, welches ihre Hosenbeine auf und ab fuhr, und dergleichen mehr.

»Klaama iss doll!«, vertraute sie ihrem Papa an, der sofort bestätigend nickte.

»Rot!«, fügte die Kleine hinzu, denn die Farbe jenes Wunderspielzeugs schien ihr äußerst wichtig zu sein.

Wieder nickte der inzwischen ebenfalls merklich entspannte Vater: »Ja, die Roten sind die Besten.«

Das konnten sowohl meine Liebe als auch ich nur bestätigen. Rot ist eine wunderbare, warme Farbe. Nicht ohne Grund wird sie seit vielen Generationen die Farbe der Liebe genannt.

Zu Rot passt am besten eine tiefdunkle oder strahlend helle Signalfarbe. Ersteres wirkt schwer und traurig, Letzteres fröhlich und aufmunternd – also hell! Gelb fällt aus, erinnert mich diese Kombination doch unangenehm an das Sportzeug bei der NVA, schnell weg damit!

Bleibt also Weiß. Weiß und Rot wie Mantel und Mütze des Weihnachtsmanns, der nahezu alle Kleinen und Großen jedes Jahr beschenkt. Weiß und Rot wie meine Heimatstadt. Artikel 5 ihrer Verfassung besteht aus dem Satz: »Berlin führt Flagge, Wappen und Siegel mit dem Bären, die Flagge mit den Farben Weiß-Rot.« Grund genug also, dass – zumindest für mich als bekennenden Berliner – jene Kombination die allerschönste ist.

Die Kleine aus der U-Bahn sieht das ebenso. Die Freude des Mädchens wuchs ins schier Unermessliche, als ihr meine Liebe, bevor wir ausstiegen, zur roten auch noch eine weiße Klammer schenkte. Vater und Tochter winkten uns fröhlich nach, die Kleine reckte dabei mit jeder Hand eine Wäscheklammer in die Luft, die eine weiß, die andere rot.

2. KAPITEL

EISERNES LIEDGUT VON DEN RÄNGEN

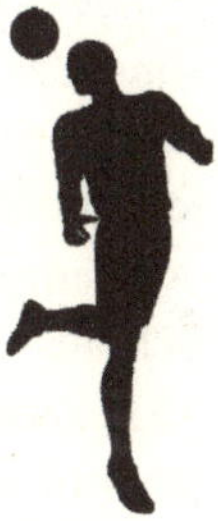

12. GRUND

Weil in unserem Stadion ALLE singen

20. Juni 2009: Meinen Schulfreund Berge zog es nach der Wende wegen der Liebe in den Pott. Heute hat er mich zur »Krönung auf Schalke« eingeladen. Boxweltmeister Wladimir Klitschko verteidigt seine Titel in der berühmten Gelsenkirchener Arena gegen Ruslan Chagaev. Berge hat uns VIP-Karten spendiert, das heißt, wir sitzen auf der Empore eines sogenannten Hospitality-Clubs: Wunderbare Sicht auf den Ring, dazu eine erstklassige Rundumversorgung mit Speis und Bier.

Die Arena ist ausverkauft bis auf den letzten Platz. Unter uns, wo sonst das Spielfeld liegt, befinden sich die Sitz- und Essensplätze der Reichen und Schönen. Die ersten Vorkämpfe mit Beteiligung jeweils eines Athleten aus den Top 30 der Weltrangliste plätschern vor kaum gefüllter Halle dahin. Reaktionen kommen ausschließlich aus der bereits seit Stunden prall gefüllten Nordkurve, der 7531 Zuschauer fassenden Stehplatztribüne. Als der Hauptkampf beginnt, ist die gigantische Halle mit weit über 60.000 Menschen gefüllt.

Die Nordkurve hat sich endgültig in eine lärmende Wand verwandelt, deren akustische Wucht mir die Hosenbeine gegen die Waden schlägt. Die Luft vibriert, Gänsehaut breitet sich auf meinem Nacken aus. Der Rest der Halle allerdings hüllt sich weitgehend in Schweigen, genau wie Berge und ich. Schwer von Bier, noch mehr Bier und ungezählten Rollen Sushi lümmeln wir auf unseren bequemen Sesseln. In einem lichten Moment überfällt mich die Erkenntnis: Ohne Nordkurve wäre diese zu recht berühmte Arena lediglich eine riesige tote Halle mit irrsinnig viel Technik darin.

*

Kurz nach einem Union-Spiel, ich stehe in der S-Bahn aus Richtung Erkner. Der Waggon ist prall gefüllt mit laut grölenden rot-weißen Fans. Keine Ahnung, ob wir das Spiel gewonnen oder verloren haben, ich erinnere mich nur noch an unseren Lärm und die Familie am Ende des Waggons: Der kleine Junge ergatterte den allerletzten Sitzplatz, Papa und Mama haben sich so postiert, dass sie ihr Kind mit ihren Körpern ein wenig beschirmen. Seit ich selbst Vater bin, sehe ich kleine Kinder mit anderen Augen.

FC Union, unsre Liebe …, grölt der Waggon, unzählige Hände schlagen erbarmungslos den Takt gegen die Wände. Ich stehe schweigend da und mache mir Sorgen um den Kleinen. Diese Fahrt muss dem Jungen wie ein Trip in die Hölle vorkommen, denke ich, da wird das Gehämmer gegen die Waggonwände noch heftiger. Die Meute hat den stadtinternen Schmähgesang angestimmt: *Dy dy dy dy dy dy – Na na na na na na – Mo mo mo mo mo mo!* In diesem Augenblick öffnen Papa und Sohn ihre Münder und donnern zusammen mit allen anderen das finale: Scheißdynamo!

Diese kleine Szene spiegelt ebendas wider, was das Union-Publikum ausmacht. Im Stadion An der Alten Försterei gibt es keine Trennung zwischen singendem Fanblock und dem sogenannten Normalo-Publikum, welches sittsam schweigend auf seinen Plätzen fläzt wie daheim vorm Fernseher und höchstens mal angesichts eines Tors einen kleinen Jubler loslässt.

Bei Union singen alle, ob Kind, Mama, Papa, Oma oder Opa. Mal stimmen die Ultras hinterm Zuckertor einen Gesang an, mal wir auf der Gegengeraden – und alsbald singt das gesamte Stadion wie aus einem Mund. Es sei denn, die hinterm Tor brüllen ihr »Eisern!« zu uns herüber. Dann nämlich ist die Gegengerade still, bevor sie die Antwort hinausschreit: »Union!«

Und dass selbst unsere jüngsten Stadionbesucher ausgesprochen textsicher sind, weiß ich spätestens seit jener S-Bahn-Fahrt.

13. GRUND

Weil Union-Fans so viele Lieder haben wie kein anderer Fußballverein

Am Anfang dieser Saison wurde erst meine kleine Tochter krank, dann meine Liebe. Zweimal hintereinander konnte ich nicht zum Spiel gehen. Als ich endlich wieder auf meinem angestammten Platz oberhalb des Mittelkreises stand, bei meinen Steinis aus Ludwigsfelde, welche mich die letzten beiden Heimspiele per SMS nahezu hatten miterleben lassen, war ich schon bald nach der Hymne sprachlos. Von der Waldseite wehte ein mir unbekanntes Lied herüber, und alle neben mir Stehenden fielen begeistert mit ein.

Ich brauchte ein paar Wiederholungen, bis auch ich mitsingen konnte: *Der Vater im Zuchthaus gestorben / Die Mutter liegt todkrank im Bett / Die Schwester zur Hure geworden / Was soll ich allein auf dieser Welt / Union, Union über alles / Deutschlands unsterblichstes Team / Denn Union wird niemals zerfallen / Eisern Union aus Berlin.*

Ich habe keine Schwester, und auch die ersten beiden Zeilen treffen hoffentlich noch lange, lange Zeit nicht auf meine Lebensumstände zu. Beim *über alles* sträubten sich mir die Nackenhaare, während ich das *Union wird niemals zerfallen* als äußerst trostreich empfand. Trost brauchte ich allerdings wirklich, denn wir vergeigten unser Heimspiel sang- und klanglos. 0:1, und das bei zig eigenen Torchancen sowie gefühlten 111 Eckbällen und 99,9 Prozent Ballbesitz. Wir hatten auf eine Art verloren, die sich anfühlte wie: Das bleibt jetzt für immer so. In der Nacht nach dem Spiel lernte ich, jenen neuen Stadionsong zu verfluchen, denn er hörte und hörte nicht auf, als Endlosschleife durch mein Hirn zu rattern.

Am nächsten Vormittag, einem Sonntagvormittag, tummele ich mich mit meiner Tochter auf dem Spielplatz vor unserem Haus. Als wir eine halbe Stunde zusammen auf der großen Schaukel liegen, fängt mein Mund wie von selbst an, besagtes Liedchen zu trällern, was mir prompt etliche bitterböse Blicke der vor der Schaukel wartenden modisch gestiefelten Mütter einbringt.

»Wir wisse, wo du herkommscht und wie deinesgleiche zu lebe pflegt«, fauchen mir ihre Augenpaare zu, »aber was hascht du dann noch hier zu suche, in unserm schöne Prenzle-Berg!« Diese Mütter und ich, wir hatten auch schon richtige Unterhaltungen geführt. Eines schönen Spieltags war ich vor meiner Reise nach Köpenick in Fankleidung auf dem Spielplatz angetreten, um mich von der Kleinen und meiner Liebe zu verabschieden. Sofort hatten mich die Wessi-Mütter mit Fragen wie »Spielt heut Bayern München?«, »Entschuldigung, sind Sie Fan vom VfB Stuttgart?«, »Kommen Sie auch aus Köln?« als einen der Ihren willkommen geheißen.

Jetzt aber haben die armen Prenzle-Berg-Mamas und ihre Kinder lange genug gewartet. Ich überrede meine Tochter, dass wir ihnen die Schaukel nun überlassen. »Eisern Union aus Berlin!«, trällere ich noch einmal freudig, während meine Kleene laut gieksend ihre Arme hoch in die Luft reckt, die Hände zu Fäustchen ballt und ruft: »Eisan Uijon!«

Derlei Liedgut hatte sie ihr gesamtes erstes Lebensjahr tagtäglich über sich ergehen lassen – und sich offenbar entschieden, dem Ganzen mit wohlwollendem Humor zu begegnen. Während ich sie im Tragetuch vor meinem Bauch durch die Stadt trug, brummte ich ihr zum Einschlafen wahlweise: *FC Union, unsre Liebe, unsre Mannschaft, unser Stolz, unser Verein, Union Berlin, Union Berlin* oder *Keiner wird es wagen / Keiner wird es wagen / Unsern FCU zu schlagen*, das Torsten-Mattuschka-Lied, *F-C-U-Fußballclub Union Berlin* oder *Ein Tor, das müsst ihr schießen, nur ein Tor, das kann doch nicht so schwer sein!* vor.

Mitunter sang ich auch *Unser Stolz, der 1. FCU, unser ganzes Leben, das bist du – und alle singen lautstark im Chor: FC Union, komm schieß ein Tor,* unsere Hymne, beziehungsweise *FC Union Berlin / Wir woll'n dich siegen sehn / An jedem Ort, und auch zu jeder Zeit / Und wenn die Kurve singt / Und dieses Lied erklingt / Ja, dann ist klar: Union ist wieder da*, mitunter sang ich: *Dem Morgengrauen entgegen / zieh'n wir gegen den Wind …*

Halt, nein! Letzteres singe ich nicht mehr, seit wir bei ebendiesem Lied gegen Hansa Rostock und Hertha Gegentore kassierten. Na ja, wie auch immer, jetzt also war ein neues Lied hinzugekommen. Als wir nun – ich mit einem freundlichen Lächeln auf den Lippen, meine Tochter nach wie vor mir fröhlich erhobenen Fäustchen – die Schaukel freigaben, hatte ich dem gnadenlos vermaledeiten Ohrwurm meine letzte, schlafarme Nacht längst verziehen.

14. GRUND

Weil der Held des Torsten-Mattuschka-Liedes unser bester Mann ist

Am 4. Oktober 1980 wurde in Cottbus ein Junge geboren, der für sein Leben gern Fußball spielte. Im zarten Alter von sechs Jahren tat er dies in den Diensten des städtischen Fußballclubs Energie. Acht Jahre später verließ er den Verein, gezwungenermaßen. Torsten Mattuschka, so der Name des mittlerweile Halbstarken, flog aufgrund mangelnder schulischer »Laufbereitschaft« vom Sportinternat. »Ich bin faul wie die Sünde gewesen«, zitiert ihn ein Artikel in *11 Freunde.*[1]

Seine Töppen schnürte Mattuschka nun für Rot-Weiß Merzdorf. Auch dort sei er keinesfalls durch disziplinierte Lebensführung oder gar Trainingseifer aufgefallen. Als er von Merzdorf zum Club der seinerzeit 1200 Seelen beherbergenden Gemeinde Dissenchen wechselte, habe er fast 100 Kilo gewogen. 100 Spiele machte er für den dortigen SV, in denen er 100 Tore schoss.

Das wiederum ließ seinen ersten Verein auf ihn aufmerksam werden. In der Winterpause 2002 verpflichtete ihn Energie Cottbus für die 2. Mannschaft. Torsten hängte sich derart rein, dass

Trainer Ede Geyer ihn in vier Spielen des Profiteams einsetzte. Das bedeutete für Mattuschka einen Sprung von der Landesklasse in die 1. Bundesliga! Aus der stieg Energie im selben Jahr wieder ab, in der folgenden Saison kam der mittlerweile 23 Lenze zählende Held dieser Geschichte zu immerhin zehn Einsätzen in der 2. Bundesliga. Ob er dies zum Anlass nahm, abends fortan nicht mehr so oft um die Häuser zu ziehen, wage ich zu bezweifeln.

Mit Beginn der Saison 2005/06 hieß es für Torsten, womöglich für immer Abschied zu nehmen vom Profifußball. Er wechselte hinunter zum 1. FC Union, der gerade in die NOFV-Oberliga Nord abgestiegen war und mit der 4. Liga seinen sportlichen Tiefpunkt erreicht hatte. Doch gerade dann, wenn alles verloren scheint, läuft ein Torsten Mattuschka zur Höchstform auf. So sorgte »Tusche« entscheidend mit dafür, dass Union der direkte Wiederaufstieg in die Regionalliga gelang. Es folgte ein Durstjahr ohne Tor, dann aber ließ Tusche die Puppen vor allem auf dem Rasen tanzen. 2008 stiegen er und Union in die neugegründete 3. Liga auf, ein Jahr später als deren unangefochtener Spitzenreiter in die 2. Bundesliga.

Längst war Tusche einer der Leistungsträger Unions geworden. Der *Kicker* warf mit Bestnoten nach ihm, Trainer Uwe Neuhaus ernannte ihn 2010 zum Mannschaftskapitän. Ein Käpten, der sich zu Beginn der Saison 2012/13 auf der Ersatzbank wiederfand. Doch Tusche wäre nicht Tusche, hätte er sich von dort nicht zurück aufs Spielfeld gekämpft. Daselbst ackert er bis heute. Mit seinen nunmehr 33 Jahren nicht der Allerschnellste, wird sich Tusche wohl kaum noch zu einem leichtfüßigen südamerikanischen Zauberer mausern, auf gar keinen Fall hat er das Zeug zur italienischen »Starschauspielerin«. Wenn Tusche glänzt, dann in Stahlgrau oder Schwarz – wie seine Spielkleidung nach dem Spiel, weil er von der ersten bis zur letzten Minute seines Einsatzes den Rasen umpflügt.

Oft sah ihn mein Vereinsbrillen-bewehrtes Zuschauerauge die Bälle unnötig lange halten. Oder er verstrickte sich mittels des berühmt-berüchtigten Tusche-Kreisels in sinnlose wie aussichtslose Kämpfe gegen zwei bis fünf Gegenspieler. Wie oft hatte er aus meiner Sicht keinen Bezug zum Spiel, um es mit dieser Phrase höflich auszudrücken? Wie oft schlug er vor allem Fehlpässe? Nahezu ebenso oft allerdings war ich nach dem Spiel bass erstaunt, ihn auf dem Spielstatistik-Bogen als unseren besten Spieler mit den meisten Assists ausgewiesen zu sehen.

Auf dem Platz wird er nie müde, seine Mitspieler mit erhobener Faust anzutreiben, das letzte Körnchen Kraft in die Waagschale zu werfen. Ist eine gegnerische Defensive mal wieder zu dicht gestaffelt für unsere Stürmer, wie dereinst jene des FSV Frankfurt, ist es eben Tusche, der ein Missverständnis zwischen Torhüter und einwerfendem Feldspieler nutzt, den sekundenlang herrenlosen Ball ins leere Tor zu dreschen.

Tusches markantestes Zeichen sind in jedem Fall seine Freistöße. Immer wieder schickte und schickt er den gerade eben noch ruhenden Ball scharf über die Mauer in die Maschen des gegnerischen Gehäuses. Seit Jahren erklingt bei jedem Freistoß aus Torschuss-relevanter Position das eigens für ihn gedichtete Lied tausendfach von den Rängen: *Torsten Mattuschka, du bist der beste Mann / Torsten Mattuschka, du kannst, was keiner kann / Torsten Mattuschka, hau ihn rein / für den Veraaaaaaiiiiiin – TORSTEN …*

Tut er Besungenes An der Alten Försterei, obliegt es Stadionsprecher Christian Arbeit, nach der Verkündigung des neuen Spielstandes ins Mikro zu brüllen: »Das Tor, es gehört zur Hälfte euch, aber es war unsere Nummer 17, unser Mannschaftskapitän …«

Wohl kein Union-Spieler dieser Tage wird härter kritisiert als Tusche, aber auch keiner derart verehrt. Längst erklingt sein Lied nicht nur, wenn unser bester Mann mal wieder zum Freistoß antritt.

PS: Leider spielt er mittlerweile, nach einer Folge unglücklicher Entscheidungen beider Seiten, nicht mehr für unseren Verein. Fakt ist: Für mich wird Tusche immer ein Eiserner bleiben!

15. GRUND

Weil Unioner nach eigener Diagnose Kranke sind

Als Kind bewunderte ich die langhaarigen Rabauken drei Klassen über mir. Die großen Jungs mit Shell-Parka und tausendmal geflickten echten Westjeans, die während der Hofpausen heimlich, doch mit größter Selbstverständlichkeit unter der alten Ulme rauchten. Ehrwürdige Piraten waren das, niemand spuckte denen in die Suppe. Vor allem trauten sie sich, wovon ich höchstens mal träumte: Kein Friseur wagte sich je in die Nähe ihrer üppigen Kopfbehaarung.

Einer dieser Piraten war mein heutiger Union-Kumpel Linse. Schon damals »litten« er und die anderen Rabauken an einer Sucht, der Sucht nach Union. Alle zwei Wochen verwahrte jeder von ihnen am Samstag vor Schulbeginn Fußballtröte, Fanschal und Fahne drüben am Bahnhof in einem Schließfach. 11.45 Uhr war Schulschluss, fünf Minuten später fuhr die alles entscheidende S-Bahn. Wie die Henker rannten sie rüber zum Bahnhof, holten ihr Fußballzeug aus dem Schließfach, knallten die Schultaschen hinein – und ab ging's nach Berlin, selbstredend schwarz.

Es war wichtig, ebenjene Bahn zu kriegen, denn in Birkenwerder gesellten sich die aus Richtung Hennigsdorf kommenden Unioner dazu. Erwischten sie erst den nächsten Zug, stand zu befürchten, dass in Birke oder Hohen-Neuendorf statt der Gleichgesinnten eine Horde gegnerischer Fans ihrer harrte. Beide Orte galten als Hochburgen des weinrot-weißen Stadtrivalen.

Einmal war Linse das Ganze zu stressig, und er entschloss sich, die Reise An die Alte Försterei ein paar Bahnen früher zu beginnen. Zu diesem Zwecke vertraute er in der Schule seiner Klassenlehrerin an: »Frau Makarenko, mir iss mörderisch schlecht. Ick weeß ooch nich, wat det iss …«

Frau Makarenko hatte ein Herz und entließ ihn nach Hause – sprich ins Stadion. Dumm nur, dass sie am Samstag noch einkaufen ging, just in dem Laden, in dem Linses Mutter als Verkäuferin arbeitete. »Geht's denn Ihrem Sohn schon wieder besser?«, erkundigte sie sich, worauf Linses Mama verwundert erwiderte: »Wieso besser? Ihm fehlt doch nichts, der ist doch beim Fußball!« Kurzum, Linse erwartete daheim ein besonders »herzlicher« Empfang.

Mein Klassenkamerad Scholle ging an Spieltagen, insbesondere bei Auswärtsspielen, gar nicht erst in die Schule, sondern verstaute seinen Ranzen sofort im Bahnhofsschließfach. Wenn nötig, reichte er der Lehrschaft am Montag einen eigenhändig geschriebenen Entschuldigungszettel über den Tisch, der ihn für den Samstag als Kranken auswies.

Unsere fröhliche, sangesfreudige Musiklehrerin Frau Klingbeil stieß bei Linse und den anderen Rabauken eindeutig an ihre Grenzen. Nie waren diese sturen Kerle dazu zu bewegen, zum gemeinsamen Gesang der Klasse auch nur ein Sterbenswörtchen beizutragen. Sie alle litten, zumindest im Musikunterricht, über Jahre hinweg an einem chronischen Stimmbruch. Es sei denn, es stand ein Lied auf dem Programm, in welchem unser großer Klassenbruder, das ruhmreiche Sowjetland, besungen wurde, wie zum Beispiel im FDJ-Evergreen *Vorwärts, Freie Deutsche Jugend*. Auch hier schwiegen die Stimmbanderkrankten zunächst eisern – bis zur vorletzten Strophe, in der es heißt: *Seid bereit und kampfentschlossen / Wenn Gefahren uns bedroh'n / Uns're Zeit will Glück und Frieden / Freundschaft zur Sowjet-*

An dieser Stelle »erfreuten« sie die arme Frau Klingbeil allesamt aus vollster Kehle und tiefstem Herzen mit einem Europapokal-würdig geschmetterten »*UNION!*«, um anschließend sofort kollektiv in den totalen Stimmbruch zurückzufallen.

Seit einigen Jahrzehnten sind Linse und die anderen keine Schulkinder mehr. All die oben erwähnten gesundheitlichen »Probleme« blieben ihnen, genau wie allen anderen Unionern, dennoch erhalten. Die vom Grundrecht der Fernsehsender auf Maximalprofit diktierten Spielansetzungen von Freitag bis Montag machen es jedem gesundgeschriebenen Fußballfan mit Arbeitsverhältnis oft unmöglich, das Spiel seiner Mannschaft live zu verfolgen.

Die Fans des 1. FCU brauchen jedoch nicht nur gute Ausreden, wollen sie einfach bloß Fußball gucken. »Bei Union sind die Fans positiv bekloppt«, brachte unser Kapitän Torsten Mattuschka diese Problematik neulich in einem Zeitungsinterview auf den Punkt. »Die Leute haben sich krankschreiben lassen oder Urlaub genommen, um beim Stadionbau zu helfen.« Das Ganze über ein Jahr, auch sonn- und feiertags und ohne einen Cent dafür zu erwarten.

Kurzum: Union-Fans fällt es nach wie vor schwer, dauerhaft gesund zu bleiben. Nun endlich lieferten sie den längst fälligen Gesang zu diesem Thema: *Wir sind Unioner / Wir sind die Kranken / Wir durchbrechen alle Schranken / Unsre Farben sind Weiß und Rot / Wir bleiben treu bis in den Tod.*

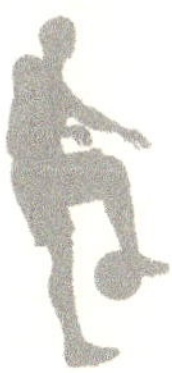

16. GRUND

Weil bei uns jeder gegnerische Spieler »Na und?« heißt

Läuft es bei Union so gut wie in den letzten Jahren, verkünden Videowand und Stadionsprecher manch großen Namen in der gegnerischen Mannschaftsaufstellung. Ab und zu gibt sich gar der eine oder andere ehemalige Nationalspieler oder erfolgreiche Bundesliga-Torschütze die Ehre eines Arbeitsbesuchs An der Alten Försterei.

Gar nicht lange her, da existierte in unserem Stadion keine Videoleinwand. Der Stadionsprecher nannte bei oben erwähntem Anlass Namen, die außer deren Familienangehörigen niemand kannte. Das alles spielt An der Alten Försterei allerdings absolut keine Rolle, denn für uns Unioner heißen sämtliche Spieler jedweder gegnerischen Mannschaft ohnehin alle gleich. Ich hörte, dass es auch die Besucher anderer Stadien so halten. Dort heißen die Spieler der Gastmannschaft mitunter allesamt »Arschloch«. Oder aber sie tragen einen Namen, der die Vermutung der Heimfans offenbart, bei den Müttern jener Fußballer handele es sich um Frauen, die ihren Lebensunterhalt durch kostenpflichtige Gewährung außerehelichen Beischlafs erwirtschaften. Bei uns heißt jeder Gegenspieler schlicht und einfach: »Na und?«

Damit bringen wir freundlich, aber bestimmt zum Ausdruck: »Da kann kommen, wer will, es juckt uns nicht! Wir haben keine Angst, weder vor deinem Namen noch vor dir!« Ich bin mir sicher, selbst ein Lionel Messi heißt in unserem Wohnzimmer, sofern er des Gegners Trikot trägt, nicht anders als »Na und?«.

Eine feine Ausnahme bilden gegnerische Spieler, die dereinst das Trikot von Union trugen. In diesem Falle greift unser Prinzip »Einmal Unioner, immer Unioner!«, und wir heißen sie mit einem Applaus willkommen. Mitunter verpassen wir ihnen gar jenen Titel, den wir wenige Minuten später allen auflaufenden Eisernen verleihen …

17. GRUND

Weil jeder, der für Union aufläuft, ein Fußballgott ist

Nachdem unser Stadionsprecher mit der Ansage »*Hier* kommt die Mannschaftsaufstellung des *1. FC Union Berlin*!« die Aufmerksamkeit aller Eisernen auf den Rängen erlangt hat, verkündet er die Namen jener, die in wenigen Minuten für Union die Knochen hinhalten. Einen jeden quittieren wir aus einem Munde mit dem, was er für uns ist: »Fußballgott!«

Ja, unsere Götter sind allesamt Arbeiter – und jeder, der da unten für den Verein ackert, ist uns erst mal ein Heiliger, ein Fußballgott. Hat ein Keeper, Verteidiger oder Mittelfeldspieler in den letzten Spielen eine ganze Reihe noch so folgenschwerer Fehler begangen, dauert die Durststrecke eines Stürmers inzwischen gefühlte neun Monate – es ändert nichts an seiner Bestimmung, Gott bleibt Gott.

Das Einzige, was Union-Fans ihren Fußball-Heiligen ernsthaft übelnehmen: Wenn sie, verdammmich noch mal, nicht kämpfen! So geschehen am 4. Spieltag der Saison 2011/12 in Dresden. Nicht Unions 0:4-Niederlage erregte den Zorn der mitgereisten Fans, sondern der Umstand, dass die elf eigentlich Eisernen auf dem Rasen spätestens ab der 60. Minute sich und das Spiel aufgegeben hatten.

Beim nächsten Heimspiel An der Alten Försterei nannten wir unsere Spieler zunächst wie immer bei ihrem Titel, doch zeigte auf der Waldseite ein Banner die Aufschrift: »Fußballgott muss man sich erst wieder verdienen!«

Auf der anderen Seite vergessen wir keinen, der dereinst für uns spielte oder sonst wie für Union ackerte, wie zum Beispiel unser Rekordtorschütze Karim Benyamina, der von 2005 bis 2011 alle eisernen Trikots mit der Rückennummer 22 vollschwitzte. Als sein Vertrag nicht mehr verlängert wurde, gab es einen tränenreichen Abschied und das Versprechen, seine Rückennummer so lange nicht mehr zu vergeben, bis ein anderer Unioner Karims Rekord von 86 Toren knackt. Das dürfte, sollte es je passieren, noch einige Jährchen dauern. Im ersten Ligaspiel nach seiner Ausmusterung traf Karim, nun im Trikot seines neuen Vereins, auf Union und verhinderte in der 80. Spielminute, dass wir mit einem Auswärtssieg in die Saison starteten. Das allerdings änderte nichts daran, dass ihn beim ersten Heimspiel der Rückrunde sämtliche An der Alten Försterei versammelten Union-Fans nach dem Verlesen seines Namens lautstark mit »Fußballgott!« als einen der Ihren begrüßten. Karim war so lieb, an jenem Tag kein Tor zu schießen. Doch auch, wenn es fünf Stück gewesen wären, hätte das nicht das Geringste an seinem Titel geändert.

18. GRUND

Weil bei einem Union-Tor kein 08/15-Gedudel aus der Konserve ertönt

Eine volkstümelnde Horrorshow der ganz besonderen Art bieten seit Jahren die Torhymnen der deutschen Proficlubs. Jene der 1. Bundesliga aus der Saison 2012/13 klingen nahezu allesamt wie aus einem Guss, um es beschönigend auszudrücken. Industriell gleichgerichtet dudelt es dem Stadionbesucher um die Ohren: *Olé-olé-olé-olé* oder erst mal *Pling-Pling-Pling*, andernorts *O-ho-ho-ho-hoo-ho*, aber auch mal *Döt döt döt, dö-dö-döt-döt-döt* oder, gänzlich ausgefallen: *Da da da da da! He! He! He!* Das alles wirkt zentral produziert vom VEB Gleichklang, Sektion Fußball, und war bestimmt sehr, sehr teuer.

Die Clubs der 2. Bundesliga konnten sich jenen exklusiven Tonausrüster offenbar nicht leisten. Ihre Hymnen gehen querbeet durch den Schrebergarten des zumeist gnadenlos einfältigen Geschmacks. Von *Ladi Ladi Ladi Ladi-hooo, Ladi-hooo* über *Hia Hia Hia-Ho* oder *Dipp Dipp Dö-Dö-Dö-Dö-Dö* reicht das Repertoire bis zum Defilier- oder Sonstwasmarsch, aufgepeppt mit dem Konservenschrei: *Tooor! Toor! Toor!* Ein Verein wartet gar mit waschechtem Karnevalsgedudel auf, er kommt übrigens weder aus Köln noch aus Düsseldorf. Einige Zweitligaclubs gehen jedoch *noch* einen Schritt weiter! So manchenorts entströmen den Boxen bei einem Tor der Heimmannschaft ehemals menschliche, nun aber volksmusiknah weichgespülte und gesampelte Stimmen. Die verkünden dann Geistesperlen wie: *Eintracht!*, gefolgt von computergenerierten *Klatsch-klatsch-Klatsch* oder *Es hat geklingelt, klingelt in dr Kist*, oder aber auch schlicht und einfallslos: *Immer wieder Hertha.*

Ein kleiner Ort nahe Heidelberg spielt, weil's farblich grad so schön passt, Oliver Pochers Nationalmannschaftshit *Schwarz und Weiß*. Bei einem landschaftlich sicher wunderschön zwischen Essingen und Hüttlingen gelegenen Verein singt man gar davon, dass man die Siegesmelodie seiner Kicker von seinem Heimatort bis Berlin hört. Gerade mal zwei Vereine bedienen sich der satten Gitarrenklänge eines geradewegs unverwaschenen Rock-Songs, ein weiterer – nicht ohne Witz – der Erkennungsmelodie der Olsenbande.

Ein einziger Club fehlt gänzlich in diesem Reigen: der 1. FC Union Berlin. Deshalb aber müssen unsere Spieler nicht auf das Erzielen von Toren verzichten. Tun sie ebendas für den Verein, nutzen wir zum Jubel ganz puristisch, was wir stets bei uns tragen: unsere Stimmen. So seltsam das in dieser so hochtechnisierten Zeit klingen mag: Es funktioniert – und klingt sogar, ganz pur und echt, nach Fußball! Um das Ganze in einer anderen Sprache auszudrücken: Unser Torjubel ist unplugged oder, noch anders, *echt* Bio!

19. GRUND

Weil unser Stadionsprecher mehr draufhat als das übliche »Danke!«, »Bitte!«

»Tor für den FC Sonstewie, Torschütze mit der Nummer 08/15: Karlheinz …?« – »Mustermann!«

»Karlheinz …?« – »Mustermann!«

»Karlheinz …?« – »Mustermann!«

»Neuer Spielstand: FC Sonstewie?« – »Drei!«

»VfB Gastmannschaft?« – »Nuuull!«

»Danke, danke, daanke!« – »Bitte, bitte, biitte!«

Genau so funktioniert in vielen, vielen Stadien das Wechselspiel zwischen Stadionsprecher und Fußballpublikum. Die Stimme des Sprechers erinnert mich zumeist an Kulturprogramm-umrankte Werbeverkaufsschauen in Autohäusern auf dem flachen Lande beziehungsweise der ehemals grünen Wiese. Hut ab vor den Fußballfans, dass sie dennoch mitmachen. Klar machen sie mit, ihr

Verein hat ja schließlich gerade ein Tor geschossen. Auch der Stadionsprecher unseres Vereins hat für diesen Fall eine Zeremonie parat. Allerdings merke ich bei ihm, dass er erstens Fußballfan, zweitens seit Ewigkeiten ein Fan *unseres* Vereins ist und dass er drittens eindeutig über Bühnenerfahrung jenseits der in Autohäusern aufgebauten Podien verfügt.

Bereits seine Eröffnung: »*Tor* für den 1. FC UNION BERLIN!« verrät mir den Shakespeare- wie Rock-'n'-Roll-erfahrenen Barden. Lagen wir bis eben abgeschlagen hinten, schöpfen wir allein schon aus diesen wenigen Worten neue Hoffnung. Glich Union soeben aus, fühlen wir uns einen Moment lang äußerst wohltuend als Sieger. Gingen wir gar in Führung oder bauten diese aus, setzt jene Ansage unserem Triumph das Sahnehäubchen auf.

Dieser Eröffnung folgt, nach einer punktgenau gesetzten Pause: »Torschütze ... unsere Nummer ...« Muss jetzt die Rückennummer unseres Mannschaftskapitäns folgen und hat dieser das zu verkündende Tor mit einem Freistoß erzielt, erfährt das Ganze eine kleine Abwandlung. Dann nämlich verkündet der Barde am Sprechermikrofon: »Das Tor, es gehört zur Hälfte euch! ... Aber es war unsere Nummer 17, unser Mannschaftskapitän Torsten ...«

»Mattuschka Fußballgott!«, schreien wir Erst- und Zweitfamiliennamen unseres Käptens heraus. Beim anschließenden Nennen des neuen Spielstands hält sich unser Mann am Mikrofon betont zurück. Er hat seinen Auftritt gehabt und beschränkt sich nun darauf, die Namen der beiden den Platz bevölkernden Mannschaften mit stark differierender Stimmintensität zu nennen. Den Rest erledigen wir. Wobei Union unserer Ansicht nach jeweils so viele Tore erzielte, wie die beiden Anzeigetafeln vermerken, der Gegner hingegen in jedem, aber wirklich jedem Falle: »Nuuuull!«

Nun peitscht uns der Sprecher gnadenlos zum Finale, indem er uns – bei besonders aufregender Spielsituation auch mal mit sich überschlagender Stimme – gemahnt: »Und niemals vergessen!« – »Eisern Union!«, schreien wir dreifach und mit allem, was wir noch an Stimme haben, unseren Schlachtruf in die Nachmittags- oder Abendluft. Erst dann geht für die Unioner auf den Rängen wie jenen am Stadionsprechermikrofon das Spiel weiter – bis zur nächsten gemeinsam, in aller Form und totaler Ausgelassenheit zu würdigenden Tat unserer Fußballgötter.

20. GRUND

Weil Unions Vereinshymne vom besten Chor der Welt intoniert wird

Die Sänger rechts und links neben mir scharren mit ihren Füßen, jeden Augenblick beginnt unser Auftritt. Ich spüre meine Aufregung, genauer gesagt: meine Angst. Sie will mir die Kehle zudrücken, mir den finalen K.-o.-Schlag auf die Leber versetzen. Ich fürchte mich nicht vor unserem Auftritt, ganz im Gegenteil. Geht es erst mal los, kann ich mir endlich die Angst aus dem Leibe singen, schmettern, schreien. Nur, wann geht es endlich los?

Da erklingt der lang anhaltende Anfangsakkord, worauf sich – noch unter den Schmähgesängen unserer Widersacher – ungezählte Arme erheben. Sie alle halten rot-weiße Schals in die Höhe. Bald werden mir die Arme schmerzen, aber das ist mir egal. Auch der Schmerz peitscht mir die Furcht aus dem Leib.

»Es war in den goldenen Zwanzigern, so erzählt die Legende«, setzt die Stimme des Sprechers ein, »als in Zeiten eines ungleichen Kampfes ein Schlachtruf ertönte, ein Schlachtruf wie Donnerhall, der all jenen, die ihn in diesem Augenblick zum ersten Male hörten, das Blut in den Adern zum Sieden brachte …«

Seiner Vorrede folgt die Rammstein würdige Gitarrenwand, dann endlich kann ich mir zusammen mit Nina Hagen und all den um mich Versammelten die Portion Mut ansingen, die ich brauche, um die folgenden mindestens 105 Minuten zu überstehen.

Eisern Union, immer wieder Eisern Union! Immer weiter, ganz nach vorn, immer weiter …[2] Obgleich schon nach wenigen Zeilen wie erwartet meine Arme schmerzen, könnte unser Lied von mir aus gern hundert Strophen haben.

»Wer spielt immer volles Rohr?«, fragt Nina Hagen.

»Eisern Union! Eisern Union!«, schreien wir die Antwort in den Abendhimmel. Solange wir singen, können uns die verfluchten Gegner nichts, die rotzfrech hierherkamen, uns die dringend benötigten Punkte wegzunehmen.

Den Sieg vor den Augen, den Blick weit nach vorn, beginnen wir die zweite Strophe unserer Hymne. Im Spielertunnel erscheinen die Akteure, erst unsere Rot-Weißen, dann die Mannen des heutigen Gegners. Und wir sind da, sie alle gebührend zu empfangen. Den Unseren sagen wir mit unserem Gesang: *Wir stehen hinter euch!*, und jedem noch so spielstarken Gegner: *Ihr werdet es nicht wagen, unsern FCU zu schlagen!* Schon hallt das finale *Wir werden ewig leben!* über den Platz. Bei dieser Zeile gibt jeder noch einmal alles, was er an Sangeskraft in sich trägt. Dann wandern alle hochgehaltenen Schals wieder in ihre angestammten Positionen, während unsere Lippen geradewegs besinnlich hauchen: *Eisern Union, immer wieder Eisern Union, immer weiter …*, alsbald begleitet vom freundlichen Beifall für unsere Spieler.

Damit ist unser Auftritt beendet – zumindest für wenige, andächtige Sekunden. Dann beginnt, unten auf dem Rasen wie bei uns oben auf den Rängen, der ganz normale Wahnsinn eines Fußballspiels. Die Angst, zu verlieren oder kurz vor Schluss doch noch den Ausgleichstreffer zu kassieren, bleibt uns Unionern normalerweise bis zum Abpfiff erhalten. Nach dem Singen unserer Hymne wissen wir, dass zumindest *wir* die reelle Chance haben, unseren Auftrittsort nach dem Abpfiff erhobenen Hauptes zu verlassen.

21. GRUND

Weil Unioner auch einen verletzten Spieler nicht vergessen

Schnell verblasst der Ruhm eines Fußballhelden, verbannen ihn Krankheit oder Verletzung auf die Bank oder gar aus der Mannschaft. Der Markt ist beweglich, lautet das brutale Gesetz unserer Gesellschaft, und die nächsten Bewerber für die gleiche Position fiebern bereits sehnsüchtig ihrem Einsatz entgegen. Nicht immer gelingt es dem aus dem Spiel Gerissenen, seinen durch Krankheit oder Verletzung erlittenen Rückstand schnell genug aufzuholen. So manche erfolgversprechende Karriere nimmt auf diese Weise ein jähes, vorzeitiges Ende. Dann ist, zumindest bei einem Profikicker, nicht nur der Ruhm dahin, sondern auch der Broterwerb. Der gesamte Lebensplan ist mit einem Schlag über den Haufen geworfen, nicht jedem glückt ein neuer. Die Fans von gerade eben noch haben derweil ihren Gerade-eben-noch-Helden längst vergessen. Ab und zu jedoch geht es auch anders.

Am 15. Oktober 2010 begebe ich mich mal wieder auf die Reise nach Köpenick. Auf dem Weg ins Stadion drückt mir ein Mann einen Zettel in die Hand. In meinem Block sehe ich, auch die Steinis vor mir halten so ein Blatt Papier in Händen. Es enthält einen Liedtext, welcher nach der Melodie des Alt-Hits *Du hast den Farbfilm vergessen* von Nina Hagen & Automobil zu singen sei. Gewidmet ist das Lied unserem Spieler mit der Rückennummer 29, Michael Parensen. Er wird heute nicht spielen, seit langer Zeit zeigt unser Stadionheft ein rotes V neben seinem Konterfei. V wie Verletzung, für Michael leider eine brutal treue Begleiterin.

Am 31. Januar 2009 lief er zum ersten Mal für Union auf – und mauserte sich alsbald zum Stammspieler. Den Fans gefiel sein Tempo, seine Spielintelligenz und seine Bereitschaft, jeden nötigen Zweikampf anzunehmen. Am 21. März 2010 blieb Michael nach einem solchen auf dem Rasen liegen. Die Diagnose: Innenbandriss und Meniskusschaden, die Saison war für ihn gelaufen.

Über fünf Monate vergingen, bis er am 3. September in einem Testspiel wieder für uns auflaufen konnte. Und wie er das *konnte*! Gerade so, als hätte es eine fünf Monate lange Zwangspause mit zahlreichen Rückschlägen nie gegeben. Gegen Hertha daheim und auswärts gegen Osnabrück stand er bereits wieder in der Stammformation. Nur einen Spieltag später, ganze 23 Tage nach seinem Comeback, prallte er erneut mit einem Gegenspieler zusammen. »Parensen! Parensen!«, schallte es lautstark von den Rängen der Alten Försterei, als er auf der Trage den Platz verließ. Die Diagnose: erneuter Innenbandriss!

Am Tag mit den Zetteln wird Michael in der Halbzeitpause vom Stadionsprecher auf den Platz gebeten. »Parensen, Parensen!«, erschallt es sofort, doch dann wird es still. Eine Schauspielerin, wie ihre Mutter unserem Verein zugetan, singt unter der Begleitung von uns allen das für Michael Parensen geschriebene Lied. Die Idee des Ganzen und der Liedtext stammen aus der Feder zweier Eiserner Frauen und eines ebensolchen Mannes, der Refrain geht: *Wir haben DICH nicht vergessen, oh MICHAEL / Denn ein jeder weiß, wie stark du wa-ha-ha-ha-harst / Du hast den 1. FC Union in deiner Seel! / Hoch den Kopf, dann wird das schon! / Bald bist du wieder da!*

Nicht nur dem Besungenen stehen Tränen in den Augen, als er uns anschließend wissen lässt: »Ich bin stolz und glücklich, ein Teil dieser Union-Familie zu sein!« Michael kehrte zurück auf den Platz, leider erst zur Rückrunde – und dann auch nur bis Anfang April 2011. Andauernde Beschwerden erzwangen den Einsatz des OP-Messers. Auch in dieser Saison stand im Stadionprogramm unter seinem Bild schon das verflixte V. Michael Parensen ist halt keiner, der sich auf dem Platz in irgendeiner Weise schont. Ein echter Unioner eben. Im März 2018 verlängerte der Verein Michael Parensens Vertrag zum wiederholten Mal.

3. KAPITEL

VON DEN »SCHLOSSERJUNGS« ZUM ZIVILEN FUSSBALLCLUB OSTBERLINS

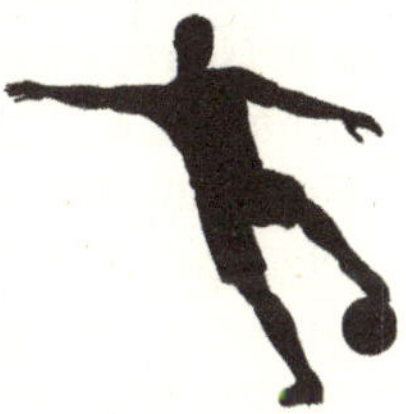

22. GRUND

Weil Union Oberschöneweide in die Sadowa zog

In deutschen Landen hatte es der Fußball äußerst schwer, sich durchzusetzen. Galt hierzulande der Sport doch vor allem als disziplinarische Maßnahme. Das ehrwürdige Turnen entsprach am ehesten dem deutschen Sportideal, der Stählung des Körpers für seinen Einsatz in der Fabrik und auf den Schlachtfeldern kommender Kriege. Der aus England über den Kanal herübergekickte Fußball mit seiner engen Verbindung von sportlichem Wettkampf und anschließendem gemeinsamen Umtrunk aller Akteure passte so gar nicht zu diesem Ideal.

Ende des 19. Jahrhunderts hatte die »englische Krankheit« den tiefen Osten Berlins erreicht. Auch hier entflammte jenes »weibische Getrete« vor allem junge Menschen. Der erste erwähnte Verein nannte sich FC Excelsior Oberschöneweide. Als Daten für seine Gründung fand ich in der Literatur die Jahreszahlen 1896 und 1898. 1906 spaltete sich Excelsior in die Vereine Preußen und Vorwärts Oberschöneweide.

Dass ich die folgenden Absätze so schreiben kann, verdanke ich übrigens – wie etliche Autoren vor mir – der umfangreichen Recherchearbeit von Tino Czerwinski, unter anderem im damaligen Heimatmuseum Oberschöneweide.

Ebenfalls 1906 trafen sich in der Oberschöneweider Luisenstraße, der heutigen Plönzeile, einige Schüler in einer Sandgrube hinter ihrer Schule. Etliche von ihnen hatten bei Excelsior als Balljungen fungiert. In jener Sandgrube nun gründen sie ihren FC Olympia Oberschöneweide mit den Vereinsfarben Schwarz und Gelb.

Als Spielflächen dienten den jungen Fußballern die Wiesen am Spreeufer. Wie ihre Kollegen weiter westlich auf dem Tempelhofer Feld und anderswo bauten sie als platzbauende Mannschaft vor jeder Partie die Torgestänge auf und markierten das Feld, um hernach alles wieder abzubauen und ins Vereinshaus zu transportieren. Schon nach kurzer Zeit löste sich der Club wieder auf, einige seiner Getreuen gründeten daraufhin Frisch Auf 06 Oberschöneweide.

Mitglieder von Excelsior, Olympia und Frisch Auf kamen am 17. Juni 1906 erneut in der Luisenstraße zusammen. In der Gastwirtschaft »Großkopf« vereinigten sie sich zum FC Olympia Oberschöneweide. Einen Monat später schlossen sich die Fußballer als Jugendmannschaft dem Berliner Thor- und Fußballclub Helgoland 1897 an und traten fortan als BTuFC Helgoland / Abteilung Oberschöneweide auf. Am 10. Februar 1907 wechselten die Oberschöneweider zum blau-weißen BTuFC Union 1892 und firmierten als deren IV. Mannschaft unter dem Namen BTuFC Union 92 / Abteilung Oberschöneweide.

Anfang 1909 löste sich diese von den »Joniern« (offensichtlich eine Sammelbezeichnung für alle Mannschaften, die »Union« im Namen führten), um es einmal mehr unter eigener Flagge zu versuchen. Aus Dank an den Mutterverein behielten sie dessen Vereinsfarben bei und nahmen das »Union« mit in den neuen Namen auf. Seit März 1910 hieß der Verein SC Union 06 Oberschöneweide. Er begann den Spielbetrieb in der untersten Klasse des Verbandes Berliner Fußballvereine VBB.

Im gleichen Jahr musste sich Union einen neuen Austragungsort für seine Spiele suchen. Die Badewiesen am Spreeufer waren der Industrialisierung zum Opfer gefallen. Die Fußballer zogen an das äußerste Ende ihres Orts, in die verlängerte Wattstraße.

Zur Saison 1913/14, nach zwei direkten Aufstiegen, kickte Union-Ob., wie der Club zumeist genannt wurde, bereits in der höchsten VBB-Spielklasse. Dessen ungeachtet, drohten die Industrialisierung und der mit ihr einhergehende Wohnungsbau auch ihren Platz in der Wattstraße alsbald in Bauland zu verwandeln.

So begaben sich die Unioner erneut auf die Suche nach einer neuen Heimat. Die fanden sie – mitten in der Saison 1919/20 – nahe dem Köpenicker Ortseingang im Sportpark Sadowa in der Wuhlheide.

Bei meinen Ausführungen zur Stadion-Historie darf ich auf die Arbeiten meines Fan- und Schreiberkollegen Gerald Karpa zurückgreifen. 1911 hatte die Stadt Berlin das Gelände erworben, die Unioner pachteten es von der Städtischen Forstverwaltung. In unmittelbarer Nähe befand sich die Königliche Jägerei, deren Sitz heute die Geschäftsstelle des 1. FC Union Berlin beherbergt. Ausdruck der einstigen Nachbarschaft ist nicht zuletzt der bis heute und für alle Union-Zeiten gültige Name jener Spielstätte: Stadion An der Alten Försterei. Hier nun, in seiner neuen Heimat, beendete der SC Union 06 Oberschöneweide die Saison 1919/20 als Berliner Meister!

Schon damals fühlten sich die Vereinsmitglieder ihrer Spielstätte innig verbunden und legten größten Wert darauf, daselbst eigenverantwortlich zu handeln. Paragraf 168 der Vereinssatzung war dem Platzfonds gewidmet, in den ein Viertel aller Vereinseinnahmen flossen und der zusätzlich durch freiwillige Spenden aufgestockt werden konnte. Besagter Fonds diente zur Erhaltung, Reparatur und Weiterentwicklung der Sportanlagen. An diesem Verhältnis der Unioner zu ihrer Spielstätte hat sich bis heute nichts geändert. Seit Februar 2013 ist auf der Dachbande der gerade neu errichteten großen Haupttribüne zu lesen: *1920 eigener Sportpark Sadowa / Eisern Union / Stadion An der Alten Försterei 2013.*

23. GRUND

Weil Union-Ob. mal fast Deutscher Meister wurde

Als der SC Union 06 Oberschöneweide am 7. März 1920 am neuen Ort sein erstes Punktspiel absolvierte, waren die Arbeiten am Stadion noch in vollem Gange. So folgte die feierliche Einweihung der Spielstätte erst am 7. August 1920. Gast war der Deutsche Meister 1. FC Nürnberg, der gerade seine Meister-Tournee absolvierte. Vor 7000 Zuschauern gewannen die Franken gegen den SC Union 06

Oberschöneweide mit 2:1. Ebenfalls 1920 erreichte Union-Ob. als Berliner Meister die Endrunde um die Deutsche Fußball-Meisterschaft, schied hier jedoch gegen die Vereinigten Breslauer Sportfreunde mit 2:3 aus. Aus den Mitteln des Platzfonds sowie weiteren Spenden wurde der Platz ständig weiter ausgebaut. Dennoch genügte er den Bedürfnissen des Publikums bei großen Spielen nicht. So musste der Verein in einem solchen Fall auf Plätze ausweichen, die mehr Zuschauer fassten.

1923 qualifizierte sich Union-Ob. erneut für das Endspiel um die Berliner Meisterschaft. Gegner war der BFC Vorwärts 90. Es war üblich, dass die Endspiele jeweils auf neutralen Plätzen ausgetragen wurden. Das Hinspiel am 30. März fand im Stadion von Union 92 statt. Vor 11.000 Zuschauern siegte Union mit 3:1. Das Rückspiel am 22. April auf dem Platz von Norden-Nordwest 98 endete 1:1 unentschieden. Damit war Union-Ob. erneut Berliner Meister – und hatte sich für die Endrunde um die Deutsche Meisterschaft qualifiziert. Der erste Gegner hieß Arminia Bielefeld. Das am 6. Mai in Bochum ausgetragene Hinspiel endete 0:0. Zum Rückspiel am 20. Mai pilgerten laut *Der Rasensport* 12.000, laut der *Berliner Morgenpost* 18.000 Zuschauer in den Grunewald, ins Deutsche Stadion. Keiner von ihnen dürfte sich über mangelnde Spannung beklagt haben. Und womöglich wurde an jenem Tag der Grundstein für unsere Tugend gelegt, niemals vor Abpfiff das Stadion zu verlassen? Vier Minuten vor Spielende schlagen die Bielefelder eiskalt zu und erzielen das 1:0. Während sich ein Teil des Berliner Publikums frustriert anschickt, den Heimweg anzutreten, werfen die Unioner auf dem Rasen noch einmal alles in die Waagschale. Und siehe da, wenige Sekunden vor dem Abpfiff gelingt ihnen der Ausgleich! Die Davonziehenden hören den Jubel und kehren eiligst zurück, um sich die Verlängerung anzusehen. In der fällt schließlich die Entscheidung, das nun von allen anwesenden Berlinern umjubelte 2:1 für Union!

Das Halbfinale war für den 27. Mai 1923 auf dem VfL-Platz in Halle an der Saale angesetzt. Hier ging es gegen den Süd-Meister, die Spielvereinigung Fürth. Die hatten 1914 den Titel errungen und waren 1920 im Finale dem 1. FC Nürnberg unterlegen gewesen. Ganz klar, Fürth war der haushohe Favorit. 11.000 Zuschauer verfolgten die Partie. Sie erlebten unerschrocken aufspielende Berliner, die gar mit 1:0 in Führung gingen. Von da an habe der Großteil des neutralen Publikums die Unioner unterstützt, schrieb die Presse.

Das Spiel endete mit dem »Sensationssieg von Union-Ob.«, wie *Der Rasensport* vom 4. Juni 1923 seinen Spielbericht betitelte. »Das Unmögliche wird Ereignis«, bejubelte der Redakteur den 2:1-Sieg des Außenseiters und konstatierte: »Mit gleicher Unerschrockenheit in den Kampf gegen den H.S.V. gegangen und höchste Ehren winken!«[3] Der HSV gehörte zu den ganz Großen im deutschen Fußball. 1921/22 hatten sich die Hamburger mit dem 1. FC Nürnberg in zwei Spielen, jeweils nach Verlängerung, mit einem Remis getrennt. Aus diesem Grund sind auf der seit 1949 verliehenen Deutschen Meisterschale für jenes Jahr beide Vereine als Titelträger eingraviert. Zum Endspiel von Union-Ob. gegen die Hamburger am 10. Juni 1923 fanden sich gar 64.000 Zuschauer im Deutschen Stadion ein. Sie erlebten keine weitere Sensation, der SC Union 06 Oberschöneweide musste sich dem Favoriten aus dem Norden mit 0:3 geschlagen geben. Als größter Erfolg in der langen Geschichte der »Schlosserjungs« aus Oberschöneweide bleibt diese Finalteilnahme bis heute unvergessen.

24. GRUND

Weil die »Schlosserjungs« aus Oberschöneweide eisern blieben

Seit den heute gern golden genannten Zwanzigern, vielleicht auch erst ab den Dreißigern, erklang von den Rängen des Stadions am Rande der Wuhlheide der Schlachtruf »Eisern Union«. Für seine

Premiere ist bis heute keine zuverlässige Quelle bekannt. Ebenso unklar ist, ob die Mannen des SC Union 06 Oberschöneweide bereits damals den heute so legendären Namen »Schlosserjungs« trugen. Vielleicht erhielten sie diese Bezeichnung erst viel später.

Wie auch immer, »Schlosserjungs« und »Eisern Union« erzählen von der unmittelbaren Nähe des großen Oberschöneweider Industriereviers. In seinen Betrieben waren bereits Anfang des 20. Jahrhunderts viele Union-Spieler beschäftigt. Einst residierten hier AEG oder Niles, zu DDR-Zeiten die VEB Kabelwerk-Oberspree (KWO) sowie Transformatoren- und Röntgenwerk Oberspree (TRO).

Zwei Berliner Meistertitel, eine Teilnahme am Finale um die Deutsche Meisterschaft – die Zwanzigerjahre des letzten Jahrhunderts waren in jedem Fall die ganz großen des SC Union 06 Oberschöneweide, der stets mit relativ bescheidenen Mitteln wirtschaften musste. Nachdem sich auch die Dreißiger ganz gut angelassen hatten, stieg Union-Ob. in der Saison 1934/35 aus der Gauliga Berlin-Brandenburg ab. Ein Jahr darauf gelang der Wiederaufstieg.

1940 stand Union-Ob. erneut im Finale um den Berliner Meistertitel. Ging das Hinspiel gegen Blau-Weiß 90 noch mit 1:2 verloren, siegten die »Schlosserjungs« im Rückspiel mit 3:0. Bei der Deutschen Meisterschaft bekamen sie es in den Ausscheidungsspielen um den Gruppensieg mit Rapid Wien zu tun. Beim Hinspiel in der Donaustadt führten sie bis 15 Minuten vor dem Abpfiff mit 2:1. Dann jedoch entschied der Unparteiische auf Handelfmeter gegen Union. Der wird in vielen Quellen als umstritten bezeichnet – nun, ich war nicht dabei. In jedem Fall brachte besagter Strafstoß die Oberschöneweider auf die Verliererstraße. 3:2 für Rapid hieß es am Ende, das Rückspiel im Berliner Olympiastadion vor 60.000 Zuschauern verlor Union mit 1:3.

Auch in der Nazizeit habe es bei Unions Spielen, statt »Heil!«, lautstark »Eisern Union« von den Traversen geschallt. 1935 setzte es eine Rüge. Der zuständige Förster hatte jüdischen Kindern verboten, im benachbarten Wald zu spielen. Daraufhin überließ der Verein den Kindern seine Platzanlage, was ihm besagten Rüffel einbrachte. Diese kleine Geschichte erzählte mir Harry Ruttke, heute Ehrenpräsident des SC Union 06. Besagter Verein ist der direkte Nachfolger der SG Union Oberschöneweide, um ihn dreht sich der nächste Grund. 1936 gab es Ärger, so Ruttke weiter, weil der Verein seinen Platz nicht ordnungsgemäß beflaggt hatte. Im Jahre 1940 lehnte es die 1. Mannschaft geschlossen ab, für die SA-Standarte 5 zu spielen. Kurz darauf fand eine ganze Reihe von Spielern in ihren Briefkästen den Einberufungsbefehl.

Ihnen allen ein dreifaches »Eisern Union«.

25. GRUND

Weil Union wieder Union heißt

Nach dem Zweiten Weltkrieg hielt die SG Union Oberschöneweide, wie der Verein inzwischen hieß, im fußballerisch schwach besetzten Berliner Osten zusammen mit dem VfB Pankow die Fahne hoch. Im Gesamtberliner Maßstab gehörten die Oberschöneweider neben dem Berliner SV 92 und Tennis Borussia zu den Spitzenmannschaften. Am Ende der Saison 1949/50 wurde Union Zweiter der noch immer Gesamtberliner Stadtliga und hatte sich damit für die Endrunde um die Deutsche Meisterschaft qualifiziert. Der Kalte Krieg zwischen Ost und West schob dem jedoch einen Riegel vor. Just 1950 führte der Westberliner Fußball-Verband den Status des Vertragsspielers, also des Berufsfußballers, ein. Der Deutsche Sportausschuß, Gremium der DDR-Sportführung, sperrte sich gegen dieses »kapitalistische Profitum«, welches so gar nicht zur »wahrhaft demokratischen Volkssportbewegung« im aufzubauenden Sozialismus passte. Die Folge: Den Oberschöneweidern wurden von den DDR-Behörden die Interzonenpässe verweigert, welche sie für die Reise nach Kiel gebraucht hätten, um dort gegen den HSV anzutreten.

Nahezu die gesamte Mannschaft siedelte daraufhin aus der Wuhlheide in den Westberliner Stadtteil Moabit über, wo sie am 9. Juni 1950 ihren neuen Verein SC Union 06 gründeten. Viele Union-Fans aus Oberschöneweide blieben ihrem neuen alten Verein treu und pilgerten bis zum Mauerbau zu dessen Heimspielen im Poststadion – jeweils um die 4000 und mehr, wie auf der Webseite von Union 06 vermerkt.

Während Union 06 zunächst eine Berliner Spitzenmannschaft wurde beziehungsweise eine solche blieb, kümmerte der im Osten verbliebene Rest der SG Union Oberschöneweide vor sich hin. Der bürgerliche Name war »verbrannt«, der DDR-Obrigkeit suspekt. Zur Saison 1951/52 gliederte sich das Gros der im Ostteil verbliebenen Unioner der BSG Motor Oberschöneweide an. Nicht alle folgten dem und setzten den Spielbetrieb unter dem alten Namen in unteren Spielklassen fort.

Motor stieg am Ende der Saison 1952/53 aus der Oberliga ab. Für Novizen in Sachen Ostfußball: Bei besagter Oberliga handelte es sich um die höchste Spielklasse des DDR-Fußballs. Sie ist keinesfalls zu vergleichen mit der heutigen Liga gleichen Namens, welche derzeit lediglich die fünfthöchste Klasse bezeichnet.

Weil der Spielbetrieb umgestaltet wurde, ging es bald noch eine Liga nach unten. 1955 folgte die Umstrukturierung in den SC Motor Berlin, ab Sommer 1957 spielte man unter dem Dach des Turn- und Sportclub Oberschöneweide. 1962 stieg der TSC wieder in die zweithöchste Spielklasse auf, ein Jahr später verschmolz er mit SC Einheit Berlin und SC Rotation Berlin zum TSC Berlin.

Der »eiserne Geist« von Union wurde lange Jahre vom SC Union 06 in Westberlin hochgehalten. Allerdings schnitt der Mauerbau 1961 die 06er vom Großteil ihrer Fans ab.

Im Ostberliner Fußball regierten derweil die militärischen Clubs Vorwärts und Dynamo, die beide zumeist in der Oberliga spielten. Vorwärts wurde bis 1969 sechs Mal DDR-Meister. Womöglich bemerkte die DDR-Obrigkeit, dass beide Vereine längst nicht von allen fußballbegeisterten Ostberlinern angenommen wurden? Wie auch immer, die neue Weisung hieß: Ein ziviler Fußballclub soll die dritte Spitzenkraft im Ostberliner Fußball werden! Über den Namen jenes neuen Clubs, der wie Motor und TSC im Stadion An der Alten Försterei residieren würde, ließ man die Berliner Fußballfreunde abstimmen.

Deren Votum zeigte: Der alte, »bürgerliche« und damit theoretisch ja längst »überholte« Geist der »Schlosserjungs« aus Oberschöneweide war noch immer fest verankert in den Erinnerungen. Rot-Weiß Union, Union Berlin, Blau-Weiß Union - 90 Prozent aller Namensvorschläge für den neuen Club enthielten jenes Wort, welches seit der Übersiedelung der alten Union-Mannschaft nach Westberlin tabu war. So also wurde am 20. Januar 1966 aus der Fußballabteilung des TSC Berlin heraus der 1. FC Union Berlin mit den Vereinsfarben Rot und Weiß gegründet. Auch die TSC-Fußballer hatten diese Farben getragen. »Sicherlich hat man es später bereut, dass die Berliner bei der Namensgebung mitentscheiden sollten«, erinnert sich Unions heutiger Ehrenpräsident Günter Mielis, »aber wenn man schon den Fehler gemacht hatte, die Öffentlichkeit einzuschalten, dann musste man die Öffentlichkeit auch akzeptieren.«[4]

Wie auch immer – Union war zurück in Köpenick, und ab sofort erklang von den Rängen wieder das »Eisern Union«. Vergeblich blieb ein Versuch der DDR-Oberen, diesen in ihren Ohren zu martialisch, womöglich gar kriegsverherrlichend klingenden »Schlachtruf« abzuschaffen. Aus dem Programmheft ließ er sich zeitweise verbannen, aus dem Sprachgebrauch der Union-Fans niemals.

Noch 1966 gelang dem 1. FC Union der Aufstieg in die höchste Spielklasse der DDR. Mit Rang sechs in der Abschlusstabelle 1966/67 lagen die Eisernen auf Anhieb zwei Ränge vor dem Militärclub Vorwärts und sieben vor dem Sportclub Dynamo, der damit in die DDR-Liga abstieg.

26. GRUND

Weil Union 1968 den FDGB-Pokal erkämpfte

Wir schreiben den 9. Juni 1968, den Tag des 17. Finales in der Geschichte des FDGB-Pokals. 14.000 Zuschauer haben sich im Kurt-Wabbel-Stadion zu Halle an der Saale eingefunden, das Spiel zu sehen. Wohl nie zuvor und niemals wieder sind Außenseiter- wie Favoritenrolle derart klar verteilt. Auf der einen Seite der 1. FC Union Berlin, zwei Jahre zuvor neu gegründet und in die höchste Spielklasse aufgestiegen. Ein Ensemble ohne Stars, abgesehen davon, dass sich Günter »Jimmy« Hooge, Ulrich Prüfke, Wolfgang Wruck und etliche andere beim eisernen Anhang längst ewigen Heldenstatus erarbeitet hatten. Hoge und Wruck brachten es in ihren Karrieren immerhin auf jeweils sechs Spiele für die DDR-Auswahl, allein Jenas Peter Ducke kam auf 37. Ein blutjunger Kerl, Reinhard »Mäcki« Lauck, bestritt an jenem Tag – nicht nur für den Trainer des Gegners, sondern auch für einige seiner eigenen Mannschaftskollegen äußerst überraschend – sein erstes Spiel im rot-weiß gestreiften Dress Unions.

Auf der anderen Seite der amtierende DDR-Meister FC Carl Zeiss Jena mit Nationalkeeper Wolfgang Blochwitz, den berühmten Ducke-Brüdern und weiteren drei Spielern mit Nationalmannschaftserfahrung, trainiert von Georg Buschner, dem späteren Coach der DDR-Auswahl. Mit einer Verbeugung erwies Unions Mannschaft dem frischgebackenen Meister die Ehre, Ulrich Prüfke überreichte dem Jenaer Kapitän Roland Ducke einen Berliner Bären. Dann pfiff Schiedsrichter Rudi Glöckner das Spiel an.

Die soeben demonstrierte Höflichkeit schien an diesem Tag die größte Tugend der Eisernen zu sein. Es dauert ganze 30 Sekunden, bis Jenas Mittelstürmer Werner Krauß die Murmel nach halbherzigem Abwehrverhalten der Eisernen per Drehschuss aus 16 Metern in die rechte Ecke des Union-Gehäuses zimmert. Damit waren die

Messen wohl gesungen. »Selten wurde ein Finale so früh entschieden, Union wurde kalt getroffen!«, notierte Günter Simon, Redakteur der *Neuen Fußballwoche*, in seinem Notizblock.[5]

Jena blieb am Drücker, machte das Spiel. Die Eisernen dachten jedoch nicht daran, ihre stollenbewehrten Füße still zu halten. Sie hielten dagegen und rissen nach und nach – zur großen Überraschung der Zuschauer – das Mittelfeld an sich. Unions Betke ließ Jenas Schlutter nicht zur Entfaltung kommen, Regisseur Prüfke hielt, von Trainer Werner Schwenzfeier eben dazu angehalten, Roland Ducke in Schach. Im Gegenzug fütterten die Unioner ihre Stürmer immer wieder mit erstklassigen Pässen, während hinten Abwehrchef Wruck und Kollegen die Räume dicht machten.

In der 29. Minute wieder ein Angriff der Rot-Weißen. Jimmy Hoge schlägt den Ball hoch in Jenas Strafraum, ein Weiß-Blauer fängt ihn vorm Gehäuse ab – mit der Hand! Glöckner zögert keine Sekunde mit seinem Pfiff. Strafstoß für Union. Meinhard Uentz legt sich den Ball auf dem Punkt zurecht, nimmt Anlauf, zieht ab – halbhoch aufs rechte Eck, der Ball zappelt in den Maschen! Ausgleich für Union, und das mittlerweile nicht unverdient! Der Favorit zeigt sich geschockt, der Außenseiter stürmt, drängt. Torwart Wolfgang Blochwitz verhindert in der 41. Unions Führungstreffer durch Jürgen Stoppok. Mit dem 1:1 geht es in die Kabinen.

Zweite Hälfte: Jena greift an, doch Unions Abwehr hält. Zwischendurch tauchen die Rot-Weißen immer mal wieder vorm gegnerischen Tor auf. Die Abwehr des DDR-Meisters präsentiert sich in diesen Momenten zunehmend wie das berühmte, viel zitierte Schweizer Kuhmilch-Produkt: löchrig.

In der 63. erneut ein Konter von Union. Uli Prüfke befördert den Ball mittels Fernschuss in den Jenaer Strafraum, die Abwehr lässt ihn prallen. Ralf Quest erobert das Spielgerät, zieht ab. Blochwitz im Tor pariert, kann den Ball jedoch nicht festhalten. Wieder ist Quest zur Stelle und schießt ihn, am geschlagenen Jenaer Keeper vorbei, ins nunmehr leere Gehäuse! Union hat das Spiel gedreht!

Der FC Carl Zeiss gibt alles, das Ergebnis zu korrigieren, zunächst glücklos. Immer wieder laufen sich die Weiß-Blauen an der von Wruck nach wie vor bestens organisierten Abwehr der Berliner fest. Dann die Schlussoffensive der Thüringer. Unions Abwehr gerät zunehmend unter Druck. In der 76. Minute ein gut platzierter Schuss vom gerade eingewechselten Peter Ducke. Keeper Rainer Ignaczak reagiert blitzschnell und hält die Führung fest. Vier Minuten später Kopfball von Helmut Stein, erneut reagiert Unions Torhüter mit einer Glanzparade. Er bleibt im Brennpunkt des Geschehens.

Dann, endlich – der Schlusspfiff! Der krasse Außenseiter Union Berlin hat den großen FCC besiegt! Die Rot-Weißen liegen sich in den Armen – auf dem Spielfeld wie auf den Rängen. Kurz darauf strecken die bereits genannten Spieler, dazu Wolfgang Hillmann, Harry Zedler und Hartmut Felsch, den schweren Bronzepokal in die Höhe. Vor wenigen Minuten haben sie, nach beherztem, scheinbar aussichtslosem Kampf, den bis heute größten sportlichen Erfolg der Vereinsgeschichte des 1. FC Union Berlin errungen.

27. GRUND

Weil »Jimmy« Hoge um seinen Europapokal betrogen wurde

(Fast) ganz Ostberlin war aus dem Häuschen: Der kleine FCU hatte den mächtigen, auch finanziell ungleich stärkeren FC Carl Zeiss Jena geschlagen und den FDGB-Pokal geholt! Dem Finalsieg folgte der Eintrag ins Goldene Buch der Stadt und ein gehöriges Anwachsen der Mitgliederzahl des 1. FC Union.

Krönung des Ganzen war jedoch zweifelsfrei: Mit dem Pokalgewinn hatte sich Union für die neunte Ausspielung des Europapokals der Pokalsieger qualifiziert! »Mein Union im Europapokal. Det is een Ding!«, jubilierte Union-Stürmer und immerhin sechsfacher Nationalspieler Günter »Jimmy« Hoge – leider erst 33 Jahre später und selbstredend nicht mehr als Aktiver auf dem Platz.[6] Aber zurück ins Jahr 1968: Jimmy und seine Mannschaftskollegen sind außer sich vor Freude: Europapokal An der Alten Försterei! Das Teilnehmerfeld des Pokalsieger-Wettbewerbs bot so illustre Namen wie AC Turin, FC Porto, FC Brügge, Girondins Bordeaux, 1. FC Köln und gar den FC Barcelona!

Die Auslosung der 1. Runde bedeutete für viele Rot-Weiße einen weiteren Grund zum Jubel. Erschien ihnen doch der Gegner, FK Bor aus Jugoslawien, als durchaus schlagbar. Und wer weiß, vielleicht müsste ja in der 2. Runde gar der große FC Barcelona die Reise nach Köpenick antreten? Ob es gelungen wäre, diese 2. Runde oder gar mehr zu erreichen, wird für immer ungeklärt bleiben.

Eine andere Hürde erwies sich, für den 1. FC Union und neun weitere Vereine, als unüberwindbar: der Kalte Krieg zwischen Ost und West. Die Sowjetarmee und ihre Verbündeten, sprich die Armeen des Warschauer Vertrags, marschieren am 21. August 1968 in die ČSSR ein und schlagen den Prager Frühling militärisch nieder. Die westeuropäischen Fußballverbände weigern sich daraufhin, ihre Clubs gegen Mannschaften aus den Ländern antreten zu lassen, die sich an dieser Intervention beteiligten. Die UEFA wirft daraufhin ihre Statuten über den Haufen und erklärt die Auslosung der 1. Runde für ungültig. Sie setzt eine zweite, geheime Auslosung an, bei der die Vereine aus den Ländern des Warschauer Vertrags untereinander bleiben.

Neuer Gegner für den 1. FC Union Berlin: Dynamo Moskau, eine ungleich schwerere Aufgabe als der FK Bor, doch auch diese beiden Spiele werden niemals angepfiffen. Aus Protest gegen die neue Auslosung boykottieren die osteuropäischen Fußballverbände den Wettbewerb und ziehen ihre Mannschaften aus Pokalsieger- wie Meistercup zurück. Die Sportler fragte niemand, was sie von dem Ganzen hielten. Sie durften nicht spielen, waren vielmehr selbst zum Spielball im Weltpokal der großen Politik geworden. Jimmy Hoges

Resümee der genannten Ereigniskette fällt so knapp wie eindeutig aus: »Scheiße!« Bis 2001 müssen er und der 1. FC Union warten, bis die Eisernen endlich die Bühne des Europäischen Fußballwettbewerbs betreten dürfen, aber das ist schon wieder eine andere Geschichte …

28. GRUND

Weil »Mäcki« Lauck bei uns seine glücklichsten Jahre verlebte

Von Juni 1968 bis zum Ende der Saison 1972/73 absolvierte Reinhard Lauck, den alle Mäcki nannten, 145 Spiele für Union. 23 Tore schoss er für die Eisernen, seine drei geschossenen Elfmeter verwandelte er allesamt. Mäcki Lauck war nicht nur der wahrscheinlich beste Fußballer, der je für den 1. FC Union Berlin auflief, sondern einer der größten Mittelfeld-Strategen, die die DDR jemals hatte. Seit 1973 gehörte er zum Kader der Nationalmannschaft. Im gleichen Jahr stieg Union in die DDR-Liga ab, sodass der angehende Nationalspieler gezwungen war, sich einen anderen Verein zu suchen. Zur übergroßen Trauer seiner Fans wechselte Lauck – ganz sicher nicht freiwillig, viele Zeitzeugen sprechen hier von einer Delegierung – ausgerechnet zum verhassten wie mächtigen Stadtrivalen nach Hohenschönhausen. Viele Union-Fans harrten in ihrer Verzweiflung vor Mäckis verschlossener Wohnungstür aus, um ihn zur Rückkehr An die Alte Försterei zu bewegen. Ihre Bemühungen blieben vergeblich.

Ein Jahr später war Mäcki Lauck Teilnehmer der WM-Endrunde und schaltete beim legendären 1:0 der DDR gegen die BRD nacheinander seine Gegenspieler Wolfgang Overath und Günter Netzer aus. 1976 gehörte er zur Olympiasieger-Mannschaft der DDR. Zweimal errang er den nationalen Meistertitel im Dress seines neuen Vereins. Als Zuschauer kam er, wenn es seine Zeit erlaubte, auch weiterhin nach Köpenick. Und wurde er dann vom Stadionsprecher begrüßt, hießen ihn die Fans willkommen, als trüge er noch immer Unions Trikot. 1981 musste Mäcki wegen seiner kaputten Knie die Fußballschuhe an den Nagel hängen. Alsbald »verlor sich seine Spur zwischen ein paar Autowerkstätten und viel Bier«, wird Alexander Osang 16 Jahre später niederschreiben.[7]

Mein Union-Freund Micha, der Kameramann, kehrte in den Achtzigern nach harten Arbeitstagen an der DEFA-Schule gern in einer nahe gelegenen Bierbar am Alex ein, deren Gebäude heute nicht mehr steht. Hier trank er seine Feierabendmolle und blätterte dabei im aktuellen *Sportecho*, sofern es ihm frühmorgens am Kiosk gelungen war, eines zu ergattern.

»Wenn du's ausgelesen hast, kann ich's dann haben? Ich kauf dir's ab«, sprach ihn in jener Bar eines Abends ein Mann an. Er sah mitgenommen aus, und doch erkannte Micha in ihm sofort sein altes Fußball-Idol.

»Klar, Mäcki, kannste's haben«, erwiderte er ebenso freundlich wie sein Gegenüber, »und du brauchst es mir nicht zu bezahlen.«

Andere, die meisten, erkannten Lauck nicht mehr. Auch dann nicht, wenn er gelegentlich zum Fußballgucken An die Alte Försterei kam. Und das tat er noch immer, höchstwahrscheinlich bis kurz vor seinem einsamen Tod im Jahre 1997.

29. GRUND

Weil Relegation und Union selten zueinanderfinden

1973 stieg der 1. FC Union mal wieder in die DDR-Liga ab. Prompt errangen die Eisernen mit fünf Punkten vor der BSG Stahl Eisenhüttenstadt den Sieg in Staffel B. Anders als bis dato bedeutete dies jedoch nicht den direkten Wiederaufstieg. Die DDR-Liga war nämlich mit Beginn der Saison 1971/72 von zwei auf fünf Staffeln aufgestockt worden. Die fünf Staffelsieger spielten von nun an eine Aufstiegsrunde aus. Die ersten beiden lösten ihr Ticket für die Oberliga, die anderen drei verblieben in der zweithöchsten Spielklasse. Dieser Modus, Relegation genannt, sollte für Union alsbald zum schier endlosen Albtraum heranwachsen.

In der Aufstiegsrunde 1973/74 setzten sich die Eisernen zwar 3:1 gegen Chemie Böhlen und 3:0 gegen Wismut Gera durch, verloren jedoch gegen den HFC Chemie und kamen gegen Vorwärts Stralsund nicht über ein 1:1 hinaus – um an dieser Stelle endlich einmal diese vielbemühte Phrase aus der Fußball-Berichterstattung zu benutzen. Damit erreichte Union den undankbaren dritten Platz sowie ein weiteres Jahr Zweitklassigkeit.

Im Jahr darauf errang der 1. FCU erneut souverän den Staffelsieg. Es folgte Platz fünf in der Aufstiegsrunde ... also wieder ab in Staffel B. Die gewannen die Eisernen in der Folgesaison nur knapp vor der BSG Stahl Eisenhüttenstadt. In der Aufstiegsrunde bekamen sie es gar mit Hansa Rostock zu tun. Beide Mannschaften trennten sich An der Alten Försterei 1:1. Torlos endete die Partie gegen Motor Werdau, dazu kam ein 1:0 gegen Motor Suhl sowie ein klarer 4:0-Sieg gegen Vorwärts Dessau. Die Abschlusstabelle zeigte den 1. FC Union hinter Hansa Rostock auf dem seligmachenden zweiten Platz!

Nach vier Spielzeiten in der Oberliga folgte der erneute Abstieg – und damit das alte Spiel: In Staffel B erkämpften die Unioner mit sieben Punkten Vorsprung auf die BSG KWO Berlin den üblichen Staffelsieg, um in der vermaledeiten Aufstiegsrunde den BSG Energie Cottbus und Chemie Buna Schkopau den Vortritt zu lassen.

Sicher muss ich nicht erwähnen, dass den Eisernen auch im Folgejahr der Sieg in »ihrer« Staffel B nicht zu nehmen war. Und siehe da, auch die Aufstiegsrunde beendete man – hinter Chemie Böhlen – auf einem erstaunlich sicheren zweiten Platz! Am Ende der Oberliga-Saison 1983/84 stand Union durch ein 2:0 gegen Chemie Leipzig gemeinsam mit den Leutzschern punkt- und torgleich auf Rang zwölf. Einer von beiden hatte den Gang nach unten anzutreten – also mussten zwei Entscheidungsspiele her, eine außerplanmäßige Relegation. Selbstverständlich beendete Union diese nach einem 1:1 An der Alten Försterei und einem 1:2 in Leipzig als »zweiter Sieger«.

Was zu DDR-Zeiten begann, sollte nach der Wende im vereinten Deutschland nicht besser werden. 1991/92 dominierte der 1. FC Union die Staffel Mitte der Oberliga-Nordost, die jetzt allerdings nur noch die dritthöchste Spielklasse darstellte. Gegen FSV Zwickau, einen gewissen FC Berlin und den VfL Wolfsburg spielte man um den einzigen Aufstiegsplatz in die 2. Bundesliga. Den holte Wolfsburg, Union errang die rote Laterne, Platz vier.

In den folgenden beiden Spielzeiten erkämpften sich die Unioner souverän den Sieg in »ihrer« Staffel Mitte, bekamen jedoch beide Male keine Lizenz für die 2. Bundesliga. Die Saison 1992/93 sollte als jene der selbst gestalteten Bankbürgschaft in Unions Historie eingehen, dazu später mehr.

Erst am Ende der Saison 1999/2000 heißt es für Union, nunmehr unangefochtener Meister der Regionalliga Nordost: Relegation die nächste! Auf dem Programm stehen zwei Entscheidungsspiele gegen den Nord-Meister VfL Osnabrück. Dem 1:1 An der Alten Försterei folgt ein ebensolches in Osnabrück. Das Elfmeterschießen endet 8:9 für den VfL.

Noch immer verbleibt den Eisernen eine letzte Chance. Leider trägt auch diese den verflixten Namen Relegationsrunde. Drei Teilnehmer, der Erste steigt in die 2. Bundesliga auf. Einem 3:1-Heimsieg gegen den SC Pfullendorf folgt ein 1:2 bei LR Ahlen – und damit der elendige, vermaledeite wie tränentreibende zweite Platz.

Da im Folgejahr für die Sieger der drei Regionalligen keine Relegation anstand, gelang Union nun endlich der Aufstieg in die 2. Bundesliga. Ab- und Wiederaufstiege gab es seitdem noch einige, aber Gott sei Dank keine Relegation mehr. Gebe es der Fußballgott, dass dies auch so bleibt, und zwar für alle Zeiten!

30. GRUND

Weil Union Berlin die Mutter der Fahrstuhlmannschaften war

Eines vorab: Der 1. FC Union Berlin steigt niemals auf oder ab, er wechselt lediglich die Spielklasse.

Nehme ich allein die letzten 48 Spielzeiten, in denen mein Verein als 1. FC Union Berlin auflief, komme ich auf acht verschiedene Ligen, die unsere 1. Herren mit ihrer Anwesenheit beglückten. Pendelte Union zu Ostzeiten lediglich zwischen DDR- und Oberliga, kamen nach der Wende Namen wie Amateuroberliga Mitte, Regionalliga Nordost, Regionalliga Nord, NOFV-Oberliga Nord, 3. Liga und die 2. Bundesliga hinzu. Acht Aufstiege stehen sieben Gängen in die jeweils untere Spielklasse gegenüber.

»Klar bin ick sauer und enttäuscht, wenn wir absteigen«, sagt Andreas Schwadten, Präsi des Biersportvereins Prenzlauer Berg im Film *Und freitags in die Grüne Hölle*, um im selben Atemzug hinzuzufügen: »Na und? Steigen wir eben nächste Saison wieder uff! Da kann ick mir dann wieder freuen.«

Vier Jahre DDR-Oberliga in Folge waren Unions erfolgreichste Serie im geteilten Deutschland. Ihr stehen bisher ein vier- sowie ein fünfjähriger Aufenthalt in Liga 2 gegenüber. Nach der Wende ging es um einiges turbulenter zu als davor. Gleich dreimal in Folge gab es keine Lizenz und somit keinen Aufstieg.

Niemals spielte der 1. FCU länger in ein und derselben Spielklasse als jene sechs Spielzeiten von 1994/95 bis 1999/2000 in der Regionalliga Nordost. Kontinuität auf mittlerem Niveau also – nichts, was in den Trophäenschrank gehört.

Natürlich stiegen und fielen die Zuschauerzahlen im Spannungs- und Erfolgsgefälle zwischen erster und vierter Spielklasse. Zu keiner Zeit jedoch mussten Unions Fußballer vor schweigenden Rängen den Rasen beackern. Solange es den Verein gibt, zählt der Union-

Fan zu den sangesfreudigsten seiner Zunft – auch und gerade, als Union 2005 mit dem Zwangsabstieg in die NOFV Oberliga Nord den sportlichen Tiefpunkt erreicht hatte. »Trotzdem waren bei meinem ersten Training nach dem Abstieg 300 Fans am Zaun«, erinnert sich der damalige Neuzugang Torsten Mattuschka.[8]

Von da an ging es konsequent aufwärts. Vier Jahre und drei Aufstiege später spielten Union und Mattuschka wieder in der 2. Bundesliga, von der Tusche damals geglaubt hatte, dass er sie als Spieler niemals wieder erreichen würde. Mittlerweile kickt Union die fünfte Spielzeit hintereinander in Deutschlands zweithöchster Spielklasse, und ein Ende *dieser* Konstanz ist nicht in Sicht. Ja mehr noch, scheint derzeit doch der neunte Aufstieg realistischer als ein achter Wechsel der Spielklasse nach unten – aber abgerechnet wird bekanntlich erst nach dem Schlusspfiff.

Was mir an dieser Stelle festzustellen bleibt: Sympathisant eines amtierenden Rekordmeisters oder dauerhaften Champions-League-Aspiranten kann jeder sein. Als Fan des 1. FC Union musst du jedoch eindeutig mehr mitbringen als den Wunsch, möglichst oft jenem Teil der Menschheit anzugehören, dessen Idole einen wie auch immer benannten Meistertitel erringen. Wer, wenn nicht die Anhängerschaft der Eisernen aus Köpenick weiß aus steter, am eigenen Leib durchlebter Erfahrung, dass auf jeden noch so glamourösen Sieg irgendwann die bitterste Niederlage folgt. Aber auch die wird nicht das Ende der Geschichte dieses Vereins sein! Erfolgsfans kommen und gehen, der Unioner hingegen bleibt Unioner. Egal, ob Welt- oder Bolzplatzliga, wird er seine Stimme erheben und auf die Worte »Und niemals vergessen!« dreifach donnernd erwidern: »Eisern Union!«

4. KAPITEL

EIN ARBEITERVEREIN IM »ARBEITER-UND-BAUERN-STAAT«

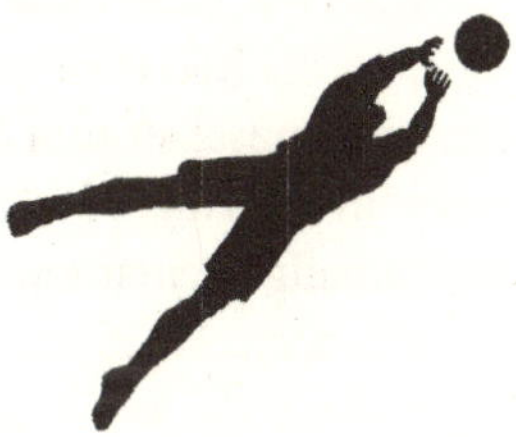

31. GRUND

Weil Heinz Werner bis heute Unions härtester und gütigster Trainer ist

Trainer Heinz Werner legte, neben vielen anderen Parametern, größten Wert auf eine überragende körperliche Fitness seiner Schützlinge. Während seiner Regentschaft von 1976 bis 1982 gab es bei Union keinen, der in irgendeiner Weise über konditionelle Mängel zu klagen gehabt hätte. In der Winterpause 1976/77 sah es für die Eisernen mal wieder äußerst mau aus. Mit 8:18 Punkten waren sie das Schlusslicht der obersten Spielklasse. Mit einem solchen Ergebnis zur Saisonhälfte war bisher jedes Team abgestiegen.

Wenn wir nicht härter arbeiten als alle anderen, haben wir keine Chance, die Klasse zu halten, sagte sich Heinz Werner und fuhr mit seiner Mannschaft zum Zwecke des Ausdauertrainings nach Frauenwald im Thüringer Wald. Hier hatten sich die Spieler, revolutionär für damalige Zeiten, zur Schonung der Gelenke Skier unter die Füße zu schnallen. Doch ein Schonprogramm erwartete Unions Kicker in Frauenwald selbstredend nicht. Auf dem Programm standen vormittags drei Stunden Skilanglauf, am Nachmittag 20 Kilometer Zeitlauf und abends zwei Stunden Hallentraining mit Schwerpunkt Kraft- und Gewandtheits-Übungen sowie Spielformen.

Drei, vier Trainingstage unter dieser Belastung, und Unions Mannen hatten sich in wilde Katzen verwandelt, die einander bei jeder Gelegenheit wütend anfauchten. Trainerfuchs Werner war klar: Wenn ich mir jetzt nicht schleunigst was Besonderes für die Jungs einfallen lasse, hab ich am Wochenende eine ausgewachsene Revolte am Hals. Zwei Tage später präsentierte er seinen Assistenztrainern eine Landkarte, auf der er die zu absolvierenden Strecken eingezeichnet hatte: »Da, da und da lauft ihr heute lang!«

»Aber Heinz, diese Wege kennen wir ja gar nicht«, wandten die Co-Trainer ein, doch Werner schüttelte den Kopf: »*Eben deshalb* lauft ihr dort lang!« Nach den üblichen sieben Stunden Training hatte der Trainer seiner Mannschaft für den Abend etwas Besonderes angekündigt. »Oben auf dem Berg hab ich für uns alle eine Baude gemietet, aber glaubt ja nicht, dass ich mit euch einfach so ein Bierchen trinken gehe! Ein Kulturprogramm will ich von euch sehen!«

Jenes »Programm« begann für Wolfgang Matthies und seine Kollegen nicht erst auf besagter Baude. Am Fuße des Berges drückte Heinz Werner jedem Spieler eine Fackel in die Hand – und los ging's: Den Hügel erklimmen, steil hinauf im knietiefen Schnee. Obendrein legte Trainer Werner ein rasantes Tempo vor.

Alsbald hörte er seine Männer hemmungslos fluchen. Sätze wie »Was für eine Gemeinheit!«, »Das ist die vierte Trainingseinheit heute!«, »Dieser verfluchter Schinder!« umschwirrten seine Ohren. Er schaltete auf Durchzug. Nur hoch auf den Berg, lautete seine Devise. An der Baude angelangt, befahl er: »Und jetzt singt ihr ein Lied!« Hier nun verweigerten die Spieler – erst- und einmalig – ihrem »Schinder« den Gehorsam. Wütend warfen sie die Fackeln in die Dunkelheit und riefen: »Nein, Herr Werner, wir singen *nicht*!«

Heinz Werner verzog keine Miene. Schweigend öffnete er die Tür, und die Mannschaft betrat – hinter Trainer, Kapitän Sigusch und Torhüter Wolfgang Matthies – die Baude. Eine Sekunde später drehte sich Potti Matthies zu seinen Mannschaftskameraden um und rief: »Männer, der hat sogar Weiber für uns besorgt!«

Kurz darauf gewahrten die Angesprochenen und Potti, dass es sich bei jenen »Weibern« um ihre Frauen beziehungsweise Freundinnen handelte. Mit der tatkräftigen Hilfe seiner Gemahlin und Unions Sekretärin Ingeborg Lahmer hatte Trainerfuchs Werner sämtliche Spielerfrauen zusammengetrommelt, in Unions Bus verfrachtet und nach Frauenwald beordert. Die ungewöhnlichen Laufstrecken des Tages hatte er deshalb gewählt, damit seine Spieler während ihres Trainings auf gar keinen Fall unverhofft dem ihnen ja bestens bekannten Vereinsbus begegneten.

Nun blieb kein Auge trocken. Die Schinderei der letzten Tage, alle Angespanntheit und Wut waren vergessen. Die eben noch so raubkatzengleichen Union-Spieler erlebten einen unvergesslichen, äußerst harmonischen Abend im Kreise ihrer Liebsten.

Gegen ein Uhr allerdings trat der Kapitän an den Tisch seines Übungsleiters: »Herr Werner, darf ich kurz mit Ihnen sprechen?«

»Aber natürlich! Was haben Sie denn auf dem Herzen?«

»Herr Werner, wie sollen wir denn das mit dem Schlafen nun machen?«

»Wie? … Soll ich das jetzt auch noch einteilen?«, erwiderte ihm sein Trainer. »Morgen früh um neun habt ihr alle da zu sein, da mach ich ein Sektfrühstück mit euch.«

Verdutzt sah der Spieler seinen Coach an. Der nämlich hatte für die Frauen, die nicht mit unten im Mannschaftshotel wohnen konnten, im Dorf Zimmer besorgt – Doppelzimmer!

»Muss ich Ihnen jetzt ernsthaft sagen, wie Sie schlafen sollen?«, entließ Heinz Werner seinen noch immer sprachlos vor ihm stehenden Käpten. Zehn Minuten später war alles sortiert, und sämtliche Union-Spieler erlebten nach jenem wunderbaren Abend eine für ein Trainingslager außergewöhnliche Nacht. Kein Einziger kam auch nur eine Sekunde zu spät zum gemeinsamen, von einem Glas Sekt abgerundeten Morgenmahl. Jene »Maßnahme« ihres Trainers werden sie wohl ihr Lebtag nicht vergessen.

Nebenbei bemerkt: Auch alle Schinderei im Schnee zahlte sich am Ende aus. Der 1. FC Union Berlin startete nicht nur, wie bereits am 1. Spieltag der Hinrunde, mit einem Sieg gegen den Stadtrivalen aus Hohenschönhausen in die Rückrunde. In der Abschlusstabelle fanden sich die Eisernen mit 21:31 Zählern dank des besten Torverhältnisses aller punktgleichen Teams auf dem rettenden Tabellenplatz elf wieder.

32. GRUND

Weil weinrote Stürmer keinen Matthies mochten

Geboren am 17. Juli 1953, hütete Wolfgang Matthies von 1974 bis 1988 in insgesamt 253 Spielen das Tor der Eisernen. Stets brannte er vor Ehrgeiz, weiß sein langjähriger Trainer Heinz Werner zu erzählen, und das nicht nur bei Punkt- oder Pokalspielen! »Ihr kriegt heute keinen bei mir rein!«, habe er beim Training regelmäßig seine Stürmer herausgefordert – und sei anschließend oft als Wettsieger duschen gegangen. Was Matthies offenbar nicht ganz so mochte, war Werners ausgiebiges Ausdauertraining. Fragte er seinen Coach mal wieder: »Warum muss ich als Torhüter genauso viele Laufkilometer schrubben wie meine Feldspieler?«, pflegte der zu erwidern: »Damit Sie auch noch in der 92. das Ding rausholen!« Ebendas tat Wolfgang Matthies, wieder und wieder. In vielen, vielen Spielen dankte er seinem Coach alle Schinderei mit erstklassigen Leistungen. Wenn einer bei Union selbst auf dem Zahnfleisch krauchend noch vollsten Einsatz zeigte, dann Wolfgang »Potti« Matthies.

Am 4. September 1976 stand Unions Mannschaft auf der Zickenwiese, wie sie von Volkes Mund genannt wurde, sprich dem Stadion der Weltjugend, mal wieder dem Stadtrivalen aus Hohenschönhausen gegenüber. Gerade erst hatten die Eisernen nach drei Jahren DDR-Liga den Wiederaufstieg in die höchste Spielklasse geschafft. In ihren Reihen standen einige Oberliga-Debütanten, einer von ihnen war Wolfgang Matthies. 45.000 Zuschauer waren gekommen, das Ostberliner Derby anzusehen. Unter ihnen – oder sollen wir sagen: über ihnen? – etliche Mitglieder und Kandidaten des Politbüros des ZK der SED wie Konrad Naumann, Harry Tisch, Egon Krenz und nicht zu vergessen, der mächtigste aller Weinroten, Ober-Tschekist Erich Mielke. Die Hohenschönhausener, unter ihnen etliche Nationalspieler, galten als haushoher Favorit, doch Union war nicht mit der Maßgabe angetreten, sich von denen in die Pfanne hauen zu lassen oder gar als braver zweiter Sieger vom Platz zu gehen.

Direkt mit dem Anpfiff machten die Hohenschönhausener von Trainer Harry Nippert das Spiel. Angriffswelle auf Angriffswelle schickten sie gegen das Tor der Eisernen. Das aber hütete ein Matthies, der sich punktgenau in überirdisch anmutender Form befand. »Förmlich eingetrichtert habe ich der Mannschaft: drei bis vier Chancen werden wir haben, eine davon müsst ihr nutzen!«, wurde Unions Trainer Heinz Werner in der Presse zitiert. Und in der 14. Minute war sie da, jene Chance. Uli Netz trieb den Großteil der 45.000 zu einem ohrenbetäubenden Jubel. Union Berlin führte 1:0! Nun verlagerte sich das Spiel endgültig vor das Tor der Eisernen. Dass es bis zum Schlusspfiff sauber blieb, hatte vor allem einen Grund: Wolfgang Matthies hielt wie ein Gott!

Zum Rückspiel am 19. Februar 1977 wollten Erich Mielke und Genossen nicht noch einmal ein derartiges Debakel ihres Vereins erleben. Der Fußballverband betraute Adolf Prokop mit der Leitung der Partie, einen ausgewiesenen Freund der Weinroten. Wieder legten diese los wie die Feuerwehr, insbesondere Ex-Unioner Lauck, dazu Rohde und Noack prüften das Reaktionsvermögen von Wolfgang Matthies. Mit seinen Paraden sorgte der dafür, dass Prokop vorerst nicht gen Mittelkreis weisen konnte. In der 21. Minute unterlief dem »Unparteiischen« dann ein schwerer Fehler. Er versäumte das rechtzeitige Betätigen seiner Pfeife, sodass er nur noch tatenlos zusehen konnte, wie Ulrich Werder, gefolgt vom unbändigen Jubel des Gros der 28.000 Zuschauer, die 1:0-Führung für Union erzielte.

Wieder nahmen die Weinroten den rot-weißen Kasten unter Dauerbeschuss, und Genosse Prokop half ihnen dabei, wo immer er konnte. Nicht nur, dass er »seinen« Jungs gefühlte 999 direkte Freistöße aus bester Schussposition zusprach. In der 73. Minute schließlich wollte er Nägel mit Köpfen machen und entschied auf Strafstoß gegen Rot-Weiß. Schütze Bernd Brillat legte sich die Kugel auf dem Elfmeterpunkt zurecht. Vier Tage vor dem Derby hatte er Matthies bei einem Vorbereitungsspiel der Eisernen genauestens ins Visier genommen. Auch dort hatte es einen Strafstoß gegen Union gegeben, und Brillat war nicht entgangen, dass Matthies dabei auf die linke Ecke spekuliert hatte. Aus ebendiesem Grund würde er heute die rechte Ecke des Tores anvisieren.

Allerdings hatte auch Potti beobachtet, dass ihn sein Kontrahent beobachtet hatte – und konzentrierte sich bewusst auf ebenjene Ecke. Wenige Sekunden später trieb seine Parade den Großteil der 28.000 zu einem infernalischen Beifallssturm. Über Matthies' Leistung und seinen eigenen Fehl aus Minute 21 offensichtlich in Wut (oder Angst?) geraten, verwies der »Unparteiische« fünf Minuten später den ungebührlichen Torschützen nach einem harmlosen Foul des Platzes. In der 81. Minute zeigte er sich gegenüber Hohenschönhausens Torhüter Schwerdtner ungleich gütiger, als jener dem allein vor ihm stehenden Helbig die Beine wegzog.

Doch was auch immer die Weinroten und ihr zwölfter Mann in Schwarz anboten, Potti Matthies wusste stets die richtige Antwort. So hielt er nicht nur den von Brillat ausgeführten Strafstoß und die gefühlten 999 Freistöße, sondern generell alles, was auf sein Gehäuse zugeflogen kam. Erwischte er zwischendurch mal einen Ball gerade so nicht, rettete eben ein Verteidiger auf der Linie. Obendrein verfolgte auch Unions 13. Mann, der liebe Gott (auf ihn komme ich später zu sprechen), das Spiel und ließ so manchen Schuss oder Kopfball der Hohenschönhausener dumpf gegen Pfosten oder Querlatte klatschen.

Dass Potti 1976 und 1977 *nicht* zum Unioner des Jahres gewählt wurde, lag einzig und allein daran, dass es diese von Union-Fans verliehene Auszeichnung erst seit 1980 gibt. Potti gewann besagten Titel vier Mal.

33. GRUND

Weil Potti Matthies nichts Weinrotes mochte

Heinz Werner zählte ihn seinerzeit zu den fünf besten Keepern der DDR. Hätte Matthies für einen Club gespielt, der regelmäßig in den Europäischen Pokalwettbewerben auflief, wäre er womöglich ein Mann für den Kasten der Nationalmannschaft gewesen? Unter Unionern sang man zu diesem Thema folgendes kleine Lied: *Unser Torwart, der heißt Matthies / Und er hält so gut wie Croy / Und wenn Croy mal alt und grau ist / Dann ist Matthies noch wie neu.*

Nicht nur Nationalmannschafts-Torhüter Jürgen Croy von der BSG Sachsenring Zwickau, auch Wolfgang Matthies wusste, wo er hingehörte und wohin nicht. Bald, nachdem Trainer Heinz Werner trotz des gelungenen Wiederaufstiegs zu Beginn der Saison 1982/83 durch Harry Nippert ersetzt worden war – unter vielerorts als nebulös bezeichneten Umständen –, suchte Matthies das Weite. Von 1983 bis 1985 floh er zum 1. FC Magdeburg. Nippert hatte unter anderem vier Jahre lang die Weinroten trainiert – und Wolfgang Matthies hasste nun mal alles, was in irgendeiner Weise mit »denen da« zu tun hatte. Als Nippert wieder vom Hof war, dauerte es nicht mehr lange und Matthies kehrte zu den Eisernen zurück.

Dass Unions Torhüter-Legende auch auf *diese* Weise seine Treue zum Verein unter Beweis gestellt hatte, sorgte ebenso für seinen Ruhm unter den Union-Fans wie seine Leistungen im Tor und sein bedingungsloser Einsatzwille. Endgültig zur Legende machte ihn jedoch ein im Grunde blamables Spiel. Wir schreiben den 4. November 1978. Nasskaltes Schmuddelwetter, also wie geschaffen für ein Derby gegen den »geliebten« Lokalrivalen aus Hohenschönhausen. Wir befinden uns im Achtelfinal-Hinspiel des FDGB-Pokals.

Den 20.000 Zuschauern auf der Zickenwiese bietet sich ein ähnliches Bild wie bei der Oberliga-Begegnung beider Mannschaften im September. Der zukünftige Rekordmeister lässt nichts, aber auch gar nichts anbrennen, am Ende wird er mit 8:1 als Sieger vom Platz gehen. Fünf Mal heißt der Torschütze Hans-Jürgen Riediger.

Dieses Ergebnis, die höchste Niederlage gegen die Weinroten seit dem Bestehen beider Vereine, ist jedoch nicht das, was sich die Unioner, die dereinst dabei waren, einander bis heute von jenem Tag erzählen. Das Spiel ist verloren, also nur noch Formsache – allerdings nicht für Wolfgang Matthies. Als Riediger beim Schuss auf Unions Gehäuse einen seiner Fußballschuhe verliert, geht Unions Torhüter seinem Berufskollegen bedächtigen Schrittes entgegen. Alles sieht nach einer hollywoodreifen Versöhnungsszene aus. Riediger bückt sich, seinen verlustig gegangenen Töppen wieder anzuziehen – und kann nur noch tatenlos zusehen, wie sein Widersacher ebenjenen mit voller Wucht abschlägt, als gelte es, mittels weitem Abstoß einen schnellen Gegenangriff seiner Unioner einzuleiten.

Dies sei eine von »zwei Unbeherrschtheiten« Matthies' in diesem Spiel gewesen, bemerkt *Sportecho*-Kommentator Klaus Schlegel in seinem Spielbericht.[9] Soweit ich weiß, erteilte der Fußball-Verband der DDR Potti später eine Rüge für sein Verhalten. Klar ist hingegen: Unions Anhängerschaft stellte ihr Idol nach jener Tat endgültig auf den Heldenthron. Ganz sicher ist besagter Schuhkick einer der Gründe dafür, dass die Union-Fans ihren Wolfgang Matthies im Jahre 2006, also 18 Jahre nach seinem letzten Auftritt als Torhüter An der Alten Försterei, zum wertvollsten Unioner aller Zeiten kürten.

34. GRUND

Weil sich Union im Osten nicht unterkriegen ließ

Im DDR-Fußball herrschte eine klare Hierarchie. Ganz unten standen die Betriebssportgemeinschaften, die BSG. Ihre Spieler rekrutierten sich – streng genommen – aus der Belegschaft des jeweiligen Betriebs beziehungsweise Kombinats. Dass es einige BSG wie Wismut Aue, Sachsenring Zwickau oder später Stahl Brandenburg dennoch schafften, die höchste Spielklasse gehörig aufzumischen, verdient allergrößten Respekt.

Weit besser ging es den elf Fußballclubs der DDR inklusive der SG Dynamo Dresden mit ihren sogenannten Leistungszentren. Ihnen stand jeweils ein bestimmtes Territorium zur Verfügung, zumeist entsprach ihr »Einzugsgebiet« den jeweiligen Bezirksgrenzen. Eine Ausnahme bildeten die beiden Mannschaften der Sportvereinigung Dynamo. Die Dynamos aus Dresden unterstanden der Volkspolizei, jene aus Berlin dem Ministerium für Staatssicherheit. Da beide Institutionen im gesamten Land über einen riesigen Apparat verfügten, konnten sie sich auch entsprechend »bedienen«. Der Bezirk Cottbus »gehörte« gar ganz den Berliner Dynamos, schließlich handelte es sich ja bei Energie Cottbus lange Zeit »lediglich« um eine BSG.

Die zweite Ausnahme bildete der 1. FC Union Berlin. Zunächst durften sich die Eisernen auch im Bezirk Potsdam nach Spielern umsehen. Der jedoch wurde 1971, mit der Delegierung des FC Vorwärts von Berlin nach Frankfurt/Oder, dem Armeeclub zugeteilt. Fortan verfügte Union mit Ostberlin – minus der Stadtbezirke Hohenschönhausen und Lichtenberg, die den Berliner Dynamos vorbehalten waren – über das mit Abstand kleinste Einzugsgebiet.

Nur hier durften die Eisernen einen Antrag auf Delegierung eines Spielers zum 1. FCU stellen. Es glich einer versuchten Entführung, als sich Unions Clubvorsitzender Günter Mielis bemühte, einen Spieler, der im Bezirk Rostock gemeldet war, für Union zu gewinnen. Polizei und Stasi fingen ihn auf der Straße ab und verbrachten den »illegalen Eindringling« über die Bezirksgrenze.

Das allerdings war nicht das einzige Handicap, mit dem Union zu kämpfen hatte. Mit Wolfgang Matthies zwischen den Pfosten stieg der 1. FCU niemals ab. Mitten in seiner besten Zeit wechselte Potti für anderthalb Jahre zu Vorwärts Fünfeichen. Grund dafür war sein Einzug in die Reihen der NVA. Aus demselben Grund musste Union nahezu zeitgleich auf seinen Aktivposten Rolf Weber und einen weiteren Stammspieler verzichten. »Damit hatte man meiner Mannschaft die Wirbelsäule genommen«, beurteilte Trainer Heinz Werner die Situation. Nur ein dummer Zufall?

Die Armeeeinberufung war bewährtes Druckmittel wie gängige Methode, sich unliebsamer Konkurrenz zu entledigen. Sie kam auch zum Einsatz, als es Günter Mielis doch mal gelungen war, einen guten Spieler aus einem anderen Bezirk nach Köpenick zu »verschleppen«. Noch ein Zufall? Der oberste Staatssicherer des Landes, zugleich Vorsitzender der Sportvereinigung Dynamo und mächtigster Anhänger von deren Berliner Ableger, war zugleich bekennender Union-Hasser.

Wie auch immer, ohne Matthies stieg Union 1980 in die fünfgleisige DDR-Liga ab – und wurde umgehend Staffelsieger. Das bedeutete: Aufstiegsrunde gegen die Erstplatzierten der anderen vier Staffeln. Unmittelbar vor dem Spiel bei Energie Cottbus lassen einige Cottbuser Spieler ihre Berliner Kollegen wissen, dass man weit oben nicht wolle, dass Union aufsteigt. Kurz darauf bemängelt der Schiedsrichter die Stollen der Eisernen und schickt sie in die Kabine. Als die Unioner eine Viertelstunde später unter gellendem Pfeifkonzert der Zuschauer auf den Platz zurückkehren, hat kein einziger Spieler seine Stollen angefasst, geschweige denn gewechselt. Dennoch finden diese nun die Zustimmung des Referees. Seine Aktion war offenbar einzig und allein darauf gerichtet, die Mannschaft zu verunsichern.

Erst eine Saison später, Matthies hütet mittlerweile wieder Unions Kasten, gelingt der Wiederaufstieg. Dennoch wird Trainer Heinz Werner – zur totalen Verblüffung der Union-Fans – in den Nachwuchsbereich versetzt und durch Ex-Dynamo-Coach Harry Nippert ersetzt. Man munkelt, Nippert sei von weit oben als weinroter Aufpasser zu den Eisernen geschickt worden. Heinz Werner dagegen wird angedroht, er werde niemals wieder eine Oberliga-mannschaft trainieren. Erstens kommt es anders, und zweitens als mancher denkt. Werner geht zur BSG Stahl Brandenburg und führt sie in die Oberliga – und Union wandert weiter zwischen Ober- und DDR-Liga hin und her, stets begleitet vom lautstark singenden Tross seiner treuen Fans. Für Heinz Werner *und* den 1. FC Union gilt: Unterkriegen lassen wir uns nicht!

35. GRUND

Weil Union selbst ohne Auswärtspunkte die Klasse hielt

In der Oberliga-Spielzeit 1982/83 knackte es An der Alten Försterei gehörig im Gebälk. Gerade war mit Heinz Werner der Aufstieg geglückt und dieser dennoch, wie bereits erwähnt, aufs Abstellgleis verbannt und durch Harry Nippert ersetzt worden. Bemerkenswert erscheint mir jene Saison jedoch aus einem anderen Grund. Sie begann mit einer 0:2-Niederlage beim 1. FC Magdeburg, dem die Eisernen daheim einen 2:0-Sieg gegen den Halleschen FC Chemie folgen ließen. Anschließend setzte es auf der Zickenwiese eine 0:4-Klatsche gegen die aus Hohenschönhausen, hernach An der Alten Försterei ein 4:1 gegen Chemie Böhlen. Eine bis auf ein Tor ausgeglichene Bilanz mit Heimsiegen und Auswärtsniederlagen – und insbesondere an Letzterem sollte sich auch weiterhin nichts ändern.

Daheim rangen die Eisernen dem FC Vorwärts Frankfurt, immerhin Zweiter der Schlusstabelle, ein 1:1 ab. Gegen den Drittplatzierten FC Carl Zeiss Jena siegten sie mit 1:0. Lok Leipzig, den Tabellenvierten, schlugen sie 3:2, Dynamo Dresden gar 2:0. Die derbste Auswärts-Klatsche setzte es gegen den FC Karl-Marx-Stadt, mit einem 5:0 schickten die Sachsen Union zurück nach Hause. 4:0 schlugen uns Lok Leipzig sowie Rot-Weiß Erfurt. Beim Tabellenschlusslicht Sachsenring Zwickau kam Union immerhin zum

Ehrentreffer, sodass man »nur« mit 3:1 geschlagen wurde. Bis zum Schluss musste Union An der Alten Försterei keine einzige Niederlage hinnehmen. Fünf Siege standen sieben Unentschieden sowie einer Niederlage beim Auswärts-Heimspiel auf der Zickenwiese gegenüber. Absolut erschreckend dagegen die Auswärtsbilanz: Alle 13 Begegnungen auf des Gegners Platz gingen verloren, sprich: Union holte nicht einen einzigen Auswärtszähler und kassierte auf den gegnerischen Plätzen 6:39 Tore.

Dennoch kam das Team am Ende auf dem elften Platz ins Ziel, punktgleich mit dem HFC Chemie und »satte« vier Zähler von einem Abstiegsplatz entfernt. Ohne Auswärtspunkt die Klasse gehalten, das soll Union erst mal einer nachmachen!

36. GRUND

Weil Unioner das Wunder an der Elbe vollbrachten

Die Saison 1985/86 gehört zweifellos zu den erfolgreichen in Unions Historie. Ein respektabler siebter Platz in der Oberliga, deren Torschützenkönig wurde mit 14 Treffern Unions Stürmer Ralf Sträßer. Außerdem hatten die Eisernen das Viertelfinale im FDGB-Pokal erreicht. Hier jedoch standen alle Signale auf *Endstation*. Gegner war Pokalverteidiger SG Dynamo Dresden, deren Kader gespickt war mit etlichen Nationalspielern, die zudem über reichlich Europapokal-Erfahrung verfügten. Union hatte das Hinspiel An der Alten Försterei vor der spektakulären Kulisse von 20.000 Zuschauern mit 1:2 verloren. Das Rückspiel war also reine Formsache, entsprechend das Interesse des Dresdner Publikums. Lediglich 12.000 Zuschauer verloren sich am Mittwoch, dem 7. Mai 1986, ins Dynamo-Stadion. Unter diesen zudem eine starke Fraktion des eisernen Anhangs.

Keine fünf Minuten waren herum, da führte ein Missverständnis zwischen Potti Matthies und Verteidiger Probst zum Fall des Dresdners Minge – und somit zum Strafstoß für Dynamo. Routinier Reinhard Häfner legte sich die Kugel am Punkt zurecht und zog ab. Die Vorentscheidung – denkste! Potti machte seine Unachtsamkeit wieder gut und entschärfte – äußerst spektakulär im Fallen mit dem Fuß – seinen insgesamt fünften Elfer der Saison.

Sechs Minuten später zeigte Schiedsrichter Prokop jedoch zum zweiten Mal auf den Punkt. Matthies habe an der Grundlinie einen Schwarz-Gelben gefoult, so sein Urteil. Diesmal trat Döschner an – und verwandelte sicher zum 1:0 für den Hausherrn und Favoriten.

Und die Dresdner nahmen Pottis Gehäuse weiter unter Beschuss. Es schien nur eine Frage der Zeit, wann das alles entscheidende 2:0 fallen würde. Da ein Konter Unions, und ausgerechnet Dresdens Idol »Dixi« Dörner verhalf den Eisernen in der 27. Minute mit einem Eigentor zum Ausgleich, zu neuer Hoffnung. Der tausendfache Ruf »Eisern Union« ließ das Dynamo-Stadion erbeben, als sei es das Stadion An der Alten Försterei … nun, zumindest fast so.

Dann jedoch ging alles viel zu schnell für Union. Matthias Sammer köpft aufs Tor, der Ball rutscht Potti durch die Arme – das 2:1 für die Schwarz-Gelben von der Elbe in der 43. Spielminute! Ein Gegentreffer kurz vor der Pause, schlimmer geht's nimmer.

Oh, doch! Sieben Minuten nach Wiederanpfiff machte Döschner mit dem 3:1 endgültig den Sack zu. Insgesamt stand es nun 2:5, und nur noch 38 Minuten zu spielen. Wer sollte einen solchen Rückstand in derart kurzer Zeit wieder aufholen? Dresden hatte sich nicht nur als das hochkarätigere, sondern auch als das cleverere Team gezeigt. Die Eisernen auf dem Platz standen neben sich, waren völlig geschockt – außer Ralf Sträßer. In der 63. Minute, mit dem Kopf und buchstäblich aus dem Nichts, wartete er mit dem 3:2 auf. Anschlusstreffer – neue Hoffnung?

Jawoll doch, denn plötzlich machte *Union* das Spiel! 68. Spielminute, Ralph Probst schießt aus 15 Metern aufs Dresdner Tor – und die Maschen tanzen! Ebenso die Weiß-Roten unter den 12.000. »Eisern Union!«, brüllen sie sich die Lungen aus den Brustkästen und singen: *Oh Union, wir woll'n den Sieg!* Ebender schien nun greifbar nahe, und noch weit mehr! Ausgleich inklusive drei Auswärtstoren, das hieße: nur noch *ein* weiterer Treffer für Union, und …

Fünf Minuten sind vergangen, da fliegt der Ball unmittelbar vor dem Dresdner Gehäuse in Richtung René Unglaubes Kopf, und *der* denkt nicht daran, das Spielgerät ungenutzt vorbeifliegen zu lassen. Nun gibt es für die Unioner auf Platz und Rängen kein Halten mehr. War das jetzt Wirklichkeit, oder hatten sie alle lediglich geträumt, dass der 1.FCU das verloren geglaubte Spiel innerhalb von zehn Minuten komplett drehte? Nein, dieses Wunder war echt und wahrhaftig – und obendrein eisern erkämpft. Nun gleicht die Kulisse endgültig jener An der Alten Försterei. Nur dass dort niemals die Mehrheit der Zuschauer stumm bleibt wie jetzt die Dresdner im Dynamo-Stadion.

Noch aber waren 18 Minuten zu spielen, und wer wusste, wie lange Herr Prokop nachspielen lassen würde? Nun stand ja mit den Schwarz-Gelben nicht *sein* Team auf dem Platz, dafür aber mit unseren Weiß-Roten jenes, welches sein Gebieter partout nicht leiden konnte. Die Dresdner rannten an wie dereinst Attilas Hunnen. Der Ball knallt an den Pfosten, dass etlichen Unionern das Herz stehen bleibt …, dann endlich schlägt es wieder: Pfosten ist nahe dran, aber eben nicht *drin*. Der nächste Ball verendet in Pottis Armen … als es wieder knallt, ist es zur Abwechslung die Querlatte. Endlich der alles erlösende Pfiff aus Prokops Pfeife – das Wunder von der Elbe ist perfekt, und alle, die es miterlebten, werden dieses Spiel ihr Lebtag nicht vergessen.

Das Pokal-Finale gegen Lok Leipzig ging 1:5 verloren, aber wen interessiert das?

37. GRUND

Weil Union schon zu Ostzeiten Bayer besiegte

Nach fast zwei Jahrzehnten durfte der 1. FC Union Berlin in der Sommerpause 1986 mal wieder international auftreten!

Dass es beim Intertoto-Cup lediglich um die Erringung der anderenorts geschmähten »Goldenen Ananas« ging, interessierte den Union-Anhang genauso wenig wie die Mannschaft. Sicher hätten sich die Spieler um Potti Matthies, Olaf Seier, Ralf Sträßer und René Unglaube in jenem Sommer gern etwas mehr Erholung gegönnt als jene 20 Tage seit dem verlorenen FDGB-Pokalfinale. Und doch dürfte auch bei den Spielern die Freude auf besagtes Turnier eine große gewesen sein. Bedeutete das Ganze doch drei Reisen in den »NSW« genannten Teil dieser Welt, sprich: in den Westen!

Die Unioner auf den Rängen freuten sich ganz besonders auf die erste Begegnung am 21. Juni. Erwartete man mit dem FC Bayer 05 Uerdingen doch den Drittplatzierten der Bundesliga sowie einen Europa-Cup-Halbfinalisten als Gast An der Alten Försterei. Bayer wartete mit Bundesliga-Stars wie den Funkel-Brüdern, Rudi Bommer, Stefan Kuntz sowie einem Trainer namens Kalli Feldkamp auf – eine mächtige Hausnummer also!

20.500 zahlende Zuschauer ließen das Stadion An der Alten Försterei aus allen Nähten platzen, ganz sicher hätten mindestens doppelt so viele Karten reißenden Absatz gefunden. Kleiner Nebeneffekt des Andrangs: Neben echten Fans hatten sich etliche Schaulustige eingefunden, die wahrscheinlich einfach nur mal unter freiem Himmel und live »Westen gucken« wollten. David gegen Goliath hieß es auf dem Platz, und wie so oft zeigten die daselbst ackernden Unioner keinerlei Angst vor den Riesen. Bereits nach drei Minuten hätte Sträßer, seines Zeichens Torschützenkönig der vergangenen Oberliga-Saison, per Kopf die Führung für die Eisernen erzielt. Nicht lange, und Unglaube vergab die nächste Union-Chance, frei vor Bayers Tor stehend! In der 16. Spielminute jedoch flankte er den Ball meisterhaft zu Sträßer, der sich mit einem im *Sportecho* als unhaltbar eingestuften Schuss in die Maschen des Bayer-Tores bedankte.

Die Freude der Unioner währte allerdings nur sechs Minuten. Dann traf Bayers Dängen zum Ausgleich. Der jedoch brachte Union nicht aus der Spur. Noch vor der Pause erzielte Lahn, ebenfalls nach Vorarbeit des unermüdlichen Unglaube, die erneute Führung für die Hausherren. Nach der Pause drängte Bayer auf den Ausgleich. Eine Angriffswelle nach der anderen rollte in Richtung Matthies-Gehäuse, zunächst ohne zählbares Ergebnis. Ja mehr noch: Bei einem Union-Konter vermag Bayers Torwart den anstürmenden Sträßer nur per Foul zu stoppen. Der Gefoulte selbst legt sich die Kugel zurecht – und setzt sie in Sträßer'scher Präzision in die Maschen. 3:1, die Vorentscheidung?

Die Funkel-Brüder und ihre Kollegen gaben noch einmal alles, und der isländische Nationalspieler Gudmundsson erzielte in der 81. tatsächlich den Anschlusstreffer. Zwei weitere Großchancen der Gäste folgten noch, dann gehörte den Unionern nicht nur die Freude, einen international besetzten Gast in ihrem Stadion erlebt, sondern dazu der süße Triumph, diesen auch noch besiegt zu haben. »Glücklich, aber nicht unverdient«, beurteilte das westdeutsche Fachmagazin *Kicker* den Sieg der Eisernen, wobei der Schreiber Unions Elfmeter als »fragwürdig« titulierte. Sei's drum. Zwar ging das Rückspiel in Uerdingen, selbstredend ohne mitgereiste Eiserne unter den 3500 Zuschauern, mit 0:3 verloren, doch am Ende lautete der Gruppensieger: 1. FC Union Berlin.

Für Friedhelm Funkel gab es 2011 eine zweifache Rückkehr an den Ort seiner einstigen Niederlage. Als Trainer des VfL Bochum *und* von Alemania Aachen durfte er sich An der Alten Försterei innerhalb von vier Wochen zwei weitere Male von Union besiegen lassen, aber das hier nur ganz am Rande …

38. GRUND

Weil Union in Berlins Fußball-Hierarchie immer Außenseiter war

Schon Unions Vorgängerverein war der Club der kleinen Leute, genauer gesagt, der Verein jener Arbeiter, die viel mit Eisen hantieren, der Schlosser eben. »Eisern Union«, unser ältester Schlachtruf, hat also zunächst mal mit deren Arbeitsalltag zu tun und steckt von Anfang an voller Stolz, Kraft und dem unbändigen Trotz des Underdogs. Der SC Union 06 Oberschöneweide errang mehrere Berliner Meistertitel und spielte 1923 gar um die Deutsche Meisterschaft, doch die »großen Nummern« waren stets andere, zumeist ungleich wohlhabendere Fußballclubs, hießen sie nun Berliner Thor- und Fußballclub Britannia 92 oder Victoria 89, BFC Preußen, SV Norden-Nordwest 98, Tennis Borussia 02 oder Hertha BSC.

Im angeblichen Staat der Arbeiter und Bauern hätte sich dieses Dasein als Underdog rein theoretisch ins Gegenteil umkehren müssen. Schließlich war der 1966 aus dem TSC Berlin heraus neugegründete 1. FC Union Berlin von Anfang an im wahrsten Sinne ein Arbeiterverein. Dem nahe gelegenen VEB Kabelwerk Oberspree (KWO) eng verbunden, trug der Verein deutliche Züge einer Betriebssportgemeinschaft (BSG). Auch, weil sich Werkdirektor Dr. Georg Pohler, der mit der Kombinatsgründung 1967 zum Generaldirektor berufen wurde, bis zu seinem Tod im Jahre 1997 Union stets eng verbunden fühlte. Pohler, hochachtungsvoll der Kabelpapst genannt, gehörte zu den Gründungsmitgliedern des Clubs. Mehrere Jahre arbeitete er im Vorstand, später im Ehrenrat.

»Wenn wir die Möglichkeit hätten, auf euren Trikots werben zu können«, vertraute er Unions Clubvorsitzenden und heutigem Ehrenpräsidenten Günter Mielis laut seine Gedanken zum Thema Trikotsponsoring an.[10] Mit dieser Idee war er seiner Zeit weit voraus, zumindest in der DDR. Das Ansinnen des Kabelpapstes widersprach dem Konzept der DDR-Sportführung vom hehren sozialistischen Amateursport. Überhaupt sollte der finanzielle Einfluss der Betriebe möglichst gering gehalten werden. Naheliegend wäre besagtes Trikotsponsoring allemal gewesen. Viele Spieler Unions waren im KWO angestellt und konnten nur dadurch am Leistungssport teilhaben. Junioren erhielten im Betrieb ihre Berufsausbildung, nach ihrer Fußballerkarriere kehrten viele Unioner als Arbeiter ins Kabelwerk zurück. Das Abtrainieren erledigten sie dann, wie zum Beispiel Union-Legende Wolfgang Matthies, in der »echten« BSG Kabelwerk Oberspree, die lange Jahre immerhin in der DDR-Liga spielte. Generaldirektor Pohler half Union, wo er nur konnte. Ein Quäntchen Eigennutz mag freilich dabei gewesen sein. Schließlich wusste der Kabelpapst um die belebende Wirkung eines Union-Siegs auf die Arbeitsproduktivität im Betrieb. Mit guter Laune arbeitet es sich nun mal besser.

Trotz aller Züge eines echten Arbeitervereins – oder gerade deswegen? – blieb Union innerhalb der drei Leistungszentren der Ostberliner Fußball-Landschaft stets das kleine Licht. Weit stärkere Förderung als der einzige zivile Verein unter jenen Großen erfuhren der Armeeclub FC Vorwärts und der im gleichen Jahr wie Union gegründete Dynamo-Vertreter aus Hohenschönhausen. 1971 »wuchs« Union zur Nummer zwei Ostberlins, weil der Armeeclub aus »sportpolitischen Gründen« an die polnische Grenze versetzt und daselbst als FC Vorwärts Frankfurt/Oder zum Siechtum verurteilt wurde.

Der Zusammenbruch der DDR bedeutete das schlagartige Ende der Meisterserie der bisherigen Nummer eins aus Hohenschönhausen. Die Weinroten sanken herab bis in die 6. Liga, während sich Union, abgesehen von einer Saison in Liga 4, stets innerhalb der oberen drei Ligen hielt. Der Fußball-Krösus der wiedervereinten und künftigen Hauptstadt Berlin war der 1. FCU damit natürlich nicht. Diese Rolle spielte ein Gegner aus längst vergangenen Tagen, der gute, alte Hertha BSC. Dass beide Vereine 2012/13 bereits zum zweiten Mal in ein und derselben Liga spielten, war daher nur für einen der beiden eine ungetrübte Freude. Für wen wohl?

39. GRUND

Weil der liebe Gott nun mal Unioner ist

Gut 3000 Berliner sandte der Herrgott nach Karl-Marx-Stadt. Auf den Rängen der »Fischerwiese« übertönte das »Eisern Union« mühelos die Gesänge der knapp 4000 Heim-Fans. Auch die Spielerfrauen und die Gattin von Union-Trainer Karsten Heine hatten sich am 28. Mai 1988 auf den Weg in den Süden der Republik gemacht. Dabei hätte die Ausgangslage vor jenem letzten Spieltag der Oberliga-Saison 1987/88 für die Eisernen kaum ungünstiger sein können. Seit vier Wochenenden dümpelte man als Vorletzter auf Abstiegsrang 13. Mit gerade mal 20 Punkten auf der Habenseite und dem miesen Torverhältnis von 32:52 trat die Union-Familie zum alles entscheidenden letzten Spiel an. Nur ein Sieg gegen den auf Rang sieben logierenden FC Karl-Marx-Stadt konnte den Abstieg verhindern – allerdings nur, wenn mindestens eines der drei vor Union platzierten Teams aus Aue, Frankfurt und Erfurt nicht gewann.

Zu allem Unglück musste Karsten Heine bei der Mannschaftsaufstellung auf seine Routiniers Lutz Hendel, Olaf Reinhold und Norbert Trieloff verzichten. Auf der gegnerischen Trainerbank saß mit Ex-Union-Coach Heinz Werner ein Mann, der die Eisernen kannte wie seine Westentasche. Und wer Trainerfuchs Werner ein wenig kannte, wusste: Er mochte im Herzen Unioner sein. Heute aber, obendrein in seinem letzten Spiel hier, würde er alles daransetzen, seine Karl-Marx-Städter zum Sieg zu führen.

Mit dem Anpfiff stürzten sich beide Teams erbarmungslos in den Kampf. In der siebten Spielminute gingen die Gastgeber mit

1:0 in Führung. Weder die Rot-Weißen auf den Rängen, noch jene elf Mann auf dem Rasen gaben klein bei. Sieben Minuten später erzielte Union-Kapitän Olaf Seier unter dem unbändigen Jubel aller Union-Fans den Ausgleichstreffer. Mit diesem Stand ging es in die Kabinen. Ein Freistoß, verwandelt von Rico Steinmann, brachte die Sachsen in der 68. Spielminute erneut in Führung. Unions Antwort folgte auf dem Fuße: 73. Spielminute, Frank Placzek spielt auf Michael Weinrich – Tor! Beide Spieler hatte Coach Heine erst Sekunden zuvor ins Spiel gebracht. Tolle Sache, allein sie reichte nicht zum Klassenerhalt. Auch, dass Frankfurt und Erfurt ihre Spiele verlieren würden, nützte da nichts. Union drückte, ackerte Ecke auf Ecke heraus – vergebens. Gnadenlos schnell tickten die Spielminuten herunter. Schon flog die 90. heran, um wie die 16 vor ihr ergebnislos zu verstreichen. Da ließ Schiedsrichter Bernd Heynemann seine Pfeife schrillen! Abpfiff? Nein, entschied Gott: Freistoß für Union, die letzte Aktion des Spiels.

Kapitän Seier höchstpersönlich legt sich den Ball zurecht. Gefühlvoll und mit genauem Blick für die Situation lenkt er ihn exakt in den Lauf eines seiner Mitspieler. Der köpft die Kugel – für Torhüter Hiemann unerreichbar – an den linken Pfosten. Schon ist mit Verteidiger Mario Maek ein weiterer Unioner zur Stelle. Maek schiebt den Ball Richtung Torlinie, allerdings nicht entschieden genug. Der eben noch geschlagene Sachsen-Keeper fliegt heran. Doch auch er bekommt die Kugel nicht unter Kontrolle. Ein zweites Mal kriegt Maek sie vor den Fuß. Jetzt zeigt sich der Eiserne kompromisslos. Beherzt drischt er sie zum 2:3 Endstand über die Linie.

Mit dem unmittelbar darauf folgenden Schlusspfiff von Heynemann gab es für die Berliner Anhängerschaft kein Halten mehr. Sie stürmten das Spielfeld, küssten den Rasen, raubten ihrer Mannschaft die Kleidung, und immer wieder schallte das aus Tausenden Kehlen skandierte »Eisern Union« über den Platz.

Über den arg strapazierten Rasen schritt in ebendiesen Sekunden, in Gedanken versunken, auch der Trainer des FC Karl-Marx-

Stadt. Zwei Seelen wohnen in Heinz Werners Brust. Natürlich ärgerte er sich, dass er das Spiel verloren hatte – und doch war er zugleich froh, denn der Verein seines Herzens hatte in letzter Sekunde die Klasse gehalten. Plötzlich verspürte er auf seinem Gesicht den dicken Kuss einer jungen Frau – der Gattin von Union-Trainer Karsten Heine. »Ich hab nichts dagegen«, entgegnete er, womit er keineswegs nur ihren Kuss meinte.

Alle fragten sich: Wer zog hier die Fäden, dass jener Nachmittag einen derartig spektakulären Verlauf genommen hatte? Niemand Geringerer als der liebe Gott, enthüllte Andreas Baingo im *Deutschen Sportecho.* Der Herr persönlich hatte dem Reporter in der Schlusssekunde offenbart: »Ich bin ein Unioner.«[11]

40. GRUND

Weil Union niemals DDR-Meister war

Die DDR-Oberliga wusste nichts von Vereins-Insolvenzen und kannte weder den Kauf noch den Verkauf von Spielern. In ihr zeigten stattdessen »Umstrukturierungsmaßnahmen« ihre Wirkung. Spieler, mitunter ganze Mannschaften, wurden nicht verkauft, sondern »delegiert« oder, handelte es sich um militärische Clubs, »kommandiert«.

Am bekanntesten sicher die Verpflanzung von Empor Lauter aus dem Erzgebirge an die fußballerisch bis dato schwach besetzte Ostseeküste. Mit der Saison 1954/55 firmierten die Gerade-eben-noch-Erzgebirger daselbst als SC Empor Rostock, später wurde daraus der FC Hansa. Zu nennen hier auch noch einmal die Kommandierung des Armeeclubs Vorwärts von Berlin aufs Abstellgleis nach Frankfurt/Oder. Dass man die Armee-Kicker zunächst für die Hauptstadt der DDR Berlin auflaufen ließ, hatte seinen Grund sicher in *der* Gemeinsamkeit von DDR-Oberliga und Bundesliga:

Berlin spielte (und spielt ja bis heute) an der Tabellenspitze einer wie auch immer heißenden 1. Liga keine Rolle.

Was die oberste Spielklasse der DDR betraf, wurde die Hauptstadt in der Saison 1950/51 zunächst von der SG Lichtenberg 47, dem VfB Pankow sowie der BSG Motor Oberschöneweide vertreten, einem der Vorgänger des 1. FC Union. Die beiden Erstgenannten belegten die Abstiegsränge 17 und 18, wobei die Pankower am grünen Tisch in der Oberliga gehalten wurden, weil Berlin von zwei Mannschaften darin vertreten sein sollte. Einzig die Oberschöneweider verblieben regulär im (so nie genannten) »Oberhaus« des DDR-Fußballs.

Einem 15. Platz 1950/51 folgte Rang elf in der darauffolgenden Spielzeit. In letzterer verabschiedeten sich die Pankower, die nun BSG Einheit hießen, als erneuter Tabellenletzter für immer aus der obersten Spielklasse. Eine Saison später stieg auch Motor Oberschöneweide ab. Ebenso erging es der während der Saison (!) von Leipzig nach Berlin kommandierten Mannschaft der Kasernierten Volkspolizei (KVP Vorwärts Leipzig), die sich nun SV Vorwärts KVP Berlin nannte.

In die Oberliga verirrte sich erst wieder 1954/55 eine für Ostberlin auflaufende Mannschaft: der nach der Gründung der Nationalen Volksarmee nun als Armeeclub laufende ASK Vorwärts. Eine Saison später gesellte sich der dem Ministerium für Staatssicherheit unterstehende SC Dynamo Berlin hinzu. Der wiederum »erstand«, indem 1954 die gesamte Oberliga-Mannschaft der SG Dynamo Dresden nach Berlin versetzt wurde.

Nun spielte die Hauptstadt alsbald oben mit. 1958 errang der ASK Vorwärts seinen ersten Meistertitel, dem bis 1969 fünf weitere folgten. Zwei Jahre später setzte sich das Ministerium für Staatssicherheit gegen die Armee durch, um es salopp zu formulieren. Der mittlerweile FC Vorwärts heißende Club wurde von Berlin nach Frankfurt an der fernen Oder delegiert, um Berlin den dortigen, inzwischen ebenfalls als FC firmierenden Dynamos zu überlassen.

Die wohl größte zentrale Strukturmaßnahme im DDR-Fußball stellte sicherlich die Ende 1965 / Anfang 1966 vollzogene Schaffung der insgesamt zehn reinen Fußballclubs als speziell geförderte, leistungsorientierte Sporteinrichtungen dar. Als Nummer elf stieß zu diesem erlauchten Kreis die seit 1953 bestehende, der Deutschen Volkspolizei unterstellte SG Dynamo Dresden.

Besagter Maßnahme verdankte auch der 1. FC Union als ziviles Gegengewicht zu den beiden militärisch geführten Berliner Fußballclubs seine Gründung. Allerdings war Union der einzige FC, der zunächst nicht in der Oberliga spielte. In die stiegen die Köpenicker erst zur Saison 1966/67 auf und belegten auf Anhieb einen respektablen sechsten Platz. Weiter nach oben drangen die Eisernen nur noch einmal vor: 1970/71 stand Union direkt nach dem Wiederaufstieg aus der DDR-Liga auf Platz fünf der Abschlusstabelle. Den Rest der DDR-Jahre verbrachte der FC mit dem kleinsten Einzugsgebiet sportlich gesehen im permanenten Ab- und Aufstiegskampf. Um die großen Titel streiten sich gestern wie heute andere. Gestern die mit den besseren Beziehungen nach oben und mehr Geld, heute die mit viel mehr Geld.

Nach der Wende gehörte Union zu den fünf großen ostdeutschen Fußballclubs, die sich nicht umbenannten. In der ewigen Tabelle der 44 Mannschaften, die je in der DDR-Oberliga spielten, liegt der Verein derzeit auf Rang 14. Den hatten die Eisernen auch am Ende der Vor-Wende-Saison 1988/89 inne. Damit hielten sie die rote Laterne und verabschiedeten sich bis heute aus der Erstklassigkeit.

Von allen Teams, die auf dem Boden der DDR angesiedelt waren, hält sich derzeit neben den Köpenickern lediglich Dynamo Dresden sicher in der 2. Bundesliga. Traurig für den ostdeutschen Fußball, aber leider wahr. Positiv aus Sicht der Eisernen: Union hat die DDR überlebt und lebt auch im Kapitalismus noch …

5. KAPITEL

ZWEIMAL TOTGESAGT …

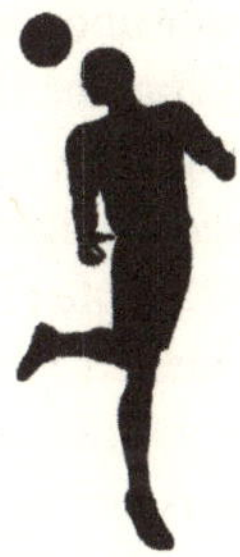

41. GRUND

Weil Unionern auch nach 1989 die Straße gehörte

Die Jahre nach der Wende hielten für Union etliche Nackenschläge bereit. Die Saison 1991/92 beendete der Verein mit 13 Punkten Vorsprung an der Spitze der Oberliga Nordost, Staffel Mitte. Bei der handelte es sich, anders als zu DDR-Zeiten, nur noch um die dritthöchste Spielklasse. Den Aufstieg in die 2. Bundesliga verpassten die Köpenicker durch die gefühlt 99. verloren gegangene Relegation. Im Folgejahr errangen sie erneut souverän den Staffelsieg und setzten sich zudem – oh Wunder! – in der Relegation durch. Nach riesiger Freude über den endlich geglückten Aufstieg in den bezahlten Fußball zog der DFB die bereits erteilte Lizenz für die 2. Bundesliga wenige Tage später aufgrund einer – sagen wir an dieser Stelle mal – eigenwilligen Bankbürgschaft wieder zurück.

»Kämpfen für Union« lautete nun das Motto der rot-weißen Fans. Sie hielten Mahnwachen ab, veranstalteten eine Protestdemonstration vor dem Roten Rathaus, sammelten in wenigen Tagen 16.000 Unterschriften, um den DFB zum Einlenken zu bewegen. Selbst der Regierende Bürgermeister von Berlin unterstützte ihr Anliegen in einem Statement. Der Fußballbund blieb bei seiner Entscheidung und verweigerte dem Club auch 1993/94 die Lizenz. Somit gereichte der dritte Staffelsieg in Folge lediglich zur Eingliederung in die neu gegründete Regionalliga Nordost, wie die dritthöchste Spielklasse nun hieß. Dass Union in der Saison 1994/95 zum dritten Mal in Folge die Lizenz für die Profiligen verweigert wurde, spielte schon keine Rolle mehr, da der Verein mit Rang drei in der Abschlusstabelle den Aufstieg dieses Mal auch sportlich verpasste.

Zwar setzten sich die Eisernen im oberen Drittel der Regionalliga fest, doch wirtschaftlich drohte das endgültige Aus. Das Management sorgte dafür, dass Unions Trainerstuhl zum Schleudersitz mutierte. Allein in der Saison 1995/96 wechselte der Verein dreimal den sportlichen Leiter. Einer der Geschassten hieß Hans Meyer, zu ihm mehr im nächsten Grund. Viel zu teure Spielerverträge taten ihr Übriges, dass der Verein mehr und mehr in Schulden versank. So manche Quelle bezeichnet Union zu jener Zeit als Selbstbedienungsladen windiger Geschäftsleute.

Im Februar 1997 schien die Chefetage den Verein endgültig zu Grunde gewirtschaftet zu haben. Der Konkurs sei unabwendbar, schrieb die Presse. Das wollten die eisernen Anhänger so nicht stehen lassen. Sie bildeten einen Fan-Rat, der fortan regelmäßige Treffen organisierte, auf denen die Unioner anstehende Aktionen ausheckten und sich über selbige informieren konnten. Die sicher bekannteste war die Großdemonstration am 23. Februar 1997. Unter dem Motto »Rettet Union« zogen die etwa 3000 eisernen Demonstranten Unter den Linden entlang, durchs Brandenburger Tor zur Siegessäule. Mitten durch die City also, schließlich wollten die Eisernen Aufmerksamkeit erregen, für sich und vor allem für ihren Verein! Dies war ihnen offenbar gelungen. Noch während der Saison 1996/97 schloss der Sportartikelhersteller Nike einen Vertrag mit Union ab, der die Insolvenz des Vereins fürs Erste verhinderte.

Dessen ungeachtet ging es wirtschaftlich weiter bergab. So mancher Spieler verließ den Club wie die sprichwörtlichen Ratten das sinkende Schiff. Unpünktliche Gehaltszahlungen dürften *ein* Grund dafür gewesen sein, ein anderer, dass die Scheidenden nicht mehr an eine Wendung zum Guten glaubten.

Andere Aktive zeigten dagegen eine Engelsgeduld, genau wie mancher bei Union (noch) Beschäftigte, zum Beispiel Buchhalterin Marlis Prietz oder Sekretärin Margrit Lehmann. Erstere erinnert sich in einem Text von Gerald Karpa, abgedruckt im Union-Programm vom 2. Mai 2010, an jene Epoche: »Zeitweise saß ich mit Grit Lehmann alleine in der Geschäftsstelle. Manchmal war es so, dass wir auf eingehende Mitgliedsbeiträge warteten, um Briefmarken kaufen zu können.«[12] Auch die Fans kämpften weiter unbeirrt für das Überleben ihres Vereins. Unter dem Motto »Fünf Mark für

Union« stellten sie sich mit der Sammelbüchse vor Kaufhäuser, sprachen auf der Straße Passanten an. Die erste Halbzeit des Auswärtsspiels gegen Lokalrivalen Tennis Borussia im Mommsenstadion verfolgten sie außerhalb des Stadions. *Keine Sorge, wir Unioner kommen noch!*, war auf einem Transparent am Zaun zu lesen. Erst zur zweiten Hälfte betrat der rot-weiße Anhang – kostenlos, wie in unseren Breiten üblich – das Stadion. Das Eintrittskartengeld spendeten die Fans ihrem Verein.

Sicher hätten derlei Aktionen allein nie und nimmer gereicht, den 1. FCU vor dem finanziellen Aus zu bewahren, aber die Unioner erreichten durch ihr Engagement weiterhin die Öffentlichkeit. Michael Kölmel, unter anderem Gründer des Münchner Unternehmens Kinowelt, las im Internet von den Aktivitäten der rot-weißen Fußball-Verrückten aus Berlin. Kölmel suchte den Kontakt zu Union, man verstand sich auf Anhieb. Der süddeutsche Unternehmer pumpte etliche Millionen in den Verein und sicherte sich im Gegenzug die Vermarktungsrechte. Vereinspräsident Heiner Bertram konnte schließlich, sichtlich erleichtert, konstatieren: »Union ist gerettet! Union wird leben! Union wird sich in dieser Stadt entwickeln!«

Zumindest fürs Erste …

42. GRUND

Weil Hans Meyer mal unser Trainer war

Der heute Prominenteste unter Unions Trainern ist, neben Aleksandar Ristic, zweifellos der gebürtige Thüringer Hans Meyer. Er kam nach Köpenick als ein Mann, der sich bereits in jungen Jahren als erfolgreicher Trainer namhafter DDR-Clubmannschaften bewährt hatte. Nach Union habe er damit begonnen, Geld zu verdienen, tat er später in seiner unnachahmlichen Art in einem Interview kund. Heute gehört er zweifelsfrei zu den berühmtesten Bundesliga-Coachs aller Zeiten.

Auch seine Bilanz bei Union konnte sich sehen lassen. In den 27 Spielen seiner Amtszeit verließ Union 17 Mal als Sieger und sechs Mal mit einem Remis den Platz. Lediglich in vier Begegnungen mussten sich die Eisernen unter Hans Meyer geschlagen geben.

Als Meyer nach zehn Spielen der Saison 1995/96 entlassen wurde, stand der 1. FC Union Berlin nach acht Siegen und zwei Remis auf Tabellenplatz zwei der Regionalliga Nordost. Eben da, wo er auch am Ende der Saison stehen sollte. Den achteinhalb Monaten von Meyers Amtszeit stehen knapp sieben Monate seines Vorgängers sowie fast sechs Monate beziehungsweise gerade mal 16 Tage seiner beiden Nachfolger gegenüber. Seine Entlassung gilt nicht wenigen Union-Fans »als Beleg für die schlicht nicht vorhandene sportliche Substanz in der damaligen Führungsetage«, wie es auf *www.immerunionder.de* geschrieben steht.[13]

Ins Stadion An der Alten Försterei kehrte Hans Meyer am 6. Februar 2001 als Trainer des VfL Borussia Mönchengladbach zurück. Grund seines Besuchs: das Halbfinale im DFB-Pokal. Er kam nicht gern zu uns, wie er im Interview mit der *Berliner Zeitung* gestand, denn: »Union ist kein angenehmer Gegner. Lieber hätte ich gegen Schalke oder Stuttgart gespielt. Gegen Union können wir nur verlieren.«[14] Meyer billigte unserer Mannschaft Zweitligaformat zu. »Die sind kompakt und aggressiv. Außerdem: Ich weiß, was uns an der Wuhlheide erwartet.« Damit meinte er unser Gegröle und Gesinge auf den Rängen, sprach von der »unbeschreiblichen Stimmung An der Alten Försterei«. In der *Hamburger Morgenpost* wird er gar mit der uns geltenden Bemerkung zitiert: »Selten habe ich ein so geistvolles Publikum gesehen.«[15]

Hans Meyer verbat sich, längst nicht nur in jenem Interview mit der *Berliner Zeitung*, ihm auch nur eine gefühlsduselige Silbe in den Mund zu legen. Rückblickend auf seine Zeit bei Union betonte er, gewohnt trocken: »Ich habe viel Positives erlebt, das hängt mit der

Mannschaft und den Fans zusammen. Das Umfeld ist ein anderes Thema. Union war für mich als Trainer die arbeitsintensivste Zeit. Das hängt damit zusammen, dass ich allein gelassen wurde.«

In einem anderen Interview stellt Meyer nüchtern fest, dass er »bei allen Mannschaften, außer bei Union Berlin und in Nürnberg, eine zusätzliche Ehrung erfahren« habe.[16] Dieses Versäumnis kann ich hier nicht nachholen, wohl aber möchte ich an dieser Stelle erinnern an unseren ehemaligen Trainer Hans Meyer.

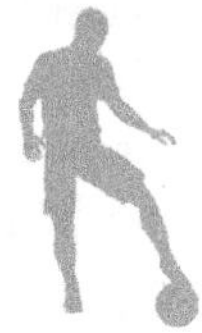

43. GRUND

Weil das beste Programmheft der Liga aus der Not geboren wurde

Logisch, die offizielle Vereinszeitschrift des 1. FC Union wird von Fans geschrieben, layoutet und produziert. Fans schreiben für Fans, wie denn sonst bei Union! Allerdings ist dies nicht Ergebnis der Image-Kampagne einer zu diesem Zwecke eingeschalteten Marketing-Agentur. Es ist eine Idee, geboren aus der puren Not.

Es begann im Sommer des Jahres 1997. Union kickte in der Regionalliga Nordost, zusammen mit Vereinen wie Wacker 90 Nordhausen, dem Eisenhüttenstädter FC Stahl oder Hansa Rostock II. Zum Derby gegen Hertha verloren sich gerade mal 857 Zuschauer ins Stadion An der Alten Försterei. Beim Gegner handelte es sich um die sogenannte »kleine Hertha« aus Zehlendorf …

Kurzum, Union lag zum gefühlt hundertsten Mal im Sterben. Wieder einmal wartete die gute Frau Lehmann aus der Geschäftsstelle so manchen Tag sehnsüchtig auf den Eingang dieses und jenes Mitgliedsbeitrags, um davon ein paar Briefmarken für dringend abzusendende Geschäftspost zu kaufen.

Innerhalb wie außerhalb der Geschäftsleitung fragten sich Menschen: Wie und wo um alles in der Welt können wir denn *noch* Kosten sparen? Zum Beispiel beim Programmheft! Wie wäre es, wenn wir das auslagern und in die Hände enthusiastischer Fans legen?

Mit ebendiesem Ansinnen wandte sich Unions vom Hauptsponsor eingesetzter Manager »Mayki von NIKE« mitten in der laufenden Saison an vier junge Männer: Stefan Hupe war einer der Mitbegründer des Fanrates, Seemann Andreas Freese ein äußerst rühriger und bei Hinz und Kunz bekannter Fan. Um ein ebensolches Uni(oni)kum handelte es sich bei Union-Fotograf Schmidte. Götz Geserick, der Vierte im Bunde, arbeitete seit 1985 als Platzwart An der Alten Försterei. Ihn kannte Mayki dank eines langen Briefes, in welchem Götz versucht hatte, dem an die Spitze des Vereins gesetzten »Sanierer« nahezubringen, dass es sich bei diesem 1. FC Union in keiner Weise um einen stinknormalen Fußballclub handelte. Unter anderem enthielt sein Brief den Satz: »Vielleicht könnte man sich mittel- oder langfristig auch Gedanken über Form und Inhalt des Programmheftes machen.«

Der Manager bestellte die vier in eine Kneipe in der Hämmerlingstraße, dazu lud er einen weiteren rührigen Unioner ein, welcher zugleich Chef einer gewissen Elsen-Druckerei war.

»Traut ihr euch das zu?«, fragte der Manager die vier Jungs.

Sicher auch, weil die Runde mittlerweile das eine oder andere Glas geleert hatte, erwiderten die Angesprochen mit ähnlicher Entschlossenheit wie auf die Frage, ob der Papst ihrer Meinung nach katholisch sei: »Na logo!«

»Voll Enthusiasmus und redlichem Bemühen«, waren sie, erinnert sich einer von ihnen. Das Problem war nur: *Keiner* von ihnen besaß im Entferntesten einen Fatz Ahnung davon, wie man eine Zeitschrift schreibt, gestaltet und dann auch noch eigenständig produziert. Aber Bier hin, Bier her, sie hatten Ja gesagt! Wenigstens stand ihnen der ihrem Verein ebenso verfallene Druckereimann zur Seite. Ohne Businessplan, dafür unter dem Motto »Wenn Union schon stirbt, dann wenigstens mit ’nem geilen Programmheft« begannen sie das Abenteuer »Wir basteln uns ein Union-Programm«!

Die technische Umsetzung erfolgte auf einem altehrwürdigen 8-MB-Computer, der für das Zwischenspeichern einer Grafikdatei satte 15 Minuten brauchte. Zu seltenes Abspeichern rächte sich bei den zahlreichen Abstürzen des Rechners. In diesem Falle hieß es: Alles noch mal von vorn, die Nacht durchackern und am Morgen mit auf Halbmast stehenden Augenlidern zur Arbeit aufbrechen.

Allein das Einfügen von Fotos glich einer Sisyphosarbeit. Zunächst brachte Fotograf Schmidte seinen am Spieltag geschossenen Film in ein Expresslabor, welches ihm die fertigen Bilder bereits einen Tag später aushändigte. Auf halbem Weg zwischen Köpenick und Prenzlauer Berg übergab er diese an Götz. Der wählte einige Fotos aus und markierte auf ihnen mit Filzstift den jeweils abzudruckenden Ausschnitt. Dessen Größe hatte er zuvor mit dem Lineal so ausgemessen, dass das Foto genau in die im Manuskript entsprechend eingearbeitete Lücke passte.

Das fertige Manuskript speicherte Götz auf zahlreichen Disketten und brachte sie eigenhändig zur Druckerei. Zumeist war daselbst ein knappes Drittel der Datenträger »nicht lesbar«, also: Ab nach Hause, alles neu auf Disketten ziehen, am besten mit jeweils zwei Sicherheitskopien, zweiter Versuch! War nun alles lesbar, stellte sich oft heraus, dass die Berechnungen von Foto und entsprechender Textlücke nicht zu 100 Prozent aufgingen. Das bedeutete viele Stunden Arbeit an dem mit einem Scanner bewehrten Druckereicomputer. Zumeist verbrachte Götz den Donnerstag vor einem Heimspiel bis tief in die Nacht angstschweißgetränkt in der Druckerei, um in letzter Sekunde doch noch alles druckfertig zu bekommen.

Die vier PROGRAMMierer, wie sich Götz und seine Mitstreiter fortan nannten, staunten mächtig, als sie am 20. September 1997 zum Heimspiel gegen den Chemnitzer FC tatsächlich ihr allererstes Union-Programm an den Kassenhäuschen liegen sahen. Weiß-Rot strahlte das Cover, dazwischen auf 24 zweifarbig bedruckten Seiten die Vorstellung des Gegners, Resümee der letzten Spiele in Wort und Bild, Unions Kader, Union-Informationen (so lautete auch der

Name der langjährigen vereinseigenen Clubzeitschrift), ein Wort der frischgebackenen Redakteure an die anderen Fans, das Neuste über die Jugend-Teams, eine Union-Zeitreise 21 Jahre zurück, eine Würdigung von Unions berühmter Alt-Sekretärin Frau Lahmer – das Provisorium hatte funktioniert, zumindest erst mal!

Mittlerweile bastelten die PROGRAMMierer in über 15 Jahren mehr als 300 Union-Programme, allesamt drucktechnisch umgesetzt bei vierC, wie die Elsen-Druckerei heute heißt. Mittlerweile schreiben zudem einige »ständige Gastautoren« wie Bernd Krüger, Hajo Obuchoff, Frank Leonhardt oder Gerald Karpa für das inzwischen 64 Seiten starke Druckwerk. Bereits zum dritten Mal hintereinander kürte die Deutsche Programmsammler-Vereinigung das Union-Programm zum »Besten Stadionheft in der 2. Bundesliga«. Noch Fragen?

44. GRUND

Weil Menze für alle Zeiten schuld ist

»Mache nie einen Spieler der Mannschaft zum Sündenbock!«, lautet eine der Tugenden des Unioners. Und doch gab es einen Spieler, den die Union-Fans vehement und überaus deutlich zu ihrem Sündenbock erkoren. Dies jedoch auf äußerst humorvolle Weise, wobei der Betroffene sicher irgendwann nicht mehr darüber lachen konnte.

Die Rede ist von Steffen Menze. Bevor er im Jahre 1998 zu Union kam, bestand seine Karriere aus kurzen bis sehr kurzen Stippvisiten bei zehn verschiedenen Vereinen. Von Stahl Eisenhüttenstadt, einem kurzen Abstecher nach Ungarn, über Eintracht Frankfurt bis hin zum FSV Zwickau ging seine Odyssee, um hier nur ein paar seiner Arbeitgeber zu nennen.

Dann aber wechselte er An die Alte Försterei, wo er sich schnell zum Publikumsliebling mauserte. Lag es vielleicht ein wenig an seiner schlaksigen Art und Weise, mit welcher der 1,89 Meter lange Menze auf dem Platz aufwartete? Herzliche Lästerzungen behaupten, er habe viele seiner Zweikämpfe letztendlich dadurch gewonnen, dass die ihm eigene Form der Körperbeherrschung seine Gegner im entscheidenden Augenblick zum Lachen brachte.

Die Union-Fans verehrten ihn und seine außergewöhnliche Vielseitigkeit. Von Hause aus Mittelfeldmann, spielte Menze zunächst zwei Jahre lang im Angriff, weil Union gerade nicht genug gute Stürmer hatte. In seinen 166 Spielen für die Eisernen schoss er immerhin 40 Tore, 27 davon in jenen beiden Spielzeiten als Stürmer. Ab 2001 kehrte er auf seine angestammte Libero-Position zurück. Schnell entwickelte er sich zum Führungsspieler, seit 2000 war er unser Kapitän. Das blieb er bis zu seinem Abschied im Jahre 2003.

Seinen großen tragischen Tag erlebte Steffen Menze am 1. Juni 2000 in Osnabrück. Am Ende des 2. Relegationsspiels um den Aufstieg in die 2. Bundesliga stand es insgesamt 2:2. Bei beiden Partien hatten die Anzeigetafeln (An der Alten Försterei das legendäre, mechanisch zu bedienende Anzeige-Häuschen, es steht unter Denkmalschutz) nach Ablauf der regulären Spielzeit ein 1:1 vermeldet. Elfmeterschießen also. Und was geschah: Ausgerechnet Steffen Menze verschoss seinen Elfer – und Union verlor mit 7:8. Die direkte Qualifizierung für Liga 2 ging an unseren Gegner. Weil Union es auch in der anschließenden Aufstiegsrunde nur auf Platz zwei schaffte, war die gefühlt 100. Relegation gescheitert.

Nach den Tränen fand der eiserne Anhang schnell zu seinem Humor zurück. Der Grund für das grandiose Scheitern war ja schnell ausgemacht: »Menze ist schuld!« Und er blieb es. Wann immer irgendetwas nicht klappte bei Union, wusste jeder sofort, woran es lag: »Menze ist schuld!« Dieser Satz wurde in Windeseile zum geflügelten Wort An der Alten Försterei. Nicht lange, und er war in gedruckter Form auf zahlreichen T-Shirts zu sehen. Natürlich war Menze auch schuld daran, dass der 1. FCU ein Jahr später tatsächlich in die 2. Bundesliga aufstieg. Mit seinem aus abseitsverdächtiger Position erzielten 2:2 im Halbfinale des DFB-Pokals wäre er bei einer Abseitsentscheidung des Schiris natürlich schuld an Unions Ausscheiden gewesen. So aber war er eben mit schuld daran, dass es ins Elfmeterschießen und hernach ab ins Finale ging.

Wegen der Ähnlichkeit seines Familiennamens mit jenem von Achim Mentzel wurde Menze vom eisernen Anhang Achim genannt. Fußballerisch gehört diese alte Kamelle nicht hierher. Wohl aber, dass kein Ende des ihm gewidmeten Spruchs in Sicht ist. Am 11. Februar 2012 kehrte Steffen Menze als sportlicher Leiter von Dynamo Dresden ins Stadion An der Alten Försterei zurück. Stadionsprecher Christian Arbeit ließ es sich nicht nehmen, ihn gesondert zu begrüßen. Natürlich hieß das Gros der Unioner unseren ehemaligen Kapitän mit einem donnernden: »Menze ist schuld!« willkommen.

45. GRUND

Weil sich Union als einziger Drittligist für den Europapokal qualifizierte

Union spielte 2000/2001 wie gehabt in der Regionalliga und hatte seinen zweifelhaften Ruf als »Die Unaufsteigbaren« weiter verfestigt. Nun jedoch stellte Trainer Georgi »Der General« Wassilew klar, dass es bei einem erneuten Nichtaufstieg Zeit für die Trennung sei. Drohte Union etwa die gleiche Tragödie wie ein paar Jahre zuvor nach dem Weggang von Frank Pagelsdorf?

Den DFB-Pokal nahm Wassilew offenbar weit weniger ernst. Stellte er doch in der 1. Runde etliche seiner Stammkräfte nicht auf. Der Gegner kam aus einer Liga höher und hieß Rot-Weiß Oberhausen. »2. Bundesliga gegen Amateure« bedeutete das damals, also gebührte Union das Heimrecht. 3499 Zuschauer sahen einen 2:0-Sieg der Eisernen.

2. Runde, wieder »2. Bundesliga gegen Amateure«, ein Mittwochnachmittag-Heimspiel um 14 Uhr. Diese Fan-unfreundliche Anstoßzeit war damals allerdings ausschließlich den natürlichen Lichtverhältnissen geschuldet. Das Stadion An der Alten Försterei besaß noch keine Flutlichtanlage. Trotzdem fanden nahezu 3100 Zuschauer den Weg nach Köpenick, der Gegner hieß SpVgg Greuther Fürth. In der 37. Spielminute verliert Fürths Torhüter den Ball an einen Unioner – und bringt ihn zu Fall. Pfiff, Elfer und Rote Karte für den Keeper! Ins Tor schickte Fürths Coach mit Ronny Teuber einen ehemaligen Unioner, was Stadionsprecher André Rolle zu der Ansage inspirierte: »Ronny, mach jetzt keinen Fehler!« Harun Isa legt sich den Ball zurecht. Im jüngsten Punktspiel hatte der vom Union-Anhang einst Ungeliebte und jetzige Publikumsliebling einen Elfer verhauen. Heute aber verwandelt Isa souverän. Ronny musste gar keinen Fehler machen. Isas 1:0 bedeutete zugleich den Endstand, Union war eine Runde weiter! »Ich hätte heute lieber verloren«, drückte der General seine Befürchtung aus, die Mannschaft würde sich jetzt nicht genügend in der Meisterschaft reinhängen.[17]

Im Achtelfinale kam mit dem SSV Ulm ein weiterer Zweitligist. Dieses Mal wurde schon um 13 Uhr angepfiffen, die Tage waren mittlerweile merklich kürzer geworden. Dem 0:1 folgte noch vor der Pause ein Doppelpack von Isa, am Ende hieß es 4:2 für Union.

Im Viertelfinale stand uns mit dem VfL Bochum der 1. Bundesligist ins Haus. Damit das für den 20. Dezember angesetzte Spiel nicht direkt nach dem Frühstück losgehen musste, geschah an der Wuhle ein Wunder: Am 30. November 2000 reckte sich der erste Flutlichtmast in die Luft. 11.045 Zuschauer sahen eine Viertelstunde den VfL stürmen, dann kam Union. In der 31. ein großer Schock, diesmal auf unserer Seite. Stammkeeper Sven Beuckert musste nach dem Zusammenprall mit einem Bochumer mit Verdacht auf Gehirnerschütterung vom Platz, für ihn kam Robert Wulnikowski.

Der Schock verging, die meisten Angriffe beider Seiten verendeten irgendwo im Mittelfeld. Kurz bevor Schiri Markus Merck die reguläre Spielzeit beendet, noch schnell ein Freistoß für Union. Tschiedel zieht den Ball nach rechts, von wo aus ihn Balcárek Richtung Elfmeterpunkt befördert. Hier verleitet Verteidiger Persich vier Bochumer, sich falsch zu entscheiden, indem er gekonnt über den Ball springt. Nun ist der Platz frei für Verteidiger Ernemann, der das Spielgerät über die Torlinie befördert und die Stimmung An der Alten Försterei, die festlich erleuchtet ist, zum Sieden bringt. Halbfinale – und Union ist erst der dritte Drittligist, der die Chance hat, in ein DFB-Pokal-Endspiel vorzudringen!

In der Winterpause steckte der Verein einen Teil der erwirtschafteten Pokaleinnahmen in zwei neue Leute: den ehemaligen bulgarischen Nationalspieler Emil Kremenliev und einen Brasilianer namens Daniel Texeira. Der nächste Gegner war Hans Meyers Borussia Mönchengladbach, aber Unions größter Gegner hieß zunächst einmal Schnee. Der lag etliche Zentimeter hoch auf dem Spielfeld und den drei Traversen ohne Dach. Gut 150 Unioner sorgten mit Schneeschiebern und Besen dafür, dass Schiri Dr. Fleischer am Morgen des 6. Februars verkündete: »Hier kann gespielt werden!«[18]

Das Stadion war mit 18.100 Zuschauern erstmals seit der Wende restlos ausverkauft, und Union legte los wie die Feuerwehr. Zwei Großchancen und dann, endlich, in der 27. die Führung! Die Eisernen brüllten, feierten, lagen sich in den Armen. Jene auf dem Platz machten nun leider das, was bei Union selten klappt: den Gegner kommen lassen, auf Konter lauern. Und Gladbach kam. Innerhalb von sechs Minuten lagen wir 1:2 hinten, »Gegner 'ne Nummer zu groß, das Wunder fällt heute aus«, werden sich viele gesagt haben. Auch Hans Meyer gab nach dem Spiel zu Protokoll: »Ich hatte nicht geglaubt, dass Union noch mal zurückschlägt.«[19]

Denn ebendas taten die Eisernen. In der 70. bringt der General endlich den von vielen sehnlichst erwarteten »Texas«, wie Texeira bis heute bei den eisernen Fans heißt. Zehn Minuten später tritt Texas einen Freistoß aus der eigenen Hälfte heraus. Endlos lange bleibt der Ball in der Luft, bevor er etwa vier Meter vor Gladbachs

Tor eine eiserne Liaison mit dem Kopf des abseitsverdächtig postierten Steffen Menze eingeht. Dann zappelt es im Netz, und nach tausendfachem bangen Blick Richtung Dr. Fleischer liegen sich alle Rot-Weißen einmal mehr in den Armen.

Verlängerung, auf jeder Seite zwei ungenutzte Torchancen – Elfmeterschießen! Erster Schütze auf Gladbacher Seite: Arie van Lent, der Union in der 61. und 67. fast im Alleingang abgeschossen hätte. Lent schießt – Beucke pariert! Texas verwandelt zum 1:0 und Beucke hält erneut! Dem Gladbacher Anschluss folgt die erneute Zwei-Tore-Führung. Nach dem nächsten Gladbacher Treffer war es an Ronny Nikol, dieses Spiel mit seinem Treffer zum 4:2 für Union zu entscheiden! Man erzählt sich, die Feiern in Köpenick gingen bis weit in den nächsten Morgen hinein.

Am 5. Mai erneuter Jubel im eisernen Lager. Unions Endspielgegner Schalke 04 war der zweite Platz in der Bundesliga nicht mehr zu nehmen, das hieß: Die Knappen hatten sich für die Champions League qualifiziert – und der 1. FC Union Berlin, egal wie das Finale ausgehen würde, als weltweit erster Drittligist für den UEFA-Cup! Da Union sieben Tage später auch die Meisterschaft und damit den Aufstieg in die anvisierte 2. Bundesliga perfekt machte, ist die 0:2-Niederlage im Finale gegen Schalke 04 ein Punkt, den ich hier wirklich nur am Rande erwähnen möchte.

46. GRUND

Weil Odysseus gegenüber reisenden Unionern ein schnöder Pauschalreisender war

33 Jahre, nachdem der Kalte Krieg Unions erste Europacupteilnahme verhindert hatte, war es nun endlich so weit. Am Donnertag, dem 13. September 2001 durften die Eisernen zum UEFA-Pokalspiel beim FC Haka Valkeakoski antreten.

Das Ergebnis dieser Auslosung bedeutete für viele Union-Fans ein wahres Kreuzworträtsel, dessen Lösung höchste Priorität besaß. Wo liegt eigentlich dieses Valke...a...kos...ki, aha, in Finnland! Wie komme ich da hin? Mit einem Flugzeug, oder? Ist aber sicher teuer. Ach ja, mit der Fähre geht's auch. Wie viele Karten wird Union wohl kriegen? Und wie viele Tage Urlaub brauche ich, um da hinzufahren, in dieses Valke...? Endlich lieferte der Verein die entsprechenden Koordinaten: 350 Gästetickets stellen die Finnen zur Verfügung, der Flug kostet knapp 800, inklusive Übernachtung 1250 DM. Diese für viele Unioner schlichtweg astronomischen Zahlenfolgen waren für selbige jedoch nicht die größte Sorge. Die nämlich hieß: Bekomme ich überhaupt ein Ticket ab?

Der Regen strömt, und doch können Hunderte Unioner nicht anders, als die Nacht vor der Geschäftsstelle zu verbringen, um bei der morgendlichen Kassenöffnung zu den auserkorenen 350 zu gehören. Längst nicht alle sind in der Lage und willens, die teure Flugvariante zu der ihren zu machen. So entschließt sich ein ganzer Trupp, die lange Reise mit der Fähre auf sich zu nehmen.

Mitten in all das platzen am 11. September die Terroranschläge von New York. Tausende Menschen sterben, die Welt erstarrt, so mancher befürchtet den Ausbruch eines letzten Weltkriegs. Die Fähre mit den Unionern ist mitten auf der Ostsee, als die UEFA bekannt gibt: Sämtliche Europapokalspiele werden abgesagt. Neuer Termin für die Partie Union gegen Haka ist der 20. September. Damit ist das Unternehmen Europapokal für so manchen Eisernen gestorben. Wer kann, bleibt gleich in Finnland oder wagt eine Woche später die erneute Überfahrt. Bei Spielanpfiff befinden sich 300 Rot-Weiße unter den 1700 Zuschauern des mit altehrwürdigen Holztribünen ausgestatteten Stadions von Valkeakoski und bejubeln das 1:1 ihrer Mannschaft. Das Auswärts-Heimspiel im Jahn-Sportpark gewinnt Union mit 3:0 und ist eine Runde weiter.

Die Auslosung der 2. Runde bescherte nichtfliegenden Unionern eine vom Supporterverein Eiserner V.I.R.U.S. e.V. organisierte Busreise ins 1700 Kilometer entfernte, im wunderschönen Bulgarien gelegene Lovech.

In den frühen Morgenstunden des 29. Oktober 2001 begann am Ostbahnhof der Kampf gegen die Zeit. Anpfiff in Lovech war am folgenden Tag um 17.30 Uhr. Freie Fahrt bis Prag, wo plötzlich Panzer das Straßenbild bestimmen. Sollte das eine ganz spezielle Erinnerung an die Ereignisse 33 Jahren zuvor sein? Jene, die Unions ersten Auftritt auf europäischer Pokalwettbewerbs-Bühne verhindert hatten. Wie auch immer, die Polizei verweigert dem Bus die Weiterfahrt, bis die Rot-Weißen auf die Idee kommen, sich mit einigen, eigentlich als Reiseproviant mitgeführten Flaschen Berliner Pilsner freizukaufen. Gen Abend passierte der Bus Wien, weiter ging's nach Ungarn! Der anvisierte Zeitplan hatte sich mittlerweile in ein Märchen aus Tausendundeiner Nacht verwandelt. An der rumänischen Grenze kam eine weitere Stunde Verzug hinzu. Nun lagen theoretisch »nur« noch gut 500 Kilometer vor den Union-Fans und ihrem Busfahrer. Die entpuppten sich als ein unübersehbares Wirrwarr abenteuerlich anmutender Landstraßen. Jede von ihnen konnte angesichts der tiefschwarzen Nacht und auch, weil Hinweisschilder fehlten, geradewegs überallhin führen. Schließlich stoppte eine schwer bewaffnete Patrouille die Fahrt. Nach kurzer Erklärung senkten die Milizionäre nicht nur ihre Waffen, sondern wiesen den Unionern gar den Weg.

Der Morgen dämmerte. Hinweisschilder am Straßenrand waren jedoch noch immer Mangelware. Dennoch fanden die Unioner irgendwie die richtige Fährte Richtung Donaufähre. Am Ableger angekommen, harrte ihrer eine lange Stunde Wartezeit. Mittlerweile hieß es: noch 120 Kilometer bis Buffalo. Ging nun alles gut, wären die womöglich gar bis 17.30 Uhr zu schaffen?

Natürlich ging alles nicht gut. Die Genossen der bulgarischen Grenzabfertigung zeigten den Insassen des Union-Gefährts, welche Macht eine Uniform verleihen kann. Einem Fan verwehrten sie anlässlich seines abgelaufenen Reisedokuments die Weiterfahrt.

Alle anderen durften diese pünktlich zu Spielbeginn antreten, um am Abend das Hotel und einen Tag *nach* dem Spiel auch mal das Stadion von Lovech zu betreten. Der Einzige von ihnen, der unser 0:0 – und damit das sportliche Ende unseres Europokal-Ausflugs – zumindest am Fernseher verfolgt hatte, war jener an der Grenzstation Verbliebene. Ich denke mal, Odysseus hatte es am Ende einfacher, sein geliebtes Ithaka zu erreichen …

47. GRUND

Weil wir die schönste Weihnachtsfeier der Welt veranstalten

Herbst 2003, die Lage ist fatal und kein bisschen hoffnungsvoll. Nach den Plätzen sechs und neun in der Abschlusstabelle der 2. Bundesliga humpeln die Eisernen nun mit ganzen 16 Punkten auf Rang 17 in die Winterpause. Die letzten vier Spiele brachten ein einziges Pünktchen, die letzten drei gingen verloren, darunter zwei Heimspiele! Und es sollte schlimmer kommen als befürchtet. Dem sang- und klanglosen Abstieg aus der 2. Bundesliga folgte ein Jahr drauf der aus der Regionalliga. Der 1. FC Union Berlin befand sich sportlich auf der Treppe hinunter ins Souterrain. Grund genug, als Fan dieses Vereins den Kopf ganz, ganz tief in den Glühweintopf mit Schuss zu stecken und sich eine neue schönste Nebensache zu suchen? Die Stimmung war im Keller. Torsten Eisenbeiser, Mitgründer des eingetragenen Fanclubs Nr. 44 des 1. FC Union Berlin namens Alt-Unioner, hatte sich nach der letzten Niederlage am 17. Dezember nicht mal von seinen Kumpels verabschiedet, geschweige denn, dass er ihnen ein frohes Fest gewünscht hätte.

Dieser Fehl ließ ihm keine Ruhe. Drei Tage vor Heiligabend hielt er es nicht mehr aus und rief Stoni von den Alt-Unionern an: »Wollen wir uns nicht noch mal treffen, gemütlich einen Glühwein trinken und uns, wie es sich gehört, in die Weihnachtszeit verabschieden?« Schnell kamen sie überein, dass die Idee eines solchen Treffens eine großartige war. »Stell's ins Netz!«, verabschiedete sich Stoni. »Wir telefonieren ein bisschen herum und gucken mal, was passiert.« Wo aber sollen wir uns treffen?, fragte sich Eisenbeiser und wusste im selben Augenblick die einzig mögliche Antwort: natürlich dort, wo er seine Freunde alle zwei Wochen traf, im Stadion An der Alten Försterei. Als er einen Tag vor Heiligabend die Geschäftsstelle des Vereins aufsuchte, um sein Vorhaben kundzutun, bekam er zu hören: »Davon wollen wir nichts wissen, von uns bekommst du kein grünes Licht!«

Götz, der Stadionverantwortliche, den er als Nächstes in seinen Plan einweihte, drückte das Ganze etwas anders aus: »Offiziell geht gar nichts – aber du weißt ja: Das eine Tor zum Gelände ist immer offen. Im Stadion selbst lass ich ein Gatter auf und hänge die Kette samt Schloss dran. Pass uff, ick stell dir zwee Mülltonnen hin, macht keenen Unfug, und am nächsten Tag kontrollierste, ob alles sauber ist, legst die Kette rum, drückst det Schloss zu – und jut iss!«

So also kam es, dass all jene, die dem Ruf der Alt-Unioner folgten, nicht wie oft zitiert über den Zaun klettern mussten, um ins Stadion zu gelangen. Dass es einige dennoch taten, lag daran, dass sie nicht wussten, *welches* Tor denn nun offen stand.

Auf welche Art auch immer sie ihr Stadion nun betreten hatten, am Vorabend des Heiligen seiner Art standen 89 Menschen bei minus zehn Grad auf der Gegengeraden des Stadions An der Alten Försterei, am symbolischen Mittelkreis. Jeder hielt eine Kerze in der Hand, dazu ein paar Blätter mit den Texten verschiedener Weihnachtslieder. Die hatte Eisenbeiser vorsorglich aus dem Internet gezogen, schließlich hatten ihn seine Kumpels wissen lassen: »Nich, dassde keene Lieder bei hast! Wenn wir schon kommen, dann woll'n wir auch wirklich Weihnachtslieder singen!« Dass man sich unter anderem darüber stritt, ob der berühmte *O Tannenbaum* nun im Original grüne Blätter oder ebensolche Nadeln habe, trübte die Stimmung kein bisschen, ganz im Gegenteil. Froh und glücklich reichten sich am Ende alle die Hände, um einander ehrlichen Herzens ein frohes und gesundes Fest zu wünschen.

Die Alt-Unioner und ihre Mittäter behielten das Ding mit ihrer illegalen Weihnachtsfeier im Stadion nicht für sich, sondern publizierten das Ganze in einschlägigen Internetforen. »Ihr seid ja echt verrückt!«, lautete eine der Antworten. »Ihr habt das wirklich gemacht!? Wir dachten, das ist ein Aprilscherz im Dezember, oder dass ihr zu viel Glühwein, Bier oder was auch immer getrunken habt!« Weil das Verrücktsein unter Unionern weit verbreitet ist, fanden sich am 23. Dezember des darauffolgenden Jahres bereits über 400 Sänger im Stadion An der Alten Försterei ein. Das Ganze ohne Werbekampagne, aber nun mit offizieller Unterstützung durch den Verein.

Der Rest ist bekannt und in vielen Sprachen dieser Welt tausendfach publiziert: Die Schar der Sängerinnen und Sänger wuchs von Jahr zu Jahr. Aus ursprünglich 89 wurden mittlerweile über 22.000, die – begleitet vom Chor des Emmy-Noether-Gymnasiums und dem berühmten Bläsertrio der Familie von Stadion- und Pressesprecher Christian Arbeit – diese außergewöhnliche Weihnachtsfeier im Fußballstadion zelebrieren. Seit neun Jahren verkündet Pfarrer Müller, angetan mit dem von seiner Frau handgestrickten rot-weißen und mit einem eingearbeiteten Kreuz versehenen Fanschal, allen Anwesenden die Botschaft der Weihnachtsgeschichte. Zu seinen Zuhörern gehören stets auch Spieler wie Legenden des Vereins sowie andere berühmte Personen. Sie alle stehen allerdings nicht oben auf dem Podium, sondern – oft unerkannt – mitten in der Sängerschar. Unter den Kostümen der freundlichen Weihnachtsmänner, die den Kindern Schokolade schenken, verbergen sich übrigens die von aller Welt so gern gescholtenen Ultras, die auch den Shuttlebus zum und vom Stadion fahren.

Längst ist ein gigantischer Arbeits- und Kostenaufwand nötig, die womöglich größte Weihnachtsfeier der Welt zu stemmen. Das Besondere an ihr sind nicht die anwesenden VIPs. Auch nicht allein der Umstand, dass sie in einem Fußballstadion stattfindet. Einzigartig ist, dass seit neun Jahren am 23. Dezember – anders als an jedem anderen Spieltag – niemand unser Wohnzimmer als Verlierer verlässt. Stattdessen bringt jeder, aber auch wirklich jeder, die schönste Siegertrophäe mit nach Hause: ein aus tiefstem Herzen kommendes Lächeln!

48. GRUND

Weil Union-Fans für ihren Verein bluteten

Wie viele Leben haben Katzen oder Fußballvereine? Sieben glückliche Jahre waren dahingeflossen, als Union beinahe zum zweiten Mal gestorben wäre. Die Alarmglocken lärmten. Der Eiserne V.I.R.U.S. vermeldete am 11. Mai 2004: »Der 1. FC Union Berlin hat am Dienstag bekannt gegeben, dass der DFB eine Liquiditätsreserve von 1,461 Mio. Euro fordert.«

Dabei ging es um die Lizenz für die Regionalliga 2004/05. Mit dieser Summe sollte der Verein den Löwenanteil des Etats für die kommende Saison im Voraus abdecken. Auch ein Ultimatum hatte der Fußballbund gestellt: 9. Juni 2004 um 14.00 Uhr, also nicht mal ein Monat Zeit! Der Kampf gegen die Uhr hatte längst begonnen, und die Eisernen verharrten nicht eine Sekunde in anklägerischem Selbstmitleid. Unions Wirtschafts- sowie der Aufsichtsrat, Sponsoren, Investoren, Partner, Mitarbeiter, Fans, die Öffentlichkeit – alle wurden aufgerufen, den Verein zu retten. Ideen gab es viele, und es wurden stündlich mehr: T-Shirts, CDs, Poster und dergleichen mehr herstellen und verkaufen, Spenden sammeln, gegen Geld den Berliner Krankenhäusern dringend benötigtes Blut spenden, sollte sich für die entsprechende Vergütung ein Sponsor finden.

Bluten für Union, so der Name der in Angriff genommenen Rettungsaktion. Das war erstens wörtlich gemeint und verriet zweitens unmissverständlich, dass es hier ans Eingemachte ging. In aller Eile wurde die gleichnamige Webseite geschaltet, auf der sich Fans und Freunde des Vereins über alle anstehenden Aktionen informieren konnten. Noch am 11. Mai trafen die ersten 1000 T-Shirts in Unions Fan-Shop ein. Bereits innerhalb der ersten 24 Stunden ihrer Aktion hatten die Unioner 24.350 Euro gesammelt. Unterstützung erhielten sie dabei sogar von einem Hertha-Mitglied namens Klaus, seines Zeichens Regierender Bürgermeister von Berlin. Am 15. Mai verriet er der Welt in einem auf Unions Webseite veröffentlichten Statement: »Ich habe mir am Freitag vor dem Roten Rathaus auch gleich selbst ein Spender-T-Shirt gekauft. Die Aufschrift? ›Bluten für Union‹ natürlich.«[20]

Ein Foto zeigt den Regierenden in ebenjenem Trikot. Oskar Kosche hatte es ihm vor dem Roten Rathaus übergeben und im Gegenzug auch gleich Klausis Geldspende entgegengenommen.

Ausdrücklich begrüßte der Regierende Bürgermeister zudem die wörtlich zu verstehende Blutspende-Idee der Unioner, welche nicht nur dem 1. FCU, sondern auch dem knappen Berliner Blutkonservenhaushalt helfe. Viele, viele Unioner spendeten Blut, etliche derart häufig in kürzester Zeit, wie es wohl kein Arzt gutheißen würde. Zum letzten Saison-Heimspiel sollte jeder Zuschauer einen Lizenz-Zuschlag von zwei Euro zahlen. Für das Wochenende vorm Ablaufen des Ultimatums wurde ein Stadionfest anberaumt.

Präsidiumsmitglied Oskar Kosche setzte auch auf die Hilfe der Sponsoren. Was, wenn etliche der Bandenwerbepartner auch in der Regionalliga zu Zweitliga-Konditionen mit dem Verein zusammenarbeiteten? Kosches Fazit: »Wir liegen zwar, wie im Sport, momentan hinten, werden aber noch gewinnen, weil wir ein paar starke Stürmer auf der Bank haben.«[21]

Jeder half so, wie er es konnte, und sei es »nur«, indem er, neben seinem eigenen Beitrag, all seinen Freunden, Verwandten und Bekannten von *Bluten für Union* erzählte. Die geschlossene Mannschaftsleistung aller, wirklich aller Beteiligten erwirkte, dass die Abschlussbilanz der Kampagne die magische Summe von 1.476.660,56 Euro zierte. Der Weg zum Insolvenzrichter blieb dem Club erspart. Und nicht nur das: Mittlerweile schreibt der Verein seit Jahren wieder schwarze Zahlen, und es werden alle 365 Tage noch mehr hoffentlich glückliche Jahre. Fünf Leben haben wir mindestens noch!

49. GRUND

Weil Unioner sich um ihre Exiler kümmern!

Wir schreiben das Jahr 16 nach der Wende oder, einfach nur in Zahlen: 2005. Viele ehemalige DDR-Bürger hat es aus beruflichen, familiären oder sonstigen Gründen in die weite Welt verschlagen, die meisten jedoch in die alten Bundesländer, wie die ehemalige BRD gern genannt wird. Unter ihnen befinden sich eine Menge Fans des 1. FC Union Berlin, die sich wahnsinnig freuen, wenn ihre Mannschaft einmal pro Saison in einer Stadt aufläuft, die nicht 600 plus, sondern lediglich 100 Kilometer oder weniger von ihrem neuen Wohnort gelegen ist. »Ab und an ein Stück Heimat mal vor der Haustür«, wie es Ur-Unioner André Rolle so treffend nannte. Bei jedem Auswärtsspiel bevölkerten etliche jener Exil-Unioner den Gästeblock, um gemeinsam mit ihren alten Kumpels die Mannschaft nach vorn zu brüllen und – dabei wie hernach – in Erinnerungen zu schwelgen, Neuigkeiten auszutauschen und einige herzhafte Getränke zu sich zu nehmen.

In jenem Jahr 2005 setzte die Fußballgeschichte diesem Treiben ein jähes Ende. Der 1. FC Union befand sich zum zweiten Mal nach der Wende im direkten Fall nach unten. Dem vorjährigen Abstieg aus der 2. Bundesliga folgte nun jener aus der Regionalliga Nord. Bereits vier Spieltage vor Saisonende war besiegelt, dass die Eisernen fortan – und niemand wusste, wie lange – in der NOFV Oberliga Nord spielen würden. Die bespielte den nördlichen Teil des Territoriums der neuen Bundesländer. Also hieß es: Abschied nehmen von all jenen Eisernen, die es ins ferne westdeutsche Exil verschlagen hatte. Mit vielen von ihnen war man seit Jahrzehnten zusammen zum Fußball gegangen – und jetzt das!

André Rolle – seit den Siebzigern Unioner, über lange Jahre ehrenamtlich arbeitender Stadionsprecher An der Alten Försterei und bis heute daselbst Bewohner von Block N sowie eiserner Auswärtsfahrer – dachte sich: Dieser Abschied darf niemals sang- und klanglos über die Bühne gehen! Ein ordentliches »Servus-Happening« muss her! Ebendas organisierte er, auf eigene Faust und ohne jedwede Absprache mit Verein, Polizei oder katholischer Kirche. Zunächst ging es darum, das perfekte Datum zu finden, sprich: ein Auswärtsspiel, welches von vielen Exilern aufgesucht würde. Seine Wahl fiel auf den letzten Spieltag, als der 1. FCU beim ebenfalls absteigenden KFC Uerdingen gastierte. Für den Abend reservierte Rolle eine Kneipe im etwa 40 Kilometer vom Spielort entfernten Örtchen Velbert.

»Wir kommen mit 40 bis 50 Mann, die alle viel Bier trinken«, hatte er dem Wirt angekündigt. Um diese nach Velbert zu holen, fertigte er einen entsprechenden Flyer, den er vor dem Spiel im Gästeblock verteilen ließ. Außerdem nahm er Mannschaftsleiter Lothar Hamann zur Seite und drückte ihm einen Flyer in die Hand. »Kannste nach dem Spiel mit ein, zwei Spielern vorbeikommen? Wäre einfach nett, weeßte?«

Am Abend liefen in jener Velberter Kneipe 100 Exil-Unioner auf, doch zumindest mit dem zweiten Teil seiner Ankündigung sollte Rolle recht behalten: Keine anderthalb Stunden waren herum, da ging das Bier zur Neige. Dem konnte glücklicherweise Abhilfe geschaffen werden. Auch die Mannschaft ließ sich in Velbert blicken. Hamann erschien mit ein paar Spielern bei den Exilern.

Am Ende wurde es nicht nur ein Abend des Abschieds, sondern für viele, die dabei waren, ein Neuanfang. Schnell knüpften die Union-Fans untereinander Kontakte, und so mancher wunderte sich darüber, dass ganz in seiner Nähe etliche Gleichgesinnte wohnten. War man bisher jeweils allein zu erreichbaren Auswärtsspielen gefahren, würde man dies, wann immer es möglich wäre, gemeinsam tun. Ebendas war Rolles Ziel: »Die Leute sollten wissen, dass sie nicht allein in der Fremde sind!«

Kurzum, es wurde nicht nur äußerst feucht-fröhlich, sondern auch spät. Also kamen zu nächtlicher Stunde etliche Eiserne auf die Idee: »Mann, wir haben Zelte bei, bauen wir die doch einfach da drüben, auf der Verkehrsinsel des Kreisverkehrs, uff!« Am nächsten Morgen wunderten sich etliche Velberter über die – umtost vom Berufsverkehr – seelenruhig Kampierenden.

Keiner konnte wissen, dass Unions Weg bereits ein Jahr später zurück in die Regionalliga und nach weiteren drei Spielzeiten zurück in die 2. Bundesliga führen würde. Dennoch blieb jene legendäre Party nahe Uerdingen keine Eintagsfliege, sondern bildete den Auftakt für eine lose, aber stete Folge von Exiler-Treffen. Die werden mittlerweile von einem Viererteam – ehrenamtlich und generalstabsmäßig – organisiert. Das ist nötig, schließlich kommen dabei jeweils über 500 Leute zusammen. Alle anderthalb bis zwei Jahre trifft man sich am dafür geeigneten Ort und zur geeigneten Zeit, um gemeinsam zu feiern, alte Kontakte zu beleben, neue zu knüpfen – und um dabei das eine oder andere Bier zu zischen.

Apropos! Ein Gastronom, der die Unioner bei einem ihrer Exiler-Treffen beherbergt hatte, äußerte sich hinterher mit den Worten: »Ich hab noch nie eine Party erlebt, auf der derart viel Alkohol getrunken wurde und die dennoch bis zum Ende absolut friedlich blieb. Kein Einziger hat in die Ecke gekotzt, die Toiletten ›verschönt‹ oder sonst was. Solche Gäste hätte ich gern öfter!«

50. GRUND

Weil Union die Unaussprechlichen mit 8:0 besiegte

Sonntag, 21. August 2005, ein herrlicher Sommertag. Fast auf den Tag genau vier Jahre und fünf Monate waren seit Unions letztem Spiel gegen seinen großen Hassgegner vergangen. Aber mittlerweile waren die Eisernen in die Viertklassigkeit abgestürzt. Nun stand unsere Mannschaft dem einstigen Fließband-DDR-Meister aus Hohenschönhausen in einem Punktspiel der Oberliga Nordost, Staffel Nord, gegenüber.

Punkt 14 Uhr sollte der Anstoß erfolgen, doch dank massiver Tätigkeiten der Sicherheitskräfte verzögerte sich der Beginn des Spiels um eine gute halbe Stunde. In der Nacht vor dem Derby hatte die Polizei auf martialische Weise eine Diskothek auseinandergenommen. Keine x-beliebige, sondern eine, welche viele Anhänger der Hohenschönhausener gern besuchten. Einige Fangruppierungen hatten die weinrote Vereinsführung ersucht, das Spiel abzusagen.

Nun aber umlagerten 14.020 Menschen das Spielfeld An der Alten Försterei, so viele wie lange nicht mehr. Gut 3000 Mann hatten die Weinroten mitgebracht, die lautstark und frenetisch den Namen ihres Vereins riefen und die Hausherren mit dem altbekannten »Scheiß Union!« schmähten. Im Gegenzug erwähnten Union-Programm wie der Stadionsprecher bei seinen Spielstands-Ansagen kein einziges Mal den Namen des gegnerischen Fußballclubs.

Ein breiter Pufferblock und allerhand grüne Kriegermonturen samt Helm trennten die verfeindeten Fanlager. Man duellierte sich nicht nur akustisch, sondern auch – zumindest seitens der Unioner – mittels zahlreicher Transparente. Beide Hinter-Tor-Seiten zeigten je eine riesige Zaunfahne, welche auf der Waldseite die Aufschrift *1. Fußballclub Union Berlin* und auf der Wuhleseite den Namen des gastierenden Clubs präsentierte. Letztere zierte zudem links, rechts und in der Mitte der Aufdruck: *zensiert*. Auf der Gegengeraden tauchte unter anderem die berühmte Eisern-Union-Blockfahne auf, dazu viele große, kleinere und auf der Waldseite unzählige ganz kleine Transparente, die kein gutes Haar am heutigen Gegner ließen.

Endlich begann das Spiel. Eine gute Viertelstunde wogte das Geschehen kampfbetont hin und her. Einmal belagerten die Weinroten Jan Glinkers Gehäuse mit gefühlten 20 Eckbällen. Dann mal wieder ein schneller Angriff der Hausherren. Wunderbares Flügelspiel, dann – fast von der Grundlinie aus – eine mustergültige Flanke auf den wohlpostierten Torsten Mattuschka. Der zieht wuchtig ab und erzielt in der 18. Minute das 1:0 für Union! Zwei Minuten später ein Freistoß aus guter Position für die Gäste, gefährlich verlängert per Kopfball, doch Jan Glinker streckt sich zu einer Glanzparade und hält die eiserne Führung fest. Alsbald kassiert Tusche eine Gelbe, weil er bei seinem Freistoß nicht auf die Freigabe des Balles durch den Schiri warten konnte. In der 35. erneut Tusche. Karim Benyamina bedient ihn direkt vor des Gegners Tor mit einem punktgenauen Zuspiel, und so ist es erneut an unserer Nummer 17, den Ball über die Torlinie zu befördern und damit die rot-weiße Gemeinde noch einen Tick lauter werden zu lassen.

Mit einem wahren Sturmlauf brannte Union nun darauf, die Führung weiter auszubauen. Benyamina scheitert vor dem nahezu leeren Tor, statt zu seinem noch besser als er stehenden Mitspieler zu passen, ein weiterer Schuss segelt knapp über die Latte. Unions Torhüter Jan Glinker kassiert eine Gelbe, als er einen Ball nahe der Strafraumgrenze mit der Hand aufnimmt. Der nachfolgende Freistoß geht weit an seinem Kasten vorbei. Nach einem guten Tusche-Standard und zwei weiteren eisernen Großchancen ohne zählbares Ergebnis ging es mit dem 2:0 in die Kabinen.

15 Minuten später machten die Hausherren dort weiter, wo sie durch den Pausenpfiff unterbrochen worden waren. Keine drei Minuten waren von der Uhr, da klingelte es, kurz nach einem vereinzelten und aus welchem Grund auch immer skandierten »Ha Ho He, Hertha BSC«, zum dritten Mal im Gästegehäuse, Torschütze:

Jack Grubert. Weitere 21 Minuten sollte es dauern, bevor Grubert das 4:0 einschenkte.

Was nun folgte, wird wohl kein Eiserner, der live dabei war oder sich das Spiel auf der eigens erstellten DVD ansah, je vergessen. Union nahm die Gäste nach Strich und Faden auseinander. Deren Anhängerschaft wurde nicht müde, die kassierten Treffer auf ihre spezielle Weise zu feiern: Das »Und niemals vergessen« des Stadionsprechers quittierten sie mit immer wütenderen »Scheiß Union!«-Rufen, welche angesichts der etwa 11.000 singenden Unioner akustisch nicht ins Gewicht fielen.

In jedem Fall hatten die Gästefans nun reichlich Gelegenheit, ihren Standard anzubringen. Karim Benyamina stellte mit drei, Jörg Heinrich mit einem Tor den Endstand her. Schließlich hörte man *nur* noch die Union-Fans. »Acht zu Null!«, feierten sie die letzten Sekunden des Spiels. 8:0, das perfekte Resultat! Hatten die Weinroten doch zu Zeiten ihrer DDR-Oberliga-Dominanz Union zwei Mal mit 8:1 vom Platz geschickt, das letzte Mal am 13. September 1986, also fast 19 Jahre vor jenem Sommertag im August 2005. Nun also hatte Union Revanche genommen. Spät, aber gründlich und ich hoffe, für alle Zeiten!

6. KAPITEL

… UND DOCH WIEDER BERGAUF!

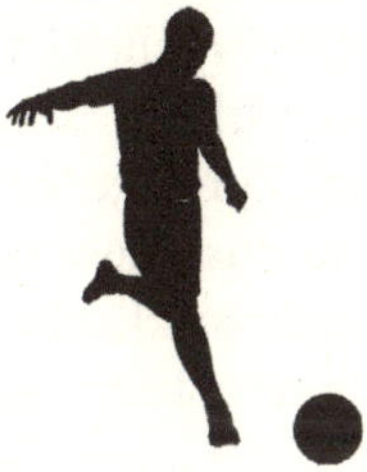

51. GRUND

Weil Böni das ehrlichste Foul der Fußballhistorie beging

Bis zum heutigen Tag und für alle Zeiten zählt der am 26. August 1981 in Erding geborene Sebastian Bönig zu unseren Fußballgöttern. Gründe dafür gibt es viele: Von 2005 bis 2009 absolvierte er 134 Pflichtspiele für den Verein und schoss neun Tore. 2006 gelang mit ihm der direkte Wiederaufstieg aus der Oberliga Nordost in die Regionalliga Nord. In der Folgesaison bekam er die Kapitänsbinde übergestreift. Mit seinen Leistungen trug er entscheidend zum Klassenerhalt und dem Gewinn des Berliner Fußballpokals bei.

Die Fans liebten ihn, weil Böni ein Fußballer war, der alles, aber auch wirklich alles für *seinen* 1. FC Union Berlin in die Waagschale warf. Zur Legende wurde er am Samstag, dem 14. Oktober 2006. 7740 Zuschauer verfolgten das Spiel des 1. FCU gegen den VfL Osnabrück. Karim Benyamina brachte die Eisernen in der fünften Minute in Führung, doch der VfL erwies sich als äußerst zähe Truppe. In der letzten Minute der ersten Hälfte schließlich erzielten die Osnabrücker den Ausgleich.

Und es sollte noch dicker kommen. Drei Spieler stellte Schiedsrichter Michael Kempter bis zum Abpfiff vom Platz, darunter zwei Unioner – aber langsam, der Reihe nach. In der 65. Spielminute drehte Osnabrück das Spiel und erzielte den Führungstreffer. Union drückte, kämpfte, ackerte – vergeblich und von Minute zu Minute verzweifelter. Der Ball wollte partout nicht über des Gegners Torlinie. Also kam es genau so, wie es fast immer kommt in derartigen Situationen: Machst du das Ding nicht rein, läufst du irgendwann geradezu zwangsläufig in den vermaledeiten, aus dem Nichts auftauchenden, dafür aber umso tödlicheren Konter.

Bis acht Minuten vor Spielschluss ließen die Osnabrücker sich Zeit, dann machten sie ernst. Ein gnadenlos schneller Gegenstoß wollte die Partie endgültig entscheiden – da aber kam, einem Irrwisch gleich, unser Böni herbeigeflogen. Bereits das ganze Spiel über hatte er alles gegeben und dafür den gelben Karton gesehen. In allerletzter Sekunde, dazu obendrein außerhalb des Strafraums, »trennt« er nun »den Osnabrücker Spieler von der Erdanziehung«, wie auf *www.immerunioner.de* so phänomenal treffend ausgedrückt.[22]

Unmittelbar nach seiner Notbremse entschied sich Böni, eben *nicht* das zu tun, was ein »normaler« Fußballer in einer solchen Situation zu tun pflegt. Statt also seinerseits den Getroffenen zu mimen oder sich anzuschicken, den Schiedsrichter mittels schmierentheatralischer Geste von seiner Unschuld zu überzeugen, steht er sofort wieder auf, holt sich im Loslaufen mit einem kurzem Nicken Richtung Schiri den roten Karton ab und sprintet vom Platz. Damit sorgt er dafür, dass seiner Mannschaft kaum mehr als ein paar Sekunden für die so wichtige Aufholjagd verloren gehen.

Das von Böni gesetzte Zeichen kommt an bei den Mitspielern, die Eisernen übernehmen direkt nach dem fälligen Freistoß wieder das Kommando. Kurz vor Ablauf der regulären Spielzeit gelingt Bönis Kollegen tatsächlich – durch ein dem Gegner quasi aufgezwungenes Eigentor – der frenetisch gefeierte Ausgleichstreffer.

Wohl jeder Unioner unter den 7740, die das Spiel An der Alten Försterei verfolgten, war der Meinung: Das 2:2 war, obgleich er selbst gar nicht mehr auf dem Platz stand, Bönis Tor! Dieser, sein quasi in Abwesenheit erzielter zehnter Treffer macht ihn für viele, viele Eiserne nicht nur bis heute zu *der* Nummer 14 unseres Vereins, sondern für alle Zeiten zum Fußballgott.

52. GRUND

Weil Unioner ihr Stadion selbst renovierten

Seit Union-Ob. 1920 die neue Spielstätte in der Sadowa bezog, bauten die Unioner immer wieder am Stadion, ersetzten so manches altersschwache Provisorium durch ein neueres. Das Stadion An der Alten Försterei war eben zu keiner Zeit die Heimat des großen Geldes. Zur Erinnerung: Erst im Jahre 2000 erhielt der Platz eine Flutlichtanlage, kurz darauf die damalige kleine Sitzplatztribüne ein Dach. Als sich der Verein anschickte, in den bezahlten Fußball zurückzukehren, sprossen zwischen den Stufen der großen Stehplatztraversen zarte Butterblümchen und üppiges Grün. Der Zahn der Zeit war Unions altehrwürdiger Heimspielstätte gnadenlos zu Leibe gerückt. Obendrein genügte diese in keinerlei Hinsicht, angefangen bei der fehlenden Rasenheizung, den Anforderungen des DFB. Der hatte den Verein wissen lassen, dass es An der Alten Försterei nur nach einer grundlegenden Stadionsanierung Spiele in der 2. Bundesliga geben würde. Die Sanierung würde laut des sozialdemokratischen Sportsenators rund 20 Millionen Euro kosten. Diese zu berappen, sei die Stadt nicht bereit. Wie also weiter?

Die Option, an Stelle des alten Stehplatzstadions eine moderne Fußball-Arena zu errichten, scheiterte zweitens am fehlenden Geld und erstens am Willen der Union-Fans. Kategorisch lehnten sie nicht nur die herzlos konzipierten 08/15-Sitzplatz-Paläste ab. Die scheinbare Alternative, in ein anderes Stadion umzuziehen, kam den Unionern ebenfalls nicht in die Tüte.

Mit heutigen Maßstäben gemessen, blieb am Ende nur ein äußerst ungewöhnlicher Weg übrig: Ein Unioner, aus den Reihen der Fans in den Vorstand gewählt, ist von Beruf Architekt. Er entwickelte das Konzept eines Neubaus auf der Grundlage des alten Stehplatzstadions. Kurzum, er konzipierte nichts Geringeres als eine neue Alte Försterei.

Währenddessen kümmerte sich ein anderer Unioner, seines Zeichens Vereinspräsident, darum, dass der Verein das Recht erwarb, das Gelände, auf welchem sein Stadion steht, in Eigenregie bebauen zu dürfen. Denn *ebendas* sollte hier passieren: Die Unioner wollten gar nicht, dass ein Milliardär aus dem Goldland in Köpenick seinen Fußball-Eigentumstempel hochzog. Stattdessen wollten sie hier ihr Wohnzimmer selbst bauen und einrichten.

Nun gingen sie ans Planen der Finanzen – und kamen zu dem Schluss: Das größte Bauvorhaben in der Historie des Stadions An der Alten Försterei wird voraussichtlich 3,2 – statt der vom Herrn Sportsenator veranschlagten 20 – Millionen Euro kosten! 2,5 Millionen Euro für die Sanierung und Überdachung der Stehplatztribünen würde die Stadionbetriebs-GmbH beisteuern. Hinzu kamen kurzfristig 300.000 Euro vom Bezirk Treptow-Köpenick als Eigentümer der Sportanlage, die vor allem in den Einbau der bereits erwähnten Rasenheizung fließen sollten.

Zum Zweiten erhielt Unions Anhängerschaft die Möglichkeit, sich in unentgoltenen Arbeitsstunden an den Bauarbeiten zu beteiligen. Unter dem Motto »Kiek an, wir bauen!« legten die Eisernen los, ehrenamtlich für ihren Verein zu knuffen. Aus den geplanten drei wurden am Ende dreizehn Monate, das Motto lautete nun: »Kiek an, wir bauen immer noch!«

Der Enthusiasmus der arbeitenden Union-Fans wurde immer größer statt kleiner. Am Ende beteiligten sich exakt 2333 Stadionbauer. An insgesamt 311 Bau-Tagen leisteten sie mehr als 140.000 unbezahlte Arbeitsstunden in ihrem Wohnzimmer und schenkten ihrem Verein damit einen Wert von über 4 Millionen Euro.

Abgesehen von dieser kühlen Zahl schufen sie hier einen unbezahlbaren, weltweit einzigartigen ideellen Wert. Montags bis sonntags, unter heißer Sommersonne wie im eisigen Schnee ackerten die Unioner in ihrem Stadion, bewachten des Nachts die Baustelle, versorgten die Bauer täglich mit Speis und Trank. Viele nahmen Urlaub, um hier zu schuften, andere legten immer wieder nach

Feierabend eine zweite Schicht ein. Wie an den Spieltagen beim gemeinsamen Anfeuern der Mannschaft, arbeitete der Hartz-IV-Empfänger neben der Studentin und dem Schulrat, der Schauspieler neben dem Trockenbauer, die Lehrerin neben der Kellnerin. Schulter an Schulter, Hand an Hand, schufen Unioner mit vereinten Kräften, was ihnen niemand geben wollte und – seien wir ehrlich – was ihnen *so* niemand hätte geben können.

53. GRUND

Weil Union ohne ein einziges Heimspiel in die 2. Bundesliga aufstieg

Die Variante, Unions Hauptwohnsitz in den Prenzlauer Berg oder gar nach Charlottenburg zu verlegen, war 2008 glücklicherweise endgültig vom Tisch. Doch weil das Stadion An der Alten Försterei für die Operation Totalsanierung ins künstliche Koma versetzt werden musste und somit für den Spielbetrieb der Saison 2008/09 nicht zur Verfügung stand, brauchte Unions 1. Mannschaft für ihre Heimspiele in der neu geschaffenen 3. Liga einen Ausweichort. Einen, der groß genug war, mehrere Tausend Zuschauer aufzunehmen und obendrein an den entscheidenden Sonnabendnachmittagen frei!

Ironie des Schicksals: Unions Auswärts-Heimspielstätte wurde ein reines Sitzplatzstadion, doch das war nicht mal das Schlimmste. Handelte es sich dabei doch um jene Spielstätte, welche zu DDR-Zeiten viele Jahre Heimstatt des Rekordmeisters aus Hohenschönhausen gewesen war. Die Rede ist vom gut 20.000 Zuschauer fassenden großen Stadion des Friedrich-Ludwig-Jahn-Sportparks an der Cantianstraße in Prenzlauer Berg.

Längst trugen die Bordeauxroten ihre Heimpartien, außer bei sogenannten Risikospielen, in ihrem Hohenschönhausener Sportforum aus. Hertha kam ab und zu ins Jahn, war das Olympiastadion anderweitig belegt oder die erwartete Zuschauer-Resonanz zu gering. Union hatte hier im Jahre 2001 gezwungenermaßen seine beiden UEFA-Cup-»Heimspiele« ausgetragen, die letzten fußballspielenden Mieter des Jahnstadions hießen Berliner AK 07 und Türkyemspor Berlin, hinzu kam das Football-Team der Berlin Adler.

Dessen ungeachtet boykottierte ein Teil von Unions Anhängerschaft die Betonschüssel, die ihnen aus alten Zeiten verhasst war. Immerhin 7150 Zuschauer pilgerten pro Spieltag durchschnittlich hierher, das bedeutete in der 3. Liga Platz sieben hinter Kickers Offenbach. Was die Punkte anging, rangierte Union seit dem 21. Spieltag auf Rang eins, teilweise mit zehn Zählern Vorsprung.

Die Union-Fans sangen auch an der Cantianstraße vor jeder Begegnung mit erhobenem Schal ihre Hymne, dass so mancher eine Gänsehaut bekam. Wie daheim An der Alten Försterei feuerten sie die Mannschaft an, allein gut zehn Minuten währte oftmals der Gesang: *FC Union, unsre Liebe, unsre Mannschaft, unser Stolz, unser Verein: Union Berlin, Union Berlin.* Eine Liebe der Unioner zu der 1951 errichteten Spielstätte (mit ihrem 216 Meter langen Traversendach über der Gegengeraden die luxuriöseste der DDR-Oberliga!) erwuchs jedoch bis zum Schluss nicht.

Am 9. Mai 2009, wir schreiben den 35. Spieltag von 38, kann Union mit einem Sieg gegen Jahn Regensburg den Aufstieg in die 2. Bundesliga vorzeitig perfekt machen. 9487 Zuschauer, die allerwenigsten von ihnen kommen aus Regensburg, erleben einen ungefährdeten 2:0 Sieg der Eisernen. Nach Abpfiff stürmen Tausende den Rasen. Die Mannschaft zeigt sich auf der ehemaligen Ehrentribüne in Trikots, auf denen zu lesen ist: *Auswärtsaufsteiger.*

Nach kurzem gemeinsamen Jubel machen sich Spieler, Mitarbeiter wie Fans per Autokorso schleunigst auf den Weg nach Köpenick, ins Stadion An der Alten Försterei. Gefeiert wird nun mal dort, wo es am schönsten ist, daheim!

54. GRUND

Weil wir Hertha BSC im Olympiastadion besiegten

Warum tue ich mir das an?, fragte ich mich in der Nacht zum 5. Februar 2011. Warum fahre ich zum Derby in dieses vermaledeite Olympiastadion? Mit der Form des letzten Sonntags wird unsere Mannschaft vom Dominator der 2. Bundesliga 6:0 aus der Arena geballert. Und wie reagieren dann wir Fans? Verschwinden wir kleinlaut vor dem Abpfiff, buhen wir gar unsere Mannen unten auf dem Rasen aus – oder unterstützen wir sie gerade deshalb umso heftiger?

Zum Glück hatte ich mich mit meinem Kumpel Berndte verabredet, da konnte ich jetzt schlecht kneifen. Auch meine Liebe versuchte mich aufzumuntern, indem sie mir erklärte, unser Trainer habe die Mannschaft vor dem letzten Spiel aufgefordert, die Kräfte für das Derby zu schonen.

Stunden später: Vor uns die irrsinnige Weite der Betonschüssel, um das Spielfeld herum flackernde Werbebanden und die blaue Tartanbahn. Auf unseren Rängen gefühlte 100 Unioner, in der Reihe hinter uns saß eine Familie samt Freundeskreis aus Köpenick, einen von ihnen kannte ich aus der Försterei. Er war derjenige, der vor dem Heimspiel gegen Hertha orakelt hatte: »Klar sind die besser als wir, aber wir haben 'ne echte Chance, wenn die uns unterschätzen!«

Auch Haupt- und Gegentribüne waren noch kaum besetzt. Nahezu gefüllt dagegen die Ostkurve, ein weißblaues Meer, das überaus kreativ *Scheiß-Union, Scheiß-Union – Hertha BSC* zu uns herübersang. Wir wurden langsam mehr und applaudierten der Ostkurve für die ausschweifende Fantasie ihrer Gesänge. Endlich antworteten wir mit unserem eigenen Repertoire. Unsere Gesänge klangen ganz gut in meinen Ohren, obwohl unsere Reihen noch immer Lücken aufwiesen. Lautes Pfeifen aus der Ostkurve zeigte: Auch *die* konnten uns hören. Unten begann das Kulturprogramm, sein Höhepunkt ein Interview mit dem amtierenden Dschungelkönig, einem Moderatorendarsteller aus Hintertupfingen im schönen Wessiland. Er hatte sich ein Hertha-Trikot übergestreift und lallte schief: *O ja, die Hertha …*

Das Einzige, was mich bei Laune hielt, waren unsere Frotzeleien mit der Ostkurve: Fans gegen Fans im ewigen Sängerwettstreit, das *echte* Rahmenprogramm des Fußballs! Mittlerweile war das Stadionoval restlos gefüllt, längst saß um uns herum keiner mehr.

Unsere Mannen liefen ein, hatten die roten Derbymützen der Wuhle-Syndikatler auf den Köpfen. Wir applaudierten ihnen und sie uns, die Spieler kamen auf die Tartanbahn, warfen ihre Mützen ins Publikum. Es folgte die Verkündung der Aufstellungen durch den Stadionsprecher. Wie daheim An der Alten Försterei quittierten wir jeden der Unsrigen mit »Fußballgott!«, jeden gegnerischen Spielernamen mit »Na und?«. Ich sang, schrie an gegen die Angst vor dem, was nun gleich kommen würde.

Der Anstoß, gefolgt von genau dem, was ich befürchtet habe: Hertha kombiniert, greift an, während unsere elf Unioner total verunsichert über den Rasen stolpern. Keine drei Minuten sind herum, da prallen zwei Spieler mit den Köpfen zusammen, der Rote bleibt liegen, wird auf der Trage vom Spielfeld gebracht: Michael Parensen, einer unserer Besten. Herthas Niemeyer kann weiterspielen.

Nach ein paar abgewehrten Angriffen wildes Gestocher in unserem Strafraum. Der Peitzer kann klären – und spielt den Ball direkt in die Beine eines Herthaners. Der flankt beherzt in den Strafraum, wo ein Kollege, selbstredend völlig unbewacht, genau richtig steht. Zwölfte Spielminute, und wir liegen mal wieder hinten! *FC Union, unsre Liebe, unsre Mannschaft, unser Stolz, unser Verein …*, stimmen wir an. Unsre Jungs bleiben verunsichert. Da hilft nur eins: weitersingen! Nur kein 2:0 vor der Pause! Wir feuern unsere Mannen an, und sobald es auf dem Feld etwas ruhiger wird, duellieren wir uns mit der Ostkurve, Gesänge und Pfiffe schießen wie Pingpongbälle von hüben nach drüben.

Da bekommt – aus heiterem Himmel – Mosquera den Ball zugespielt. Unser oft »Chancentod« gescholtener Stürmer nimmt ihn – mit Schulter oder Arm? (im Fernsehen sah ich später, es war in der Tat die Verbindungsstelle zwischen beiden) – an, dreht sich auf der Stelle und nagelt die Pille unhaltbar ins lange Eck!

Aufschreien, Arme hochreißen, Schwindelgefühl im Kopf. Berndte und ich umhalsen einander, Abklatschen mit der Unionerin neben, den Unionern hinter mir, ein Union-Tor im Olympiastadion, und was für eins!!! Links von uns zünden sie Bengalos, hüllen das Stadion in dichten, roten Rauch. Beim Hinspiel hatten die Herthaner gezündelt, nun also wir. Egal, weiter!

Hertha bleibt spielbestimmend, aber sie bekommen die Murmel nicht an Keeper Höttecke vorbei. Die Nachspielzeit, präsentiert von der Firma XYZ, beträgt drei Minuten. Die strecken sich endlos, dann endlich Pause. Ein ödes Quiz mit noch öderen Kandidaten, die offenbar nie zuvor ein Fußballstadion betreten hatten, dazu ein Torwandschießen für Fußball-Analphabeten, alles präsentiert vom Sponsor of the day. Uns geht das alles nichts an. Wir hier, links und rechts des Marathontors, sind die Bewohner des kleinen gallischen Dorfs, zu Gast im Colosseum des römischen Imperators und seiner Löwen, der Mannschaft des allmächtigen Dschungelkönigs.

Weiter geht's, endlich wieder Fußball. Hertha macht Druck, wir singen. Äußerst erleichternd einer der neueren Gesänge, bei dessen zweitem Teil wir unsere Schals durch die Luft kreiseln lassen wie unzählige rot-weiße Propeller.

Auch der Chor *F-C-U! Fußballclub Union Berlin!* macht sich gut gegen die Aufregung. Die Trommler kommen nicht mit, wir singen schneller als sonst, funktioniert trotzdem. Auch unsere Hymne kommt zum Einsatz, ebenso der Wechselgesang *Eisern! – Union!* diesseits und jenseits des Marathontors.

Als das Spiel ein wenig abflacht, bemerke ich: Die auf der Haupttribüne und der Gegengeraden sitzen seelenruhig auf ihren Schalensitzen wie daheim in der juten Stube, wenn über den Bildschirm gerade ein Heimatfilm flimmert. Die Ostkurve steht wie wir und singt: *Wer nicht hüpft, ist ein Unioner!* Sie sind die Einzigen, die hüpfen.

Ein Freistoß für Union - endlich kommen wir auch mal dazu, das Torsten-Mattuuuuuuschka-Lied zu intonieren. Tusche läuft an, schießt den Ball Richtung Hertha-Tor, wo einen Augenblick später die Maschen zappeln. Jubelnder Torschrei - da merken wir, der Ball zappelte *auf* dem Netz, oben über der Querlatte. Wäre ja auch zu schön gewesen. Kurz darauf erneute Standardsituation, ein paar Meter vom letzten Freistoß entfernt. Wieder stimmen wir an: *Torsten Mattuuuuuschka, du bist der beste Mann / Torsten Mattuuuuuschka, du kannst, was keiner kann / Torsten Mattuuuuuschka, hau ihn rein, für den Veraaaaaaaaaain! /TORSTEN ...!*

Der derart Besungene nimmt Anlauf, drischt die Kugel über die blau-weiße Mauer, in ebenjene Ecke des Tors, in die auch Herthas baumlanger Torhüter Maikel Aerts hechtet. Kurz vor dem Keeper setzt der Ball auf - ist an ihm vorbei ... und drin!!! Schreiend springe ich hoch, Umarmen, Abklatschen, Singschreien. *FC Union, unsre Liebe ...*, schallt es von den Rängen wider, rein und klar - und so langsam erwacht ein selten erlebtes Gefühl der Zuversicht in mir: Womöglich bringen wir das Ding hier tatsächlich nach Hause!

Unser Führungstor fiel in der 72. Spielminute, quälend langsam ticken nun die Sekunden herunter. Wieder der Gesang mit dem Schalkreiseln. Arme bewegen tut gut, ansonsten klatschen, singen - mittlerweile scheinen wir die Einzigen im Stadionoval zu sein, die das tun. Höre von drüben nicht mal mehr ein *Scheiß-Union*, geschweige denn ihr *Ha Ho He*. Klar ist: Tauschen möchte ich mit denen aus der Ostkurve jetzt nicht. Sowieso nie, aber eben jetzt erst recht nicht.

Zehn Minuten noch, dann die Nachspielzeit - wieder drei Minuten, drei Ewigkeiten. Unsere Gesänge kommen jetzt gestochen scharf, noch mal zittern, und noch einmal - Hertha übernervös, falscher Einwurf, wir haben den Ball, behalten ihn - und: AUS,

AUS, DAS SPIEL IST AUS! Wieder liegen wir uns in den Armen, klatschten, singen, lassen unsere Mannschaft nicht vom Platz, ein Gefühl von Seligkeit und Rausch im Kopf. Das gallische Dorf hat das große Römische Reich geschlagen!

Später auf dem Heimweg fragte ich mich: Wie konnten die Herthaner dieses Spiel, das sie doch absolut fest im Griff gehabt hatten, einfach so aus der Hand geben? Und wann eigentlich hatte ich unsere Mannschaft zum letzten Mal derart effektiv erlebt?

»Und was, wenn *die* uns das nächste Mal weghauen, so richtig nach Strich und Faden?«, fragte ich schließlich Berndte.

»Das wäre das Normale, das, was jeder erwartet«, erwiderte der, ohne mit der Wimper zu zucken, »aber den Tag *heute*, den wirst du genauso wenig vergessen wie ich, und zwar dein ganzes Leben lang.«

55. GRUND

Weil Union Berlin nur selten »schönen Fußball« spielt

»Selten haben die Fans in der Wuhlheide ein nicht nur kämpferisch, sondern auch spielerisch so überzeugendes Union-Team gesehen.«[23] Diesen Netz-Kommentar widmete *Steini 125* dem 4:1-Sieg der Eisernen vom 11. September 2011 über den FC Ingolstadt. Krönung des Ganzen unzweifelhaft Silvios Seitfallzieher zum 2:1. Dem war eine geniale Kombination vorausgegangen, die Unions Spieler im spanischen Trainingslager, vom Torschützen auf der Gitarre begleitet, gemeinsam besangen: *Kohle spielt raus, Mattuschka rein – und Silvio schießt für uns das Tor des Jahres.*

Weitaus Union-typischer als jene dem Fußball-Lehrbuch entsprungene Aktion erscheint mir jedoch, was Theo Koerner im 1988 gedrehten Dokumentarfilm *Und freitags in die Grüne Hölle* äußerte: »Was interessiert die Leute am 1. FC Union? Vor allem, dass es eine einfache Truppe ist, die kämpferisch spielt und mit der sich jeder identifizieren kann. Wahrscheinlich würde uns ein Südamerikaner, was ein Union-Spiel betrifft, 'nen Vogel zeigen, weil er mehr technische Finesse bevorzugt. Aber unsere Leute können bei Union ihren Frust loswerden, den in der Woche angestauten Ärger – und anschließend erleben, wie sie akzeptiert werden, kommen sie am Montag auf Arbeit und können sagen: ›Wenigstens gekämpft haben sie wie die Tiere.‹« Während der damalige Fanclub-Beauftragte des 1. FC Union das erzählte, zeigte der Fernseher im Hintergrund ein für mich typisches Union-Tor: Nach einem wilden Gestocher im gegnerischen Strafraum drischt ein Rot-Weißer die Murmel entschlossen in die Maschen. Auch dieses Tor ist unvergessen, war es doch jenes zum 3:2-Sieg in Karl-Marx-Stadt, mit dem die Eisernen 1987/88 buchstäblich in letzter Sekunde den Klassenerhalt sicherten.

Gerade innerhalb dieses kämpferischen Ansatzes sieht Koerner zudem noch heute unsere Chance, von den Rängen aus etwas für die Mannschaft zu tun: »Du kannst die Spieler nicht zu schönen Spielzügen brüllen. Aber du kannst von der Traverse aus erreichen, dass sie sich reinschmeißen, keulen und bis zur letzten Sekunde alles geben!«

Ebendas machte und macht Union aus. Selbst der spielerisch so überzeugende 4:1-Sieg gegen Ingolstadt, 23 Jahre nach dem Spiel in Karl-Marx-Stadt, wartete mit einem typischen Kampf-Treffer auf: In der 49. Spielminute dringen Mattuschka und Mosquera in den mit vier Ingolstädter Feldspielern »voll besetzten« gegnerischen Strafraum. »Der Doppelpass nicht gerade schulbuchmäßig«, bemerkt der Fernsehkommentator, um sofort hinzuzufügen: »Aber Mattuschka *will* das Tor – und bekommt es!« In der Tat landet der Ball nur deshalb wieder bei Tusche und kurz darauf in den Maschen, weil unser Käpten ihn deutlich vehementer verlangt als seine Bewacher sowie der Ingolstädter Torhüter.

Union Berlin, das ist – heute nicht anders als 1988 und davor – Fußball pur! Eiserne Leidenschaft, Intensität und, auch wenn ich mich jetzt wiederholt wiederhole, immer wieder Kampf. Und wenn dann doch mal ein brillanter Spielzug wie aus dem Fußball-Lehrbuch gelingt, obendrein von einem Südamerikaner mit technischer Finesse spektakulär vollendet – umso besser!

56. GRUND

Weil unser Stadion niemals Hakle-Feucht-Arena heißen wird

Es ist ein heller, freundlicher Morgen, an dem Präsident Dirk Zingler und seine Präsidiumsmitglieder eine illustre Schar geschniegelter Damen und Herren aus dem Marketingbereich zu Gast haben.

»Herzlich willkommen beim 1. FC Union Berlin, zeigen Sie uns, was Sie mitgebracht haben«, erteilt er denen das Wort, von denen man es in den seltensten Fällen jemals wieder zurückbekommt.

Schon eilt der erste Werbefachmann, ein smarter Laffe im weißen Anzug, zu seinem Flipchart. Mit dynamischer Geste schlägt er dessen erstes Blatt um und präsentiert dem Auditorium seinen Vorschlag: »Wir haben hier eine Marke für Sie, die immer ganz nah am Menschen ist – Hakle-Feucht-Arena.« Seine Begeisterung will nicht recht überspringen an Adressaten wie Konkurrenten, aber der Mann ist Profi und lässt sich nicht aus dem Konzept bringen. Als Präsidiumsmitglied Dirk Thieme bemerkt: »Ist doch für'n Arsch!«, kontert er, sachlich richtig: »Genau!«

»Weiter, bitte«, brummelt der deutlich genervte Präsi, und der Promotion-Spezi schüttelt sogleich sein zweites Ass aus dem Ärmel: »Ich habe hier noch einen zweiten Namen: Kaffee-Hag-Arena, ist doch auch'n bisschen belebend, oder?« Unions Präsidium ist sprachlos – und die taffe Marketing-Amazone mit dem von Anfang an geringschätzigen Blick für ihren Mitbewerber reißt das Ruder an sich. Während sie mit herrischer Geste ihrem Mitarbeiter-Sklaven bedeutet, die mitgebrachten Präsentationsmäppchen zu verteilen, weist sie die versammelten Herren mit pseudo-emanzipatorischem Timbre in der Stimme darauf hin: »Unsere zahlreichen Marktforschungsanalysen haben ergeben, die weibliche Zielgruppe wird immer fußballaffiner. Da müssen wir ran! Dabei haben wir natürlich nicht unsere Hardcore-Fans vergessen. Wir haben einen Namen gefunden, der alles miteinander verbindet und immer strahlt: die Always-Ultra-Arena!«

In das kurze, beinahe schüchterne Abwinken Thiemes hinein ergreift der Dritte im Bunde das Wort, ein leicht graumelierter, ganz offensichtlich mit allen Wassern des Marketings gewaschener Stratege. »Machen wir uns mal nichts vor«, belehrt er sein Publikum, »das meiste Geld ist doch in der Pharma-Industrie zu holen.«

Während er wiegenden Schritts um den Tisch herumtänzelt, sich schnell noch ein paar Kräcker in den Mund wirft, bittet er lässig um Beachtung dessen, was er da »mal schnell« vorbereitet hat: ein professionell gefertigtes Plastikmodell des neuen Stadions – namens Imodium-Akut-Arena. Beim Verkünden des Namens speit er unfreiwillig die von seinem Gaumen als offenbar zu trocken eingestuften Kräcker über die modellierten Tribünen.

Den durch den Fauxpas des Werbefuchses entstandenen Moment des Schweigens nutzt der Präsident, allen Business-Tigerinnen und -Tigern zu verkünden: »Nein, Schluss, es reicht! Wir machen das mit den Fahnen!« Mit seinem Machtwort, einem in der Tat witzigen Werbespot der Sparkasse entlehnt, zeigt das Kamerabild jenes rotweiße Fahnenmeer, welches bei Unions Heimspielen An der Alten Försterei zu sehen ist.

Dieser Werbespot illustriert eine klare Aussage: Union verkauft die Namensrechte an seiner Spielstätte nicht, wie heutzutage üblich, an die meistbietende Investorenfirma. Stattdessen lädt der Verein seine Fans dazu ein, Teil derer zu werden, die weit mehr als über den Stadionnamen entscheiden. Spätestens jetzt ist klar: Keine der angesprochenen Firmen hat auch nur den Hauch einer Chance, ihr

Logo übergebührlich groß auf unseren Traversen prangen zu sehen. Das Stadion An der Alten Försterei wird, solange es steht, Stadion An der Alten Försterei heißen. Auch dann noch, wenn dereinst über 5000 Kinder eine Stadion-Aktie erben – und mit ihnen die Bäume der Alten Försterei.

57. GRUND

Weil Union Berlin seine Seele an sich selbst verkaufte

»Das Wichtigste ist: Du musst dich verkaufen!« Diesen Satz bekomme ich als Schreiber immer wieder zu hören, zumeist von Leuten, die glauben, es gut mit mir zu meinen. In der Tat sprechen sie damit *das* Grundprinzip unserer Gesellschaft aus. Es dient angeblich der Rettung des Individuums wie ganzer Staaten und besagt: Was immer du bist oder hast – verkaufe es!

An wen?

Völlig egal, Hauptsache meistbietend.

Und wer bietet das meiste?

Die Global-Player!

Es gibt ein paar globale Marken auf dieser Welt, dazu den nahezu ungebremsten Willen vieler, vieler Menschen, Teil einer solchen zu werden. Das ist im Fußball nicht anders als in der Autobranche oder bei Babykost im Gläschen.

»Was kostet die Welt?«, brachte der Besitzer eines globalen Brauseherstellers besagten Fakt auf den Punkt.[24] Folgerichtig geht dessen Marketingabteilung Sport daran, mittels irrsinnig viel Geld einen Retortenverein zum Führer des sächsischen, deutschen und schließlich des Weltfußballs aufzupumpen. »Große Clubs haben hohe Kosten«, so ein italienischer Staats- und Fußballpräsidentendarsteller. »Sie können nicht in Provinzstadien mit einer Kapazität von nicht mal 20.000 Zuschauern spielen.«[25]

Und die Fans? Die sollen teure Fernsehbilder oder Sitzplatztickets kaufen und die Klappe halten. »Sitzende Menschen sind ruhig«, so der Welt mächtigster Fußballfunktionär.[26] Angesichts dieser Statements aus dem Munde der vielleicht globalsten Global-Players in Sachen irdischer Fußball hat es etwas Revolutionäres, wenn ein Fußballverein seine Spielstätte – also seine Seele! – an die eigenen Mitglieder verkauft. Und wohlgemerkt, *nur* an diese! Und das, obgleich sich unter denen keine Besitzer globaler Marken befinden.

Nachdem ich meiner Liebe das gerade eben beschriebene Werbevideo zum vereinsinternen Kauf der Alten-Försterei-Aktie vorgespielt hatte, sagte sie sofort: »Das ist Kommunismus, da musst du mitmachen!« Sicher kein Kommunismus im parteipolitischen Sinne, aber doch ein mächtiges Gegen-den-Strom-Schwimmen: Sogenannte kleine Leute kaufen für sich ein Stückchen Welt, statt sich selbst zu verkaufen – ich bin dabei!

58. GRUND

Weil Silvio seine Tor-des-Monats-Medaille zersägte

Der 11. September 2011 schien alles andere als dafür gemacht zu sein, ein denkwürdiger Tag in der Geschichte des 1. FC Union Berlin zu werden. Als Gegner stand uns der FC Ingolstadt 04 ins Haus, eine jener Mannschaften, die gern passiv bleiben und uns auf diese Weise so gern vor größte Schwierigkeiten stellen.

Und genau so sah es auch aus. Nachdem sich Union eine knappe Viertelstunde lang die Zähne am Ingolstädter Abwehr-Beton ausgebissen hatte, erschienen die Schanzer erstmalig in unserer Hälfte. Flanke von rechts außen, und weil sich Innenverteidiger Christian Stuff offensichtlich in der Betrachtung des grünen Geläufs verlor, hatte sein Gegenspieler freie Schussbahn und Jan Glinker in unserem Tor keine Chance. Stuffi setzte nun alles daran, diesen

Fehler wieder gutzumachen. Sieben Minuten später ging der Nahezu-zwei-Meter-Mann bei einem Freistoß mit nach vorn, sprang beherzt hoch und besorgte per Kopf den Ausgleich. Weitere neun Minuten später sahen die Steinis, ich und all die anderen den Platz dicht Umsäumenden etwas, was wir bis dato äußerst selten und sooooo noch nie gesehen hatten in unserem Wohnzimmer:

Patrick Kohlmann hat, mitten in unserer Hälfte, einen abgewehrten Ball am Fuß. Er wird nicht angegriffen, so hat er alle Zeit, die Murmel nach kurzer Sondierung des Spielfelds diagonal weit in die Spitze zu passen. Sein Schuss zieht nach rechts außen, direkt in den Lauf unseres daselbst startenden Kapitäns Torsten Mattuschka. Tusche schickt das Spielgerät volley Richtung Strafraumzentrum, wo wiederum Silvio nur darauf gewartet zu haben scheint, diese mustergültige Vorlage, ebenfalls volley und per spektakulärem Seitfallzieher, unhaltbar ins linke untere Eck zu katapultieren.

Inmitten unseres unbändigen Jubels hielten wir kurz inne. Hatten wir doch einen jener Momente erlebt, den du als Fußballfan nur alle paar Jahrzehnte spendiert bekommst. Steini Senior war der Erste, der seine Sprache wiederfand. »Tor des Monats«, sprach er trockenen Tones unser aller Gedanken aus.

Die Kollegen der *ARD Sportschau* sahen es ebenso. Silvios Tor gehörte zu den Kandidaten zum »Tor des Monats« September. Wir Unioner hängten uns, unterstützt durch die Aufrufe mehrerer Berliner Sportvereine, an alle verfügbaren Telefone. Das Ergebnis: Silvio siegte mit knapp 30 Prozent aller abgegebenen Stimmen vor Borussia Dortmunds Ivan Perisic (24 Prozent) sowie Werder Bremens Claudio Pizarro (17 Prozent).

Damit war er der allererste Tor-des-Monats-Schütze aus den Reihen des 1. FC Union Berlin. Und Silvio zeigte, dass er ein echter Unioner ist. Seinen Worten »Ich wusste gleich, dass es ein ganz besonderer Treffer ist, den wir *als Mannschaft* toll herausgespielt haben«[27] ließ er umgehend die Tat folgen. So zeigte die nächste *Sportschau*, wie Silvio seine Medaille per Schraubzwinge an die Kante eines schmucklosen Holztisches heftete. Vor laufender Kamera, und auch hierbei tatkräftig unterstützt von Tusche und Kohle, zersägte er seine Medaille in drei Teile. So ist Silvio nicht nur der erste Tor-des-Monats-Schütze für den 1. FC Union Berlin, sondern zugleich der Erste in der Geschichte dieser Ehrung, der an jene dachte, die ihm diesen Treffer ermöglicht hatten. Ein Unioner eben!

59. GRUND

Weil sich Union im Westen nicht unterkriegen lässt

Einige Zuschauer staunten nicht schlecht, als sie am 24. November 2012 auf ihrem Weg ins Stadion An der Alten Försterei an zwei Zelten vorbeikamen. Noch erstaunter dürften sie gewesen sein, als ihnen dort Sicherheitskräfte in hellgrünen Warnwesten entgegentraten, um sie freundlich, aber bestimmt aufzufordern: »Zur Ganzkörperkontrolle bitte in das Zelt!« Nachdem sie, die meisten unter Protest, ihre Jacken ausgezogen hatten, klärten sie die »Sicherheitskräfte« darüber auf, dass dies lediglich ein von Unioner Ultras organisierter Vorgeschmack auf das war, was schon bald »normal« sein könnte, sollte das vom Ligaverband DFL vorgelegte Konzeptpapier *Sicheres Stadionerlebnis* konsequent umgesetzt werden.

Auch die Vertreter der Presse waren eingeladen, am eigenen Leib die Erfahrung einer solchen Ganzkörperkontrolle zu machen. Lediglich ein Journalist des *Berliner Kurier* nahm diese Einladung an. »Ehrlich, schön ist echt anders«, schrieb er in seinem Artikel.[28] Dabei hatte er sich nicht einmal vollständig ausziehen müssen. Obendrein hatten die freundlichen Ultras auf dem nassen, kalten Boden eine Unterlage für seine Füße bereitgelegt. Das nämlich gehört anderenorts bei derartigen Kontrollen nicht zum Standard.

Nicht nur die Ultras und die Fan- und Mitgliederabteilung des 1. FC Union lehnten das aus ihrer Sicht kontraproduktive Befehlspapier des Ligaverbandes ab, sondern auch das Präsidium des Vereins. Sie alle wandten sich gegen das Prinzip: Bestrafungskeule statt Prävention und Dialog. Gemeinsam erarbeiteten sie eine fundierte Stellungnahme zu diesem Konzept, auf deren Basis viele Fanszenen anderer Vereine sich ebenfalls positionierten.

Union Berlin war der erste deutsche Proficlub, der dem von oben diktierten Populismus-Dekret *Sicheres Stadionerlebnis* in seiner Erst- und Zweitfassung die kalte Schulter zeigte. Vertreter des Ligaverbandes und des Deutschen Fußballbundes warfen dem Verein daraufhin vor, er wolle sich ja nur bei seinen Fans anbiedern. Sicher wussten sie nicht, dass man bei Union, anders als in ihren Gremien, seit Jahren eng mit den »gemeinen« Fans zusammenarbeitet, statt in selbstherrlicher Allmacht von oben zu regieren.

In dieser Hinsicht unterscheiden sich genannte Organisationen nicht von jener Partei, die auf ostdeutschem Boden bis vor 24 Jahren per Landesverfassung immer recht hatte. Mit einer derartigen Allmacht tat sich Union halt schon immer etwas schwer.

Ein sicherer Ort, den viele Unioner wie Gästefans gern auch zusammen mit ihren kleinen und ganz kleinen Kindern besuchen, bleibt das Stadion An der Alten Försterei dennoch – und zwar ohne Firma-XYZ-Familienblock oder weiße Zelte, die Papa und Kind zur Ganzkörperkontrolle laden. Vielleicht stehen die ja zukünftig vor jeder Kneipe und sämtlichen Eingängen zum Münchner Oktoberfest? Dort neigt der Gast prozentual gesehen nämlich weit häufiger zu Gewaltausbrüchen als in und um Fußballstadien.

60. GRUND

Weil du An der Alten Försterei hin und wieder ein reines Fußballfest erlebst

Freitag, der 15. März 2013. Zum allerersten Mal ist auch unsere neue Haupttribüne vollbesetzt, das Stadion mit 21.410 Zuschauern restlos ausverkauft. Mehr Menschen versammelten sich hier lediglich zum Abstiegsduell gegen Chemie Leipzig im Jahre 1984. Das volle Haus war zu erwarten, denn der Gegner heißt FC St. Pauli. Längst nicht immer versprechen solche Schlagerspiele ein Fußballfest. Kommen doch gerade dann Leute ins Stadion, die sich sonst nicht die Bohne um einen der auflaufenden Clubs scheren und dann beim »Event« entsprechend keine einzige Liedzeile mitsingen.

Was *mir* bei Duellen gegen die Kiezkicker ein wenig die Kampfeslaune nimmt: Ich habe ansonsten nicht das Geringste gegen den FC St. Pauli und empfinde dessen Fans, abgesehen von der Bionade-Fraktion aus »Prenzelberg«, auf An- und Abreise stets als äußerst angenehme Mitmenschen. Gleich am S-Bahnhof Schönhauser treffe ich einen jungen Vater und seinen kleinen Sohn, beide mit braun-weißem Schal um den Hals. »Und, holt ihr heute drei Punkte?«, frage ich. »Ich hoffe«, lautet die Antwort des Vaters, »ich fürchte« die meine. Ab Ostkreuz ist die Bahn halb rot- halb braunweiß. Man kennt sich, so manche gemeinsam Anreisenden tragen unterschiedliche Farbkombinationen.

Bereits eine gute Stunde vor Anpfiff sind die Traversen An der Alten Försterei nahezu prall gefüllt. Die Steinis stehen vor, einige Alt-Unioner hinter mir – wir sind also nahezu vollzählig. Und die Pauli-Fans sind so lieb, mir mit ihrer Zaunfahne *Köpenick … ist braun-weiß* endlich doch die nötige Motivation zu spendieren. Was bilden die sich ein, diese …! – sofort befinde ich mich voll und ganz im Fußballfan-Modus. »Köpenick wird immer rot-weiß bleiben!«, verleiht der Stadionsprecher unserem Gedanken Ausdruck.

Keiner kriegt uns klein, was zählt, ist der Verein, schreit die große Zaunfahne auf der Waldseite, darüber bilden Tausende weiße Blätter eine Gefängnismauer. In der Mitte ein Gitterfenster, seine Stäbe umklammert von den Händen eines Inhaftierten.

Das Flutlicht strahlt, Union beginnt nach Kohlmanns Genesung in Bestbesetzung! Nach einer vorsichtigen Abtast-Viertelstunde übernimmt unsere Mannschaft das Zepter. Kohle bedient Terodde, der zieht ab – die Fingerspitzen von Paulis Keeper verhindern unseren Torjubel. Doch schon wieder ein traumhafter Spielzug unserer Jungs: Tusche passt den Ball steil nach links auf Terodde, der ihn gefühlvoll über den Torhüter in die Maschen lupft! Wir sind noch am Feiern, da befindet sich der Ball schon direkt vor unserem Tor. Keeper Haas »platziert« einen verunglückten Abschlag direkt auf den heranstürmenden Pauli-Stürmer Ebbers. Der köpft den Ball an die Querlatte. Beide warten auf dessen Rückkehr. Ebbers ist einen Tick schneller am Ball als Haas und knallt ihn mit der Hand, aber das sahen weder der Schiri noch das Gros der Stadionbesucher, an den Pfosten. Dann endlich hält Haas die Murmel in seinen Armen. Durchatmen, der Puls arbeitet alsbald wieder im Normbereich.

Doch St. Pauli macht weiter Druck. Über rechts kommen sie heran, Kringe vernascht gleich zwei Unioner, flankt nach innen, wo sich ein völlig frei stehender Markus Ebbers den Schuss in unser Tor diesmal nicht nehmen lässt. Die Braun-Weißen jubeln, wir schweigen betreten. Fünf Minuten später eine Traumkombination der Eisernen. Nemec überlässt den Ball dem unermüdlich ackernden Bariş Özbek, der passt ihn von der Torraumlinie zu unserem mutterseelenallein vorm Gehäuse stehenden Käpten. Doch was macht Tusche da? Statt die Pille einfach über die Linie zu schieben, drischt er sie mit Schmackes hoch hinauf an die Unterkante der Querlatte, von der sie – unter unserem nach einer Herzschlag-Schrecksekunde einsetzenden frenetischen Aufschrei – *hinter* der Torlinie landet! Das Torsten-Mattuschka-Lied auf den Lippen, feiern wir die Pause. Nachdem die Auslosung der nächsten Runde im Union-Pokal verkündet ist und uns Stadionsprecher Christian Arbeit vom Schlaganfall-Tod einer im Jahre 1985 geborenen (!) Unionerin berichtete, beginnt die zweite Hälfte.

Haben unsere Mannen bereits ihr Pulver verschossen? Pauli übernimmt das Kommando, erarbeitet sich eine Großchance nach der anderen. In der 68. rettet Kohle auf der Linie, der Nachschuss knallt an den Pfosten. Acht Minuten später ein Distanzschuss aus 20 Metern. Haas hat keine Chance, und wieder jubelt der prall gefüllte Gästeblock. Jetzt nehmen die uns auseinander, denke in diesem Augenblick sicher nicht nur ich. Zumal Özbek bereits sechs Minuten zuvor seinem Laufpensum Tribut zollen musste und völlig ausgepumpt das Spielfeld verließ. Heute aber ist Union wirklich eisern! Fünf Minuten nach dem Ausgleich ein herrlicher Doppelpass zwischen Tusche und Adam Nemec, der den Ball aus spitzem Winkel und mit Wucht – nicht ans Außennetz, sondern über Paulis Keeper hinweg ins kurze Eck jagt, dass die Maschen nur so tanzen!

Zwei Minuten später wechselt Trainer Uwe Neuhaus unter Michael Parensens Protest Kapitän Mattuschka aus. Der eingewechselte Christoph Menz bedankt sich, indem er, verlängert durch Jopek, Simon Terodde eine Flanke schickt. Terodde tanzt seinen Gegenspieler aus, zieht aus der Drehung heraus ab, und es steht 4:2!

Dass unser Jubel nun keine Grenzen kannte, versteht sich von selbst, doch auch die Fans des FC St. Pauli zeigten bis zum Schluss Flagge und unterstützten ihre Mannschaft aus voller Kehle.

»Um an Supertagen so'n Spiel zu sehen – darum gehe ich hierher!«, bringt ein wie ich überglücklicher wie total geschaffter Steini senior die Sache auf den Punkt. Auf der Heimfahrt stoße ich mit dem Halbgriechen Ion aus St. Pauli an. Als ich am S-Bahnhof Schönhauser erneut den Vater mit seinem kleinen Sohn treffe, widerspricht er mir nicht, als ich sage: »Um ein Haar hättet ihr uns gehabt!«

7. KAPITEL

DER UNION-FAN – DAS FREMDE WESEN?

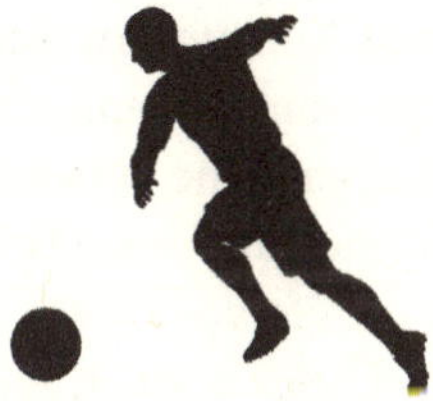

61. GRUND

Weil bei Union Leute zusammenkommen, die einander sonst nie begegnen würden

Ich kam früh genug zum Spiel, um ohne Weiteres zu meinem Platz überm Mittelkreis zu gelangen, direkt hinter einem Wellenbrecher. »Klar sind die besser als wir!«, übte sich zu meiner Rechten ein bulliger Jeansjackentyp gegenüber seiner Frau in Zweckoptimismus. »Aber wir haben 'ne reelle Chance, wenn *die* uns unterschätzen!«

Die Angesprochene nickte, da sah ich unten am Zaun Kutte stehen. Er hatte seine kleine Tochter dabei, ihr linker Unterarm wie immer derart mit Union-Schals behangen wie einst der von Wolfgang Petry mit Freundschaftsbändern. Ich befürchte jedes Mal, dass die Kleine jeden Moment, dem Gewicht der rot-weißen Woll- und Kunstfasern folgend, zur Seite kippt. Kutte drehte sich, wie fast immer, wenn ich ihn sah, eine Zigarette. Wie immer-immer trug er seine verwaschene Jeansweste, übersät mit ehrenvoll verblichenen Union-Aufnähern und die zig Mal geflickten Levi's. Seine zum Pferdeschwanz gebundene Mähne war ganz sicher ebenfalls in Ehren ergraut. Kutte war einer der letzten echten Helden, die meiner Fantasie geblieben waren. Wusste ich ihn in meiner Nähe, konnte uns der stärkste Gegner weit weniger anhaben. Kutte schien schon immer hier auf der Gegengeraden des Stadions An der Alten Försterei gestanden zu haben, vermutlich war er in seiner Union-Weste geboren worden.

Links neben mir stand der Dürre mit Stoppelgesicht und speckigem Basecap. Seine innige Beziehung zu niederpreisigem Schnaps hatte ihn vorzeitig altern lassen. Mit leeren Augen stierte er hinunter auf das noch leere Geläuf. Neben ihm lehnten lässig ein junger Macho und seine drei blonden, langhaarigen Begleiterinnen auf dem Wellenbrecher. Die vier kannte ich, wie etliche hier, aus der vorletzten Saison.

»Biste bescheuert?«, war dem Macho mal eines der Mädchen über den Mund gefahren, als er sie nach einer brenzligen Situation in unserem Strafraum aufgefordert hatte: »Nu bleib mal cool.«

»Ick bin Unionerin, da darf ick ma vielleicht uffrejen!«, hatte sie ihn zum Schweigen gebracht und ein tief verunsichertes Lächeln auf seine Wangen gezaubert. Ebenfalls zur Linken, in der zweiten Reihe des oberen Rangs, erkannte ich den hochaufgeschossenen Gentleman mit seinem schlohweißen, beneidenswert dichten Haarschopf. Der Mathematiker und Doktor der Philosophie ging zu Union, als sein ehemaliger Lieblingsverein, der Armeeclub FC Vorwärts, am 31. Juli 1971 nach Frankfurt/Oder abgeschoben wurde. Der Gentleman hatte seither seinen Verein nicht mehr gewechselt, was er für den Rest seines Lebens so beizubehalten gedachte. »Solange es irgend geht, stehe ich hier auf der Gegengeraden«, hatte er mir mal anvertraut, »danach nehme ich dort drüben Platz.« Mit seiner Rechten deutete er rüber auf die Sitzplatztribüne.

»Die Luft ist ja mal wieder einzigartig hier«, vernahm ich rechts hinter mir die Stimme der Frau Studienrätin. Noch klang sie für ihre Verhältnisse ruhig und sachlich, aber ich wusste: Mit dem Anpfiff würde sie sich in eine rasende Furie verwandeln. Auch der uralte Förster mit dem von seiner Frau gestrickten Schal und seinem Krückstock, den er bei Jubel oder Protest steil in die über ihm liegenden Luftschichten stach, hatte bereits seinen Platz eingenommen. Die Studienrätin trug mal wieder einen ihrer berüchtigten Hüte. Der heute erinnerte an eine aus dem Leim gegangene Gentechnik-Erdbeere. Die gute Frau rümpfte die Nase, störte sie womöglich das Müffeln des dürren Schnapstrinkers? »Aber Erika, det Ding da nimmste vom Kopp, wenn's losgeht!«, raunzte sie der bullige Jeansjackenmann an. Einen Augenblick später entströmte ein tiefer Ton den Lautsprecherboxen. Wir alle nahmen unsere Schals ab, um unsere Hymne anzustimmen – gemeinsam und mit einer Inbrunst, die sich kein Monarchist beim *Kaiserwalzer* erträumen könnte.

62. GRUND

Weil der Präsi von Kindesbeinen an Union-Fan ist

Wir schreiben das Jahr 1974. Mit seinen sieben Jahren betritt ein kleiner Junge aus Eichwalde zum ersten Mal an Großvater Willis Hand die altehrwürdigen Betonstufen des Stadions An der Alten Försterei. Opas Herz schlägt begeistert für Union, und spätestens seit jenem Tag geht es seinem Enkel ebenso.

Besagter Fußballclub sollte das Leben des Eichwalder Jungen weiter begleiten. »In der Schule gab es nur Unioner«, erinnert er sich viele Jahre später. Und er wusste, dass er einer von ihnen war. Bald gehörte auch er zu der immer größer werdenden Clique, die alle 14 Tage nach Köpenick An die Alte Försterei pilgerte. »Mit Aufnäher auf der Jacke stiegen wir in die S-Bahn aus Königs Wusterhausen in Richtung Ostkreuz, und der Zug war schon voll. Aus Wildau und Zeuthen standen schon Hunderte in der Bahn.« In Schöneweide ging es mit der Straßenbahn weiter Richtung Alte Försterei. Kurzum, sie schlugen ebenjenen Weg ein, den heute vor jedem Heimspiel mindestens 15.000 mit viel Rot-Weiß gekleidete Menschen gehen. Auch der Junge aus Eichwalde trug stolz seinen langen Union-Schal um den Hals. Das Schmuckstück hatte ihm seine Oma gestrickt.

Aus dem Schüler wurde ein Schlosserlehrling beim Wohnungsbaukombinat, aus diesem ein Facharbeiter beim Reichsbahn-Ausbesserungs-Werk »Franz Stenzer«. Vieles veränderte sich in seinem Leben, eines blieb gleich: seine Liebe zum 1. FC Union. Längst hatte er im Stadion seinen Stammplatz, selbstverständlich keinen mit einer Sitzplatzschale. »Wir stehen« galt An der Alten Försterei schon lange Jahre vor jedweder zu diesem Thema anberaumten TV-Problemdiskussion. Beruflich kehrte der einstige Eichwalder als Schlosser und Schweißer ins Wohnungsbaukombinat zurück.

Nach der Wende wagte er den Schritt in die Eigenständigkeit. Eine bayerische Firma stieg bei einem Ostberliner Baubetrieb ein, der aus dem ehemaligen Wohnungsbaukombinat ausgegliedert wurde. Joint-Venture nannte man das, und der Protagonist dieser Geschichte bekleidete von nun an den Posten eines Werkleiters. Spezialgebiet des neuen Unternehmens: Mobilbeton. Die Firma wächst und gedeiht, er leitet ihre Auslandsgeschäfte, wird Geschäftsführer, Gesellschafter, schließlich alleiniger Inhaber.

Natürlich blieb er in all der Zeit dem 1. FC Union Berlin aufs Engste verbunden. Seine Firma gehört bis heute zu Unions Sponsoren. Seit dem 1. Juli 2004 handelt es sich beim Präsidenten des 1. FC Union Berlin um niemand Geringeren als jenen Eichwalder Fußballfan, der 30 Jahre zuvor an der Hand seines Opas erstmalig das Stadion An der Alten Försterei betreten hatte.

Er übernahm das Amt in einer Zeit, da der 1. FCU scheinbar rettungslos dem Abgrund entgegentrudelte. Ein Motiv dafür war sein Gedanke: Unioner sollten endlich wieder die Geschicke des Vereins in ihre Hände nehmen. Unions Weg zurück zum bezahlten Fußball und zu schwarzen Zahlen wäre ohne sein Herzblut *und* seinen unternehmerischen Verstand sicher komplett anders verlaufen. Auch die Verwandlung der alten Alten Försterei in einen modernen Fußballtempel trieb er entscheidend voran. Auf ganz eigene Weise gibt unser Stadion der eisernen Idee von »Fußball pur« eine Heimat. Müßig, hier noch einmal zu erwähnen, dass auch der Architekt der neuen Alten Försterei, heute ebenfalls Präsidiumsmitglied, genau wie der Präsi aus den Reihen der Union-Fans kommt. So wie viele andere im Hause Union hörten beide auch und gerade in ihren heutigen Funktionen niemals auf, solche zu sein – aber das ist schon wieder eine neue Geschichte:

63. GRUND

Weil ich bei Union noch keinem »echten« Funktionär begegnete

»Im Grunde meines Herzens wundere ich mich, dass es andere Vereine unserer Größenordnung nicht genauso praktizieren«, bekennt Unions Präsident. Dirk Zingler meint damit den Umstand, dass beim 1. FCU derzeit nahezu sämtliche hauptamtlichen Funktionen mit Leuten besetzt sind, denen das Ganze weit mehr als ein Job ist. Menschen, die ohnehin von morgens bis abends oft an nichts anderes denken als an Union. Präsidium, Geschäftsführer, die »Ahnenreihe« der allesamt berühmten Sekretärinnen, Ticket-Büro, Empfang, Öffentlichkeitsarbeit, nahezu alle denkbaren Ecken und Enden – alles Union-Fans!

Das war nicht immer so – und ist die Geschichte des Vereins vielleicht auch deshalb eine derart wechselvolle? Derzeit hat Union um die 11.000 Mitglieder. »Unter denen findest du alle nur denkbaren Qualitäten, die du dir für die Leitung eines solchen Vereins nur irgend wünschen kannst!«, so Zingler. »Es ist ja so, dass keine Hoch- oder Fachschule dieser Welt Unioner ausbilden kann. Ein solcher wirst du auf anderem Wege. Und suche ich unter Mitgliedern, Fans und Sympathisanten nach den benötigten fachlichen Qualifikationen, bekomme ich das Union-Herz gleich mit dazu.« Unter anderem diese Herangehensweise referierte Zingler in seinem Vortrag auf Deutschlands größtem Sport-Business-Kongress im Februar 2013.

Ein Beispiel dafür? Unions Pressesprecher Christian Arbeit. Bei ihm selbst schlägt besagtes Union-Herz seit 1986, als ihn sein Vater eines schönen Samstags zum ersten Male mit An die Alte Försterei nahm. Die klassische Ostberliner Vater-Sohn-Geschichte also, und sie wird in seinem Elternhaus bis heute gelebt. Jedes Jahr zum Weihnachtssingen begleiten Vater, Mutter und Sohn die rot-weiße Sangesgemeinde als Bläsertrio. Damals jedoch hätte der kleine Christian nie gedacht, dass er jemals für seinen Verein arbeiten – und auch noch seinen Lebensunterhalt davon bestreiten würde! War Union doch lange genug arm wie eine Kirchenmaus, sodass man schon froh war, dass hier überhaupt noch ein paar Leute Fußball spielten. Ob darüber hinaus noch etwas Geld da war, um auch die organisatorische Arbeit bezahlen zu können, darüber wollte man als Unioner überhaupt nicht nachdenken.

In jedem Fall gibt es auch heute viele Vereine oder andere Unternehmen, die für ein vergleichbares Arbeitspensum wie das in Köpenick geleistete eine Menge Geld mehr zahlen können und das auch tun. Dennoch finde ich in der rot-weißen Geschäftsstelle niemanden, der nach dem Motto handelt: Wenn ich meine Sache hier ordentlich mache, holt mich vielleicht ein größerer Verein.

Auch Unions Stadion- und Pressesprecher kann sich nicht vorstellen, diesem Job anderswo nachzugehen. Für ihn kommt ja nicht einmal in Betracht, was für manche seiner Berufskollegen kein Problem zu sein scheint: »Wie kann ich denn vor die Leute im Stadion treten, wenn ich keiner von ihnen, kein Union-Fan bin?«

64. GRUND

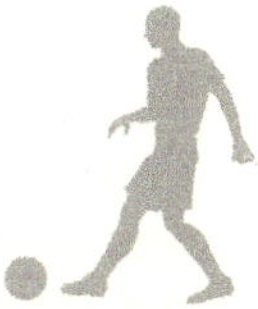

Weil Eiserne Mädchen die Coolsten sind

Lisa war sechs Jahre alt, als sie zu ihrer Mutter sagte: »Du, ich will Fußball spielen, so richtig, im Verein.« Die Angesprochene war alles andere als begeistert, doch Lisa blieb dabei – und schließlich ging es gar nicht anders, als dass die Kleine tatsächlich bei Lichtenberg 47 begann, ihren Wunsch in die Tat umzusetzen.

Auch den Fußball der »Großen« verfolgte Lisa aufmerksam. Mit acht Jahren war sie Bayern-Fan, mit elf mochte sie den 1. FC Köln am liebsten, wegen Lukas Podolski. Noch im gleichen Jahr nahm sie der Freund ihrer Mutter zum ersten Mal mit ins Stadion An der

Alten Försterei. Als ich beide das nächste Mal dort sah, hatte Lisa mit schwarzem Stift auf ihr Shirt geschrieben: *1. FC Union*. Beim Spiel ging sie voll mit, noch heute klingt mir ihr »Auf die Fresse!« im Ohr, sobald ein Spieler der gegnerischen Mannschaft einen der unseren zu Fall gebracht oder sich beim Schiri über einen Unioner beschwert hatte. Mittlerweile ist nicht nur der Freund ihrer Mutter Inhaber einer Dauerkarte, sondern auch Lisa. Stehen die beiden im Stadion neben mir, frage ich Lisa, sobald ich nicht kapiere, was unsere Mannen da auf dem Rasen so treiben. Nur bei Freitagsspielen ist sie nicht im Stadion, denn da trainiert sie selbst. Seit Januar spielt sie für ihren neuen Verein, den 1. FC Union Berlin.

Annemarie guckte schon immer gern Fußball. Waren es in der Grundschule Länderspiele am Fernseher, pilgerte sie als Oberschülerin regelmäßig ins Olympiastadion zu Hertha BSC. Auch beim Training sah sie den Hertha-Profis gern zu, und doch beschlich sie im riesigen Stadion oft das Gefühl: Ich gehöre hier nicht dazu. Zu den Spielen ging sie mit Mütze, Schal und im Trikot – und dachte immer wieder: Hoffentlich sieht mich keiner, der mich kennt. »Am besten fühlte ich mich, als ich mir einmal das ganze Gesicht blau und weiß geschminkt hatte«, vertraut sie mir an. »Da konnte ich halbwegs sicher sein, dass mich niemand erkennt.«

Als sie ihrem Matze begegnete, rückte der Fußball erst mal ganz weit nach hinten. Er kam wieder hervor, als Matze 2007 durch seinen Job täglich nach Köpenick musste. Bereits in der Realschulzeit hatte er drei, vier Union-Spiele pro Saison besucht. Dass er zunächst nur ein Sympathisant wurde, lag daran, dass sein Fußballkumpel einer von der rabiateren Sorte war und Matze irgendwann keine Lust mehr hatte, vor der Polizei davonzurennen. Nun aber arbeitete er in Köpenick, und alsbald verschlug es Matze regelmäßig An die Alte Försterei. »Kommste mal mit?«, fragte er Annemarie eines Tages.

»Ich hab Matze selten zuvor derart euphorisch erlebt wie da beim Spiel«, erinnert sie sich. Auch sie selbst blieb keineswegs unberührt: »Ich war einfach hin und weg! Dieses im Vergleich zum

Oly kleine Stadion offenbarte eine überwältigende Kraft. Vor allem begeisterten mich die vielen verschiedenen Gesänge, und ich sagte mir: Wenn ich noch mal herkomme, will ich da mitsingen können!« Union gewann an jenem Tag, und Annemarie gesteht: »Ich wusste, dass das Unsinn ist, aber ich war mir sicher, das liegt an mir.«

Schon bald sollte sie feststellen, dass die Eisernen auch in ihrer Gegenwart durchaus verlieren konnten. Doch auch das tat ihrer beginnenden Liebe zu Union keinen Abbruch, im Gegenteil. »Bei Hertha wurde die Mannschaft bei 'ner drohenden Niederlage oft ausgebuht, hier aber legen die Fans dann noch 'ne Schippe drauf und feuern ihre Mannschaft erst recht an.«

Mittlerweile geht sie mit Matze und ein paar Freunden regelmäßig An die Alte Försterei, Annemarie mit Schal und im Trikot – und sie alle mit den von ihr gestrickten rot-weißen Mützen. Trifft sie in diesem Aufzug einen Bekannten, hat sie alles andere als ein Problem damit, zu zeigen, dass sie Unionerin ist.

»Warum war das damals bei Hertha so anders?«, frage ich sie. Annemarie überlegt kurz, bevor sie erwidert: »Wahrscheinlich, weil es für mich nicht das Richtige war.«

Inzwischen nahm sie ihre Mutter auch mal mit ins Stadion. »Was wollt ihr eigentlich immer da?«, hatte die zuvor gelästert. »Ihr steht da doch bloß rum.« Vor Anpfiff schimpfte Frau Mama: »Ich bin zu klein, ich seh ja gar nichts!« Alsbald jedoch jubelte sie bei jedem Schuss der Unioner aufs Tor. »Hier, guck mal«, präsentierte sie ihrer Tochter die Gänsehaut auf ihrem Handrücken. Die nickte nur. »Siehste, genauso geht's mir auch.«

65. GRUND

Weil Union die gemeinsame Leidenschaft ist

Seit sie denken kann, begeistert sich Christine für den Sport. Längst nicht nur für Eiskunstlaufen oder andere »Frauensportarten«. Ihr Schwager errang auf dem Rennschlitten Weltmeisterehren, ein Freund spielte in der Mannschaft ihrer Heimatstadt Fußball. Die gehörte zu einer BSG und hieß seit 1950 Horch, ein Jahr später Motor und ab 1968 Sachsenring Zwickau. 1969 folgt Christine ihrem Mann nach Berlin. Sie bekommt zwei Söhne, da bleibt zunächst keine Zeit zum Fußballgucken. Erst recht nicht im Stadion. Und wohin sollte sie da gehen? Zwickau ist ja viel zu weit weg.

Als die Jungs im Kindergarten sind, arbeitet sie wieder als Lehrerin – im Köpenicker Allendeviertel. Viele ihrer Schüler sind Fans des hiesigen Fußballclubs, deren Eltern ebenfalls. Christine nicht.

Kurz vor der Wende bringt sie ihren dritten Sohn zur Welt. Als der acht Jahre ist, interessiert er sich mächtig für die Jagd nach dem runden Leder. Beim Spaziergang im tief verschneiten Wald betet er die Tabelle der 1. Bundesliga herunter und weiß um sämtliche Spielergebnisse. Schließlich geht er auch ins Stadion, in Köpenick, zu Union. »Komm doch mal mit!«, fordert er seine Mutter auf, doch die schüttelt den Kopf: »Nicht zu diesen Idioten!« Wir schreiben die Neunziger, Union-Fans sorgten durch rechte Parolen für Schlagzeilen.

Ihre Begeisterung für den Fußball ist jedoch ungebrochen. Zur WM 2006 erleiden Christine und Gerhard beim öffentlichen Fußballgucken vier Mal fast einen Sonnenstich und schleppen aus Begeisterung jeweils etliche gute Freunde mit. Zu Union kriegt sie immer noch niemand, nicht mal ihr Sohn. Doch der gibt nicht auf, nimmt den Umweg über Vater Gerhard. Am 30. Juli 2002 fährt er mit ihm nach Finsterwalde zum Testspiel der Eisernen gegen Energie Cottbus, das mit 0:3 verloren geht.

Als nun beide an ihr »zerren«, gibt Christine schließlich nach. Einmal! Denkt sie. Am Samstag, dem 26. April 2008, fahren sie alle zusammen nach Cottbus. Union verliert gegen Energie II mit 0:1, und doch ist Christine begeistert von der Stimmung im Union-Block. Bald besucht sie jedes dritte Spiel, auch auswärts. »Da war ich fast schon Fan«, gesteht sie heute.

An einem 26. September hatte sie ihren Mann kennengelernt. Im Jahre 2009 schenkt ihr Gerhard, genau an jenem Datum, die Union-Vereinsmitgliedschaft. Er selbst zieht nach, beide besitzen eine Dauerkarte und fahren zu jedem Auswärtsspiel, das irgendwie in ihren gemeinsamen Terminkalender passt. Mittlerweile sind sämtliche Familienmitglieder eingetragene Unioner. Jeder von ihnen hat seinen eigenen Spleen, Union ist ihre gemeinsame Leidenschaft.

Gerhards musikalische Liebe gilt Andrea Berg. Längst sind Christine und er mit der Sängerin befreundet. Dumm nur, dass deren Berlin-Konzert ausgerechnet auf das Datum des ersten Derbys gegen Hertha im Olympiastadion fällt. »Wir machen beides!«, beschließt die Familie. Das Auto mit den Konzertklamotten im Kofferraum am Ostbahnhof geparkt – und ab geht's in Rot-Weiß nach Charlottenburg. Mitten im Freudentaumel des 2:1-Sieges – zurück zum Ostbahnhof. Christine und Gerhard stehen nicht nur beim Fußball, sondern auch bei Konzerten direkt vor der Bühne! Also müssen sie unter den Ersten sein im Saal. Spätestens beim Blick in den Innenspiegel weiß Christine: Ihre Frisur ist hin, also mit Union-Mütze zum Konzert. Außerdem hat sie in der Aufregung zwei rechte Schuhe eingepackt – also die schweren, dank des Schmuddelwetters eingedreckten Stiefel! Gerade so und nur mit vereinten Kräften schaffen sie es, beim Konzert direkt vor der Bühne zu stehen. Nach dem Gig setzt Gerhard seinen Hundeblick auf. Christine weiß sofort: »Du willst'n Autogramm!« Er nickt. »Aber nur, wenn du mir'n großes Bier besorgst! Die Zunge hängt mir sonst wo.« Bis 0.30 Uhr stehen sie in der Schlange. Als sie endlich dran sind, entschuldigt sich Christine: »Sorry, Andrea, aber ich musste die Mütze aufbehalten.«

»Das wusste ich doch«, erwidert die Sängerin. »Du hast mir ja beim letzten Mal verraten, dass ihr Hertha-Fans seid.«

»Andrea, wir sind *Unioner*!«, klärt Gerhard seinen Star mit fester Stimme auf. Das gemeinsame Foto zeigt die drei eng umschlungen von mehreren rot-weißen Schals. Kurz bevor Christine und Gerhard 2012 zusammen mit der Mannschaft ins Trainingslager nach Spanien fahren wollen, erhält ihr Mann die Diagnose: Krebs, unheilbar. »Geh bitte weiter zu Union!«, sagt er zu Christine. »Und dann erzählste mir von den Spielen.«

Als sie nach Gerhards Tod zum ersten Mal ohne ihren Mann das Stadion An der Alten Försterei besucht, fließen bei ihr die Tränen. Doch sie hält sich an seine Worte, kehrt immer wieder dorthin zurück, wo sie so viele Male neben ihm stand, litt und feierte.

»Ihr könnt mich gern für verrückt halten«, sagt Christine, »aber wenn ich dann nach Hause komme, erzähle ich Gerhard wirklich vom Spiel. Einmal musste ich ihn mir aber zur Brust nehmen: ›Mein lieber Mann, du hättest von da oben aus wirklich mal dafür sorgen können, dass wir heute in dieser Saukälte nicht auch noch verlieren!‹« Wie es weitergeht mit ihr und den Eisernen, weiß sie genau: »Solange es irgend geht, gehe ich zu Union. Und solange ich mich ein paar Stunden auf den Füßen halten kann, *stehe* ich!«

66. GRUND

Weil Unions VIPs Fußballfans sind

Zur großen Stadion-Wiedereröffnung am 8. Juli 2009 erschienen für unsere Verhältnisse außerordentlich viele Angehörige jenes Personenkreises, den man gemeinhin als berühmt und/oder berüchtigt bezeichnet. Ich rede von den sogenannten VIPs. Der damalige deutsche Außenminister und Kanzlerkandidat der SPD war gekommen, ebenso Berlins omnipräsenter Regierender Bürgermeister sowie sein Innenminister. Ezard Reuter, der bekannte Ost-West-Banker Edgar Most und Union-Anhänger wie Gregor Gysi oder Frank Schöbel saßen ebenfalls im Publikum.

Der größte Teil der erschienenen Prominenten-Schar bestand jedoch aus ehemaligen Union-Spielern und Mitarbeitern, darunter weiß-rote Legenden wie Jimmy Hoge, Wolfgang Wruck, Potti Matthies und der Texas gerufene Daniel Teixera. Dazu gesellte sich Unions langjährige berühmte und gerade 90 Lenze zählende Sekretärin Ingeborg Lahmer und Ehrenpräsident Günter Mielis, um hier nur einige von ihnen zu nennen. Schauspieler Chris Lopatta, einer der Vorlagengeber und dazu Protagonist des Union-Theaterstücks *Und niemals vergessen*, erschien nicht nur zur Eröffnungsparty, sondern hatte zuvor mit 2332 anderen Fans das Stadion neu erbaut.

Die Stadionbauer – und noch viel mehr *das*, was sie alle in 311 Arbeitstagen inklusive Wochenenden im nahezu wahrsten Sinne aus dem Boden gestampft hatten, die neue Alte Försterei, spielten die erste Geige an diesem Festtag. »Jeder, der heute auf der Ehrentribüne Platz nimmt, verneigt sich vor euch – vor den Stadionbauern!«, so die Worte des Union-Präsidenten vorm Anpfiff des Eröffnungsspiels.[29] Und diese Worte kamen in *diesem* Stadion, vor der *hier* versammelten Kulisse von ganzem Herzen. Keinem einzigen Berühmt-Menschen ging der Präsi um den Bart, namentlich vorgestellt wurde, erinnere ich mich richtig, lediglich Köpenicks Stadtbezirksoberhaupt. Es folgte der Hauptakt, das nach dem gemeinsamen Gesang der Hymne angepfiffene Spiel gegen Hertha BSC, von der ersten bis weit nach der letzten Minute begleitet vom Gesang der Fans.

Der Präsi hatte gut daran getan, Unions Wohnzimmer auch bei seiner feierlichen Eröffnung nicht zum üblichen Laufsteg der Eitelkeiten verkommen zu lassen. Wer auch immer auf Gegengerade, Wald- beziehungsweise Wuhleseite oder eben der Ehrentribüne Aufstellung beziehungsweise Platz genommen hatte, war zu Union An die Alte Försterei gekommen, nicht zur Promi-Party.

Ebendas kann auch ich jeder noch so relevanten Persönlichkeit raten: Gehe nur zu Union, wenn du zu *Union* gehen möchtest. Das Stadion An der Alten Försterei eignet sich weder als Wahlkampf- noch sonstige Bühne für Eitelkeiten. Diese Erfahrung machte knapp zwei Monate nach der Wiedereröffnung ein weiterer hochdekorierter Star der SPD, aber dazu später mehr, im Grund »Hier regiert der FCU!«.

67. GRUND

Weil Union eine eigene Flotte besitzt

Eine bei Berlin-Besuchern äußerst beliebte Art, unsere Stadt kennenzulernen, ist eine Dampferfahrt auf Spree und Landwehrkanal. Auch viele Berliner wählen diese Variante, um ihren Gästen und sich selbst ein paar entspannte Stunden zu gönnen. Dass sich zwischen den vielen weißen auch drei rot-weiße Schiffe auf der Spree tummeln, die deutlich sichtbar, dazu kunstvoll in Szene gesetzt, Logo wie Insignien des 1. FC Union spazieren fahren, mag auf den ersten Blick nicht verwundern. Ist doch naheliegend, dass der zweitgrößte Fußballclub der Hauptstadt auf diese Art und Weise auf sich aufmerksam macht. Doch auch hier liegt bei Union der Fall ein wenig anders als normal. Denn kein knallhart kalkulierter und ausgehandelter Promotion-Vertrag ist die Grundlage dieser Werbemaßnahme, sondern das Engagement eines knallhart eisernen Fans.

1978 hat sich Käpten Eddy mit dem Union-Virus angesteckt. »Das ist wie eine Religion«, gestand er in einem Fernsehinterview, »andere gehen in die Kirche, und wir gehen am Wochenende zum Heiligen FC.«[30] Und jedes Mal sitzt ihm dabei die große Sorge im Nacken: »Verlieren wir? Steigen wir ab? Davor haste Angst. Sie entlädt sich, wenn der Schiri abpfeift und wir haben drei Punkte geholt.« Drei große Lieben gibt es in Käpten Eddys Leben: die

Schifffahrt, seine Frau und Union – Platzierung in umgekehrter Reihenfolge. Sein Fahrgast-Unternehmen Eddyline war von Anfang an ein Familienbetrieb, und auch sonst genießt es der Käpten, kann er in seinem Traumberuf alle drei Passionen miteinander verbinden. Zum Beispiel, wenn er beim Befahren der Spree Resonanz auf die besondere Gestaltung seiner Schiffe Viktoria, Helgard und Angela erfährt: »Ich hatte mal 'nen älteren Herrn am Ufer, der riss seine Krücke hoch und schrie: ›Eisern Union!‹ Da war ich völlig von den Socken.«

Vor ausgewählten Partien schippert Käpten Eddy Union- wie Gästefans nach Köpenick zum Spiel. In den Farben getrennt, feiern die Fußballverrückten einträchtig den idealen Beginn des Spieltags. Buchen Unioner wie die Eisernen Kubik-Elfen, denen Eddy persönlich angehört, eines seiner Schiffe für Ausflugsfahrten, befindet man sich quasi im Kreis der Familie. Immer wieder lud und lädt der Käpten auch die gesamte Mannschaft zur besonderen Stadtrundfahrt an Bord ein, zum Beispiel nach ihrem Aufstieg aus der NOFV-Oberliga-Nord.

»Wenn mit seinem Verein irgendetwas ist, wobei wir seine Hilfe benötigen, würde Eddy auf der Matte stehen, und zwar Tag und Nacht!«, so Unions ehemaliger Sportdirektor Christian Beeck. »Er ist einer der wenigen Unioner, die für ihren Verein ihr letztes Hemd geben würden, und Eddy wahrscheinlich sogar sein Boot.« Der Käpten hält dagegen: »Ich bin nur ein Unioner von so vielen, die auch alle ihr Herzblut hier reinstecken.«

Aber zurück zur unionesken Gestaltung seiner drei Schiffe. Als ihn der Fernsehreporter nach der Summe befragt, die er für diese Art der Werbung kassiere, erwidert Käpten Eddy: »Hallo?! Wir sind'n armer Verein!« Nach einem Kopfschütteln fügt er hinzu: »Ich glaube, ich würde mir blöd vorkommen, wenn ich dafür Geld kriegen würde. Es gibt Sachen, für die nimmt man kein Geld!« Beim Thema Finanzen soll angeblich die Freundschaft aufhören. Wahre Liebe nicht! Käpten Eddy wird ewig leben!

68. GRUND

Weil Union-Fans ihre eigene Liga spielen

Seit jeher befanden sich unter den Union-Fans viele, die in ihrer Freizeit selbst gegen das runde und damals noch wirklich mit jenem Material überzogene Leder treten. Im Dezember des Jahres 1980 trafen sich etliche von ihnen, um den allerersten Union-Hallencup auszuspielen. Dieses Turnier muss es in sich gehabt haben, denn ein halbes Jahr später setzten sich Mitglieder mehrerer Fanclubs des 1. FCU zusammen, um gemeinsam darüber zu sinnieren, wie man auf dieser Strecke weitermachen könnte. Zwar wurde in der DDR der Sport generell großgeschrieben, dies jedoch in jener Schrift, die den Funktionären von FDJ, Partei und DTSB geläufig war. Union-Fans aber hatten eine gänzlich andere »Schreibe« am Herzen wie am Leibe, um im Bild zu bleiben. Sie wollten ja »nur« Fußball spielen, ohne paramilitärischen Drill und angeblichen Klassenauftrag, wollten keine »Diplomaten im Trainingsanzug« sein, sondern nach dem Spiel ein Bier zischen und bei alledem die Geselligkeit der eisernen Familie genießen.

Um hier kein falsches Bild entstehen zu lassen: Auf sportlichem Gebiet zeigten sich die kickenden Unioner sehr wohl ambitioniert! Regelmäßiges Training war ihnen ebenso wichtig wie ein ebensolcher Wettkampf-Betrieb. Zu diesem Zwecke fanden sich zur Saison 1981/82 sechs Fanclub-Mannschaften zur »1. Ostdeutschen Amateurmeisterschaft« zusammen. Schnell einigte man sich auf den weitaus weniger angreifbaren wie überhaupt viel, viel passenderen Titel: »Union-Liga«. Ihre Gründungsmitglieder waren der bis heute aktive Union-Fanclub VSG Wuhlheide 79 sowie FC United Karlshorst, VSG Union 75, Alemannia Karlshorst, FC St. Antonius Schöneweide und der FC Karlshorst Süd.

Schnell erfreute sich die Liga der Union-Fans größter Beliebtheit. Ein Fanclub nach dem anderen schloss sich ihr an, bereits zur

Saison 1983/84 spielte sie in mehrere Staffeln. Ebenfalls seit 1983 tragen die Mannschaften über die gesamte Saison hinweg die Partien des »Union-Pokals« aus. Der ist nicht nur für die Mannschaften der Union-Liga gedacht, sondern gerade auch für die »auswärtigen« wie zum Beispiel UFC Ludwigsfelde oder FC Potsdam-Sanssouci, die nicht regelmäßig in der Liga spielen.

Ab der Spielzeit 1984/85 gab es bereits Auf- und Abstiege zwischen 1. und 2. Liga. Auch in den Jahren nach der Wende, Unions großer Krisenzeit, spielten die Fanclubs ihre Meisterschaft aus. 2000/2001 gesellte sich gar eine 3. Liga hinzu. Die aktuelle Saison bestreiten insgesamt 47 Mannschaften, welche eine 1., zwei 2. und eine 3. Liga bilden. Ab der zweiten Unionliga-Saison war der FSV Karlshorst (ehemals HFÖ II) mit dabei, die Mannschaft des heutigen Pokalwettbewerbs-Organisators Theo Koerner. Mussten sich Koerners Mannen im ersten Finale des Union-Pokals noch der VSG Weinbergstraße geschlagen geben, errangen sie 1991 und 1992 gar den Titel des Deutschen Fußball-Fanclub-Meisters.

Als die Mannen des FSV Karlshorst ein Alter erreicht hatten, in welchem sie den jüngeren Teams nur noch dank Aufbietung der allerletzten Kraftreserven Paroli bieten konnten, blickten sie auf 20 Jahre Union-Liga ohne einen einzigen Abstieg zurück. Inzwischen sind die meisten von ihnen in der AK 40 sowie der AK 50 aktiv. Zu den Spielen von Unions erster Männermannschaft stehen sie bis heute zusammen auf der Waldseite, unweit der alten Anzeigetafel.

Schon 1988 weist Koerner in *Und freitags in die Grüne Hölle* darauf hin, dass Fans, die selbst aktiv Fußball spielen, ein viel besseres Verständnis dafür entwickeln, was da wirklich abgeht auf dem Rasen der Leidenschaften. Obendrein tragen sie durch ihren eigenen Spielbetrieb eine beträchtliche Verantwortung. Die ist bei den Spielen der Union-Liga bis heute in besonderer Weise gefragt. Von einigen brisanten Duellen abgesehen, werden sämtliche Partien ohne externen Schiedsrichter ausgetragen. Dessen Aufgaben übernehmen die beiden Mannschaftsleiter. *Sie* müssen sich bei allen anstehenden Entscheidungen miteinander abstimmen und dafür sorgen, dass das jeweilige Punkt- oder Pokalspiel in einem sportlich fairen Rahmen abläuft.

Ganz nebenbei befördert der Spielbetrieb der Union-Liga inklusive des Pokalwettbewerbs seit mittlerweile über 30 Jahren die Interaktion zwischen den Fanclubs. Womöglich half das gemeinsame Kicken mit, dass in Zeiten, da Unions blanke Existenz mehrfach auf dem Spiel stand, so manche konzertierte Fan-Aktion wie die *Rettet Union*-Demo, das Spenden des Eintrittsgelds beim Regionalliga-Derby gegen Tennis Borussia oder die Kampagne *Bluten für Union* derart erfolgreich über die Bühne gingen. Würde es also ohne die Union-Liga unseren Verein überhaupt noch geben? Ich denke, beide gehören untrennbar zusammen. Der wohl einzigartige Spielbetrieb der kickenden Unioner ist eine von vielen Facetten, die den 1. FC Union Berlin zu etwas Besonderem machen.

69. GRUND

Weil bei Union vier Stunden Anstehen wie im Fluge vergehen

Unsere Mannschaft würde in einigen Monaten mal wieder zum Derby im Olympiastadion auflaufen, also hieß es: rechtzeitig Karten besorgen! Da ich diese Begegnung von einem Platz aus verfolgen will, bei dem mich garantiert kein Hintermann anbrüllt: »Setz dir hin, du Idiot, ick will det Spiel sehen!«, muss ich in den Teil des Stadions, in dem garantiert niemand während des Spiels den von ihm angemieteten Schalensitz zum Abparken seines Hinterns benutzt. Ich muss also zu den Unionern, die entsprechenden Karten gibt es nur in Köpenick, im Gebäude unserer Geschäftsstelle.

Bereits auf dem Bahnsteig kommen mir erste Verdächtige entgegen. Manche haben einen rot-weißen Schal angelegt. Ich ärgere mich, dass ich es ihnen nicht gleichtat, denn es ist bitterkalt heute. Auch auf der Hämmerlingstraße und im Wald kommen mir unioneske Wanderer entgegen, etliche halten ihre offensichtlich hart erarbeiteten Tickets in Händen.

»Und, jibts noch welche?«, frage ich einen.

»Klar, Tickets jibts jenuch«, erwidert er, »aber frach nich nach Sonnenschein. Vier Stunden hab ick anjestanden, mir reicht's für heute.« Ich will ihm nicht glauben. Kaum hab ich den Wald verlassen, sehe ich: Er hatte wohl recht. Die Schlange erstreckt sich die Treppe hinunter, zum Zaun, den Bürgersteig entlang ... weiter, als mein Auge reicht. Union bleibt seinem Ruf, noch immer ein Ostverein zu sein, also treu, denke ich bei mir, während ich die schier endlose Menschenreihe abschreite. Ob Mitgliederschal, Pauli-Karten, Aktienzeichnen oder Ausgabe derselbigen – irgendeinen Grund zum ausgiebigen Schlangestehen gibt es bei uns immer. Endlich, noch vor der Tankstelle, erreiche ich das Ende der »sozialistischen« Wartegemeinschaft.

»Jibts hier Bananen?«, frage ich den kräftigen Mann mit Bart und Zopf, der bis zu diesem Augenblick letzter Mann war.

»Nee«, erwidert er, »Matchbox-Autos.«

Nicht lange, und auch ich stehe nicht mehr ohne Hintermann da. So viele Dezimeter ich vorrücke, so viele Dezimeter wächst das Ansteh-Reptil hinter mir. Mein Vordermann scheint sich ebenso zu langweilen wie ich, so dauert es nicht lange, bis wir ins Gespräch kommen. Stoff genug zu einem Thema, welches uns beide interessiert, ist ja von Hause aus vorhanden.

An welches Union-Spiel er sich noch am besten erinnert? »Det 3:2 in Karl-Marx-Stadt«, kommt seine Antwort wie aus der Pistole geschossen. Ob er denn fanmäßig organisiert sei? »Na ja, ick bin bei die Eisernen Kubik-Elfen.«

»Ach, dieser berühmte Fanclub?« Der Mann schüttelt freundlich grienend den Kopf. »Nee, nee, wir sind 'ne Interessenjemeinschaft, ... weil da drin det Wort ›Essen‹ vorkommt.«

Später, beim Blick in den heimischen Rechner, finde ich die Elfen in der Tat nicht unter den derzeit 61 offiziellen eingetragenen Fanclubs des 1. FCU. Die Startseite ihrer Webpräsenz lässt mich wissen: »Wir sind einfach ein paar sehr rundliche und stattliche Fans des besten und geilsten Fußballvereins der Welt: des 1. FC Union Berlin. Und da wir ›Großen‹ auch gern mal in ein Shirt passen möchten, das nicht an uns klebt wie eine zweite Haut, haben wir uns gegründet. Wir möchten uns frei bewegen können und hoffen, dass wir auch in baldiger Zukunft den Ausrüster von Union davon überzeugen können, dass bei den Shirts einfach mehr Stoff benötigt wird.«[31]

Sympathische Selbsthilfe, und ich wünsche allen Eisernen Kubik-Elfen, dass es mit unserem neuen Ausrüster besser läuft. Irgendwann gehe ich die Schlange nach vorn, um mit einigen Bekannten ein paar Worte zu wechseln. Toll, mein Kumpel Rolf hat gleich die Treppe zur Geschäftsstelle erreicht. »Unterrang ist schon ausverkauft«, lässt mich einer meiner ehemaligen Blocknachbarn wissen. Er und seine Familie haben die letzten »da unten« bekommen.

Vordrängeln, sich einfach bei Rolf oder einem anderen Kumpel mit ranstellen, das fällt selbstredend aus. Sind schließlich alles Unioner vor mir, wie ich stehen sie sich ehrlich die Beine in den Bauch. Zurück an meinem Platz, diskutiere ich mit meinen Nachbarn die aktuelle Lage, dann präsentieren wir uns gegenseitig Bonmots aus unserer ganz persönlichen Union-Historie. Ehe wir uns versehen, stehen auch wir direkt am Eingang der Geschäftsstelle.

Unsere Wartezeit an jenem Tag hatte am Ende ebenfalls vier Stunden betragen. Als ich zum S-Bahnhof zurückschlenderte, war die gleißende Wintersonne längst einem klaren Sternenhimmel gewichen – für mein Empfinden innerhalb von gefühlten 30 Minuten. Vielen Dank dafür, lieber Elf!

70. GRUND

Weil die Eiserne Botschaft Unions ständige Vertretung ist

So mancher Fußballverein hat ein Fußballmuseum, Union Berlin hat die Eiserne Botschaft. Sie öffnete ihre Tür am 17. September 2010, direkt vorm ersten Punktspiel der Eisernen gegen Hertha BSC im Stadion An der Alten Försterei.

So mancher Botschaftsbesucher dürfte sich nach dem Überschreiten der Schwelle wundern. Weder eine Kopie des 1968er-FDGB-Pokals noch überlebensgroße Porträts von Union-Stars, aktionsgeladene Fußball-Plakate in 3D oder prunkvolle Sponsoren-Huldigungen umgeben ihn hier. Der Empfangsraum ist gemütlich mit Couch, Sesseln und Tisch eingerichtet. Er erinnert mich an die gute Stube eines leidenschaftlichen Union-Fans. An den Wänden, auf dem Tisch wie unter dessen gläserner Platte sind ausschließlich Dinge ausgestellt, die im Leben dieses Fans eine erinnerungstechnisch herausragende Rolle spielen.

Da wären zum Beispiel, gebettet auf grünem Plastikrasen, ein paar originale Bohrkerne vom 2008/09er Stadionbau. Dazu eine Kerze, deren Docht größtenteils beim Weihnachtssingen abbrannte, oder die von Kinderhand gearbeitete Nachbildung von Unions Kapitän Torsten Mattuschka. Bei der Künstlerin handelt es sich um die kleine Tochter eines der beiden Botschaftsgründer. Sie fertigte ihren »Tusche« anlässlich Unions erstem Punktspiel im Olympiastadion, jenem für alle Zeiten Bestand habenden 2:1-Auswärtssieg. Das Siegtor wiederum hatte niemand Geringeres als der von ihr Modellierte erzielt – allerdings nicht, wie von der Künstlerin vermutet, im grünen Auswärtstrikot. Mittlerweile trägt ihr nachgebauter Tusche das Autogramm des Originals auf seiner Wange.

Ein auf dem Polen-Markt erstandener, durchaus gut gefälschter Union-Aschenbecher liefert den Beweis, dass sich mit der Marke

1. FCU wohl Geld machen lässt. Anderenfalls hätten sich dessen Hersteller kaum die Mühe dieser Fälschung gemacht.

Die Logos einiger Union-Vorgänger sind zu sehen, dazu die Haifischmaul-Eckfahne »Der kleine Biss« des Künstlers Andora. Daneben hängen rot-weiße Wimpel, Schals und viele, viele andere Dinge, die Unioner aller Kulturkreise im Laufe der letzten Jahrzehnte der Eisernen Botschaft zur Verfügung stellten.

Ungebremst kommen weitere Exponate hinzu. So erschien eines Tages ein rüstiger Rentner mit zwei Werkzeugkisten in der Botschaft. Letztere stammten unverkennbar aus DDR-Zeiten. Ihr stolzer Besitzer hatte ihnen ein rotes Antlitz verpasst und sie eigenhändig mit einschlägigen Fußball-Ornamenten versehen.

»Die kommen zu euch, wenn ick mal doot bin!«, ließ der Mann den Botschafter wissen. »Heute nehm ick se wieder mit, aber wenn ick unter de Erde liege, sind se eure. Mit meine Frau ha ick schon allet jeregelt!« Natürlich gibt es in der Botschaft auch Bekleidung und Ausrüstung altgedienter Union-Helden zu sehen wie die Kapitänsbinde von Steffen Baumgart, Beuckes Torwart-Handschuhe, das Trikot seines Torwartkollegen Robert Wulnikowski oder jenes von Joachim »Bulle« Sigusch.

Letztere sind zu sehen im zweiten Raum, welcher der Union-Textil-Ausstellung gewidmet ist. Hier hängen sie zwischen so historischen Exponaten wie der ersten Union-Trainingsjacke aller Zeiten oder dem ersten eisernen Abendanzug. Im dezenten Grau gehalten, erlebte das gute Stück im Jahre 2001 seine Premiere, anlässlich Unions erstem Auftritt im UEFA-Pokal. Allein das von der Stickerin höchst eigenwillig selbst kreierte, runde *Eisern Union*-Logo auf der Brusttasche macht dieses Textil zum Hingucker wider Willen. Letzteres konnte sich gegen das »alte« Union-Logo jedoch nicht durchsetzen und sorgte mit dafür, dass besagter Anzug bereits ab der zweiten Pokalrunde nie mehr öffentlich gesehen ward.

Ein von allen 2009 An der Alten Försterei aufgelaufenen Spielern signiertes Bayern-München-Trikot hängt hier neben dem des

Wuhle-Syndikats oder zwei in ihren Aussagen völlig konträren Shirts zum Thema Union & St. Pauli. Auch der von Nina Hagen signierte Dress der Eisernen Botschafter ist zu sehen, dazu viele, viele weitere unioneske Obertrikotagen.

An der Wand, überlebensgroß, das von einem Fan auf Leinwand gemalte Antlitz von Jörg Heinrich. Einst Teil einer Stadion-Choreografie, wusste es jener Fan in der Eisernen Botschaft an einem sicheren Ort: »Nich, dass meene Freundin det jute Stück eines Tages in die Waschmaschine haut!« An einer anderen Wand dann doch noch jede Menge Porträtfotos. Sie zeigen allerdings weder besonders windige Funktionäre noch steinreiche Mäzene, sondern die Mitglieder des Union-Fanclubs Eiserne Botschafter.

Die Eiserne Botschaft wird auch international von Fußballfans wahrgenommen. Davon zeugen zum Beispiel regelmäßige Besuche eiserner Freundinnen und Freunde aus Schweden. Zu besonderen Spielen rücken sie zu zehnt oder zwanzigst an, die meisten sind Anhänger von IF Elfsborg oder Hammarby IF.

Letztes Jahr erhielt die Botschaft eine handgeschriebene Weihnachtskarte des Football Club United of Manchester. Den hatten Fans von Manchester United 2008 gegründet, um damit gegen die Übernahme des Vereins durch einen amerikanischen Finanzmagnaten und die zunehmende Kommerzialisierung im englischen Fußball zu protestieren.

Kurzum: Mit dem Überschreiten der Türschwelle konnte ich mich davon überzeugen, dass die Eiserne Botschaft zu mindestens 111 Prozent Union Berlin ist. Sich selbst nimmt sie längst nicht so wichtig wie das, was sie tut. Ihre einzigartige Sammlung von Fans zusammengetragener, oft mit eigener Hand gefertigter Devotionalien des 1. FC Wundervoll folgt getreu unserem Motto: Andere Vereine haben ihre Fans, wir Union-Fans haben einen Verein.

71. GRUND

Weil (fast) alle Unioner ein gemeinsamer Glaube eint

Auch die Fans des 1. FC Union Berlin verspüren ein starkes Bedürfnis nach Einkehr, nach Rückbindung – sprich nach geistiger wie geistlicher Rückendeckung. Es gibt römisch-katholische wie evangelische Christen unter ihnen, Moslems, Juden, Rastafari und auch Buddhisten. Hinzu kommt eine starke Fraktion der Atheisten. Ob auch Zeugen Jehovas oder dem Hinduismus Folgende unsere rot-weiße Gemeinde bevölkern, weiß ich nicht. Ich zumindest kenne keinen, der sich öffentlich dazu bekennt. Ebenso wenig befinden sich Anhänger des Jainismus, Shintoismus, Caodaismus, Zorastrismua, des Tenrikyo, Neopaganismus oder des universalistischen Unitarismus in meinem eisernen Freundes- und Bekanntenkreis, um an dieser Stelle wirklich nur die bekanntesten, von Menschen betriebenen religiösen Weltanschauungen zu nennen.

Viel mehr als jene, die Menschheit zumeist trennende Glaubensrichtungen eint uns eine gänzlich andere Religionsvariante. Ja mehr noch, sie schweißt uns regelrecht zusammen. Ganz klar, unsere Religion ist der Aberglaube. Es schert uns einen feuchten Kehricht, dass der sogenannte normale Mensch diesen unseren Glauben immer wieder aufs Übelste verunglimpft. Bezeichnet er doch mit dessen heiligem Namen auf abschätzige Weise alles, was dem »wahren« religiösen Glauben angeblich als irrationaler, nutzloser, unvernünftiger, unwissenschaftlicher, ja sogar unmenschlicher Antipode gegenübersteht.

Diese geistige Intoleranz des sogenannten normalen Menschen kann uns jedoch weder einschüchtern, noch von unserem Glauben abbringen. Spieltag für Spieltag leben wir unsere Religion. Leitet meinen Blocknachbarn Steini senior vor allem der Glaubenssatz »Wer rasiert, der verliert!«, konzentriert sich der andere auf die korrekte, siegbringende Anordnung der Gummi-Enten auf dem Badewannenrand. Wieder ein anderer lässt sein Haupthaar nur nach einer Niederlage stutzen oder reicht am Spieltag allen Bekannten die linke Hand zur Begrüßung dar.

Ich für meinen Teil achte darauf, dass ich, gehe ich ins Stadion, stets meine roten Socken sowie meinen weiß-roten Slip am Leib trage. Für die erste Etappe meines Wegs nach Köpenick stehen mir Tram oder U-Bahn zur Verfügung. Hier wähle ich jeweils die Variante, die uns beim letzten Mal den Sieg brachte. Nach dem gleichen Verfahren entscheide ich mich, ob ich meinen langen Fan-Schal aus Kindertagen um Hals, linkes oder rechtes Handgelenk trage beziehungsweise ihn am Trageriemen meiner immer gleich befüllten Umhängetasche befestige.

Sicher muss ich nicht erwähnen, dass ich bei einem Gegentor zuallererst den Aufenthaltsort meines Schals verändere. Außerdem verweigere ich konsequent das Intonieren jenes Fangesangs, bei dem wir am 29. April 2012 gegen Hansa Rostock zwei und am 3. September des gleichen Jahres gegen Hertha einen weiteren Gegentreffer kassierten. Selbstredend kaufe ich meine Bratwurst nicht am ersten Grillstand, der meinen Weg kreuzt. Hierzu wähle ich ebenjenen, der unserer Mannschaft – meiner eigenen, empirisch angestellten Studie folgend – das bestmögliche Ergebnis garantiert. An dieser Stelle möchte ich aufhören, näher auf meine religiöse Praxis einzugehen. Eines konnte ich hier hoffentlich klarstellen: Wir Unioner glauben nicht einfach nur, wir handeln auch getreu unserer Religion, und das Spieltag für Spieltag sowie in den Stunden, Tagen oder Wochen zwischen ihnen.

8. KAPITEL

UNSERE TUGENDEN

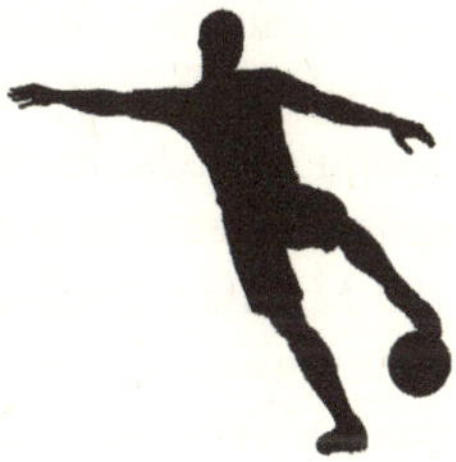

72. GRUND

Weil bei uns kein Fan vor Abpfiff das Stadion verlässt*

»Mann, war det geil, als wir seit Ewigkeiten endlich mal wieder auswärts gewannen!«, erinnert sich mein Freund Uli an den Abend des 4. November 2011. Er meinte unseren 2:1-Sieg bei Eintracht Brauschweig vor insgesamt 22.355 Zuschauern. Das heißt, als sich Uli und die anderen mitgereisten Unioner so irre freuten, waren es längst nicht mehr so viele. »Zehn Minuten vor Schluss war fast die jesamte Haupttribüne leer«, erinnert sich Uli weiter. Offenbar hatten viele Braunschweiger unser 2:1 durch Patrick Zoooooouuuuundiiii in der 80. Spielminute zum Anlass genommen, pünktlich zur *Tagesschau* im heimischen Wohnzimmer zu sitzen.

Viel zu oft zeigte mir mein Blocknachbar Steini senior in dieser Saison ein Gesicht, welches von der obersten Haar- bis zur Kinnspitze sagte: »Det wird heute nüscht mehr. Der Schiri kann noch 100 Minuten drufflegen – und wir treffen det Tor nich.« Viel zu oft erwiderte ich besagten Blick mit einem Nicken, welches Steini sagte: »Wenn du es jetzt nicht ›angesprochen‹ hättest, hätte ich es tun müssen.« Und viel, viel zu oft bekommen wir in letzter Sekunde ein Gegentor eingeschenkt, viel zu oft schreit Steinis Sohn dann sein wütendes »Maaaaaaann!« in die schweiß- und rauchgesättigte Luft unterm Traversendach. Und wir drei sind dann keineswegs die einzigen im Stadion An der Alten Försterei, die sich wie begossene Pudel in grimmiger Winterkälte fühlen. Einer drückt sich feiner, ein zweiter fäkalienbetonter aus. Eine dritte stößt schon mal bitter-

---

* *Vorbemerkung: Die folgenden vier Überschriften wuchsen nicht auf meinem Mist, sie sind Allgemeingut nahezu aller Unioner. Die dazugehörigen Geschichten erzählen meine ganz persönliche Sicht auf jene vier selbst auferlegten Tugenden des Union-Fans.*

böse Flüche aus, so mancher tritt mit seinen Füßen wütend auf die Betonstufen ein. Wir alle wissen in solchen Augenblicken: Heute gehen wir mal wieder nach »gutem Spiel« mit viel zu wenig Punkten nach Hause.

Dies zu verarbeiten, gibt es viele Mittel und Wege – nur eines fällt für uns aus: dass wir auch nur eine Zehntelsekunde vor Abpfiff unser Stadion verlassen. Haben unsere Jungs bei allem Gegurke gekämpft, gehen wir auch bei einer Niederlage in die Nachspielzeit. Mit unserem Applaus zwingen wir die Mannschaft zur uns ehrenden Runde, Gegengerade und Waldseite entlang. Ich gebe zu, ich ging in dieser Saison nach einem aus meiner Sicht völlig inakzeptablen Spiel bereits vor jener Ehrenrunde, aber niemals vor dem Schlusspfiff wie unsere Fankollegen in Braunschweig oder anderswo. Und ganz sicher: Irgendwann klappt es auch mal wieder mit dem alles entscheidenden Union-Tor in letzter Sekunde!

73. GRUND

Weil ein Unioner keinen Spieler der Mannschaft zum Sündenbock macht

Dass ein Spieler seinen Verein aus nackter Todesangst verlässt, weil ihm nach dem einen oder anderen Fehler auf dem Platz etliche Fans einen Hausbesuch abstatteten, ihm am Wegesrand auflauerten oder sonst wie das Leben zur Hölle machten, ist leider keine Seltenheit mehr. Dass die Fans mit der Leistung eines Spielers ihrer Mannschaft unzufrieden sind, passiert auch beim 1. FC Union. Viele werden mir zustimmen: Der Stürmer Adam Nemec präsentierte sich zunächst als klassischer Fehleinkauf. Nicht nur, dass er regelmäßig des Gegners Tor um einige Häuserblöcke verfehlte. Mich störte viel mehr, dass er sich, zumindest aus meiner Sicht, nicht genug für die Mannschaft einsetzte. Mein Gott, sagte ich mir, der Kerl muss ja beileibe kein Spielmacher sein, auch kein Abräumer – aber doch bitte schön einer, der sich nicht nur im gegnerischen Strafraum abparkt, um daselbst 90 Minuten vergeblich auf den idealen Ball zu warten. Einen solchen »Spezialisten« können wir uns bei Unions mannschaftsbetonter Spielweise nun mal nicht leisten! Und flog der Ball dann doch mal in Herrn Nemec' Richtung, fiel dieser Riese von einem Kerl viel lieber bei der geringsten Berührung mit einem Gegenspieler um, als dass er versuchte, die verdammte Murmel ins Tor zu befördern.

Ganz sicher war ich nach zehn torlosen Einsätzen dieses Stürmers ungerecht ihm gegenüber, ganz sicher *wollte* ich es irgendwann gar nicht mehr sehen, tat er da unten auf dem Rasen etwas für unser Spiel. Und ich gebe zu, ich war froh, wenn ich ihn mal nicht in der Startaufstellung sah. Die Bemerkungen der Leute um mich herum verrieten mir: Ich stand nicht allein da mit meiner Meinung. Dennoch kam keiner von uns auf die Idee, unseren schlechten Saisonstart inklusive vier Punktspielen ohne ein einziges Union-Tor mit der Existenz eines Adam Nemec zu begründen. Nannte der Stadionsprecher seinen Namen, egal ob als Angehöriger der Startformation, Ein- oder Ausgewechselter, gaben ihm Waldseite wie Gegengerade stets seinen Zweitnamen »Fußballgott« mit auf den Weg. Und siehe da, am 15. Spieltag zeigte Adam plötzlich, warum man ihn zu Union geholt hatte. In der 81. Minute ließ er es klingeln im Kasten des legendären Schlabberhosenträgers Gábor Király. Ganz sicher war das anschließende »Nemec Fußballgott!« um einiges lauter als die Male zuvor. Und doch wage ich zu behaupten: Auch wenn er bis heute nicht getroffen hätte, müsste er weder um seine Gesundheit fürchten, noch auf seinen Zweit-Familiennamen verzichten.

In der Saison 2010/11 wurde unser Mittelfeldmann Macchambes »Mac« Younga-Mouhani nicht nur zum Sündenbock, sondern gar zum Mörder »gemacht«, allerdings *nicht* von den eigenen Fans!

Im Heimspiel gegen den VfL Bochum hatte sich Mac in einen Zweikampf gestürzt, bei dem sein Gegner einen Schien- und

Wadenbeinbruch erlitt. In Fernsehen und Internet war anschließend zu sehen, wie Macs Fuß mit voller Wucht in das Bein seines Gegners rammt. Was in jener viel zu kurzen Sequenz tatsächlich wie versuchter Totschlag aussah, entpuppte sich jedoch, sah man sich den gesamten Zweikampf an, als schwerer, tragischer Unfall. *Beide* Spieler waren auf glattem Boden volles Risiko gegangen, der Schiedsrichter hatte anschließend sogar Freistoß für Union gegeben. Dass ihn sein Gegenspieler verklagte (und die Klage später verlor), war nicht das Schlimmste für Mac. Weit schwerer wog die öffentliche Treibjagd auf ihn und seine Familie. Er habe seinen Gegner absichtlich brutal zur Strecke gebracht, hieß es immer wieder, »Beinbruch durch Horror-Foul« lautete eine Schlagzeile der harmloseren Sorte. Mac war anschließend in seinen letzten Spielen für Union nur noch ein Schatten seiner selbst. Zuspruch und Solidarität erhielt er vom Verein und immer wieder vom eisernen Anhang.

Als er nach einem Spiel der Saison 2012/13 plötzlich unten auf dem Rasen auftauchte und sich dort zusammen mit unserer aktuellen Mannschaft zur Ehrenrunde aufmachte, erntete er von den Rängen herzlichen Applaus. Alle im Stadion waren einst entsetzt über die Wucht des Zusammenpralls beider Spieler gewesen, und auch jetzt feierte hier kein Einziger einen freigesprochenen »Totschläger«! Wir alle hießen mit Macchambes Younga-Mouhani einen der Unseren willkommen. Eines gilt in jedem Fall: Verliert Union, verliert die Mannschaft, nicht dieser oder jener Spieler.

74. GRUND

Weil bei uns keiner die eigene Mannschaft auspfeift

Es gibt Tage, da sind die Fans enttäuscht von ihrer Mannschaft. Da geht es den Anhängern des 1. FC Union nicht anders als denen anderer Vereine. Anderenorts ist es jedoch eine durchaus übliche

Form des Fan-Protestes, ab einem bestimmten Grad des Unmuts die eigene Mannschaft auszupfeifen, ihr bei einem Fauxpas höhnisch zu applaudieren oder gar den Sieg des Gegners zu feiern. Diese brutale Abstrafung des eigenen Teams kommt zumeist dann zum Einsatz, wenn die Fans den Eindruck haben, dass die Spieler ihre Trikots lediglich auf dem Rasen spazieren tragen, dass sie keine Lust mehr haben, mehr Geld wollen, was auch immer. Kurzum, die Fans fühlen sich von ihrer Mannschaft verraten und machen ihrer – zumeist lange angestauten – Wut auf diese Weise Luft.

Oft bekommen die Spieler dann von den Fans zu hören: »Ihr seid nur Scheiß-Millionäre!« Allerdings sind in manchen Gegenden unseres Landes auch die Fußball-Anhänger allzu erfolgsverwöhnt. Mitunter pfeifen sie ihre Mannschaft bereits bei der zweiten nicht verwandelten Torchance aus. Beim 1. FC Union führt (fast) nie ein Fan die üblichen zwei Finger gegen das eigene Team zum Mund. Erstens, weil unsere Spieler keine Millionengehälter beziehen, zweitens, weil sie für gewöhnlich kämpfen bis zum Umfallen, und drittens, weil der Ruf »Eisern Union« nicht nur nach harter Arbeit klingt, sondern die von unseren Jungs auch verrichtet wird.

Außerdem verfügt ein Großteil des eisernen Anhangs selbst mit Flaschenboden-dicker weiß-roter Brille auf der Nase über genug Realitätssinn, um zu wissen: Es gibt Spiele, die *können* unsere Mannen bei allem Kampf nicht gewinnen. Manchmal ist der Gegner einfach besser, was hilft es da, die eigene Mannschaft dafür zu schelten? Das heißt noch lange nicht, dass bei Union eine ewigwährende Friede-Freude-Eierkuchen-Stimmung herrscht. Oft genug bekommen die Unioner auf dem Rasen nach dem Spiel am Zaun von ihren Kollegen auf den Rängen ordentlich Kritik an den Kopf geknallt. Am Freitag, dem 12. August 2011, bei Dynamo Dresden waren es dazu gar noch Feuerzeuge, Bierbecher – und obendrein, ja, Schmähgesänge!

Grund des maßlosen und metertief unter die Gürtellinie gehenden Zorns war nicht das Spielergebnis von 0:4 aus Unioner-Sicht, sondern die Tatsache, dass sich unsere Mannschaft spätestens nach einer Stunde komplett aufgegeben, den Spielbetrieb quasi eingestellt hatte. Dennoch: Dieser Angriff aus den eigenen Reihen bleibt unwürdig und sorgt leider dafür, dass ich ein paar Zeilen weiter oben ein »fast« vor das »nie« setzen musste. Das jeder Würde entbehrende Auftreten von Teilen der Fans als Reaktion auf Unions schlechtestes Spiel seit Jahren blieb *so* jedoch nicht stehen. Bereits einen Tag später stand der alljährlich angesetzte Drachenboot-Cup des Eisernen V.I.R.U.S. an. Nach ihrem Training stießen Chefcoach und Mannschaft, viele mit gesenktem Haupt, zu den Fans, die sich am Ufer der Dahme versammelt hatten. Team und Trainer stellten sich der noch immer harschen, im Gegensatz zum Vorabend jetzt aber sachlichen Kritik.

Beim Rückspiel gegen Dresden An der Alten Försterei zeigten Mannschaft wie Fans, wie sie das Ganze verarbeitet hatten. Die Waldseite präsentierte einen Berliner Bären, der sich erfolgreich dem Ansturm etlicher sächsischer Wappentiere erwehrte, dazu die Kampfansage: *In der Höhle der Löwen Kratzer bekommen, doch im eigenen Revier wird Rache genommen!* Die Unioner auf dem Platz bedankten sich mit einem 4:0, der Egalisierung des Hinspiel-Debakels. Seit jenen beiden Partien sind viele Spiele ins Land gegangen, darunter etliche Niederlagen nach ernüchternden Auftritten unserer Mannschaft. Eine Entgleisung wie dereinst in Dresden gab es – von beiden Seiten – seither nicht mehr. Gilt uns Unionern doch (fast) immer die alte Weisheit: Schmutzige Wäsche wird dort gewaschen, wo sie sauber wird. Eben deshalb ertönen unsere Pfiffe nicht gegen die eigene Mannschaft.

75. GRUND

Weil Heiserkeit der Muskelkater der Union-Fans ist

In meiner unionlosen Zeit war ich einige Jahre lang Sänger einer Band. Weil ich davon nicht leben konnte, ging ich gelegentlich verschiedenen schnöden Brotjobs nach. An einem dieser unschönen Tage verdingte ich mich als Statist. In einem Irish Pub wurden ein paar Film-Szenen gedreht: 19 andere arme Gestalten und ich sollten englische Fußballfans mimen. Ein Videobeamer beamte Szenen des letzten Deutschland-England-Spiels an die Wand. Vor selbiger hatten wir stundenlang mit alkoholfreiem Bier (!) in der Hand zu stehen und uns mit der Aussicht auf ein paar lausige Kröten für England (!!!) die Stimmen aus den Hälsen zu schreien.

Ich war seit Längerem weder als Zuschauer auf einem Rockkonzert noch in einem Fußballstadion gewesen – und meine Stimmbänder entsprechend untertrainiert. Es kam, wie es kommen musste: Ich hatte die folgenden Tage überhaupt keine Stimme mehr. Den nächsten Auftritt meiner Band erlebte ich Rampensau als zum Schweigen verdammter Percussionist weit hinten auf der Bühne. Am allerallerliebsten hätte ich mir live und vor aller Augen in den Allerwertesten gebissen.

Wäre ich schon damals regelmäßig zu Union gegangen, hätte mir das bisschen England-Geschreie nicht das Geringste anhaben können. Die ersten Male wieder im Stadion, spürte ich bereits nach der Hymne ein leichtes Kratzen in der Kehle. Am Ende des Spiels war meine Stimmlage von einem »Bariton mit guten Tiefen«, wie mir meine Gesangslehrerin bescheinigte, zu einem hilflosen Krächzen geschrumpelt. Bereits eine Halbserie später vermochte ich das gesamte Spiel durchzusingen und konnte hernach am Fischbrötchen-Stand an der Gegengeraden noch immer halbwegs verständlich meinen Kräutermatjes bestellen. Mittlerweile hat sich mein Stimm-Muskelkater, sprich meine Heiserkeit, auf ein geradezu vertretbares Maß reduziert. Das heißt, die frei verkäuflichen Halspastillen genügen vollauf.

Union-Spiele sind in jedem Falle ein hervorragendes Muskeltraining für die Stimmbänder. Schließlich machen wir An der Alten Försterei die Stimmung noch immer ausschließlich selbst. Leibhaftige Stadiongesänge statt maschinengestützter Jubelmugge. Ich ließ mir erzählen, dass bei einem großen Berliner Handballverein die ganze Zeit über ein einheitliches, von zahlreichen Konserven-Jingles begleitetes Klatschpappen-Geklapper herrsche, völlig egal, ob die Heimmannschaft gerade uneinholbar führt oder zurückliegt.

Die Frauen und Männer an den Zapfhähnen hinter Waldseite und Gegengerade der Alten Försterei dagegen wissen anhand des Geräuschpegels sowie der Spezifikation unserer Verlautbarungen in jeder Spielsekunde ganz genau, ob Union gerade angreift, in die eigene Hälfte gedrängt wird oder sich mit dem Gegner auf ein Fehlpass-Festival auf Höhe des Mittelkreises geeinigt hat. Sie hören ebenfalls heraus, ob einer unserer Spieler soeben rüde gefoult wurde oder sich ein gegnerischer Akteur schauspielerisch zu Boden fallen ließ, ob Tusche zu einem seiner Freistöße antritt oder der Schiri ein schnöder Schieber ist. Kurzum, was auch immer gerade auf dem Spielfeld läuft, es ist an unseren lautstarken Bekundungen exakt ablesbar.

Ganz klar, dass nach der Partie der eine oder die andere von uns einen ordentlichen Muskelkater im Hals-Rachen-Raum sein oder ihr Eigen nennt. Zweifellos eine Tugend, für mich jedoch vor allem ein Segen. Ich weiß ja nicht, welche Art Job ich in meinem Leben noch auf mich nehmen muss, nur eines ist sicher: Wie bescheuert er auch sein mag, er wird mich nicht noch einmal meine Stimme kosten. Dafür bin ich an den entscheidenden Stellen meiner Anatomie dank Union Berlin viel zu muskulös geworden.

76. GRUND

Weil: Wir stehen!

Seit ich wieder zu Union gehe, verfüge ich über zwei Positionen, in denen ich Fußball gucke. Die erste nenne ich die Barca-Bayern-Real-Position. Sie ist dadurch gekennzeichnet, dass ich meinen Hintern – er ist wie der Rest meines Körpers in bequeme Kleidung gehüllt – auf einem möglichst bequemen Sitzmöbel derart positioniere, dass ich in der einmal eingenommenen Stellung theoretisch auch einschlafen könnte.

Nicht, dass ich die in der Barca-Bayern-Real-Position anzusehenden Spiele von vornherein als langweilig empfinde. Im Gegenteil! Ist besagte Körperhaltung doch vor allem darauf gerichtet, dass ich in ihr ein Fußballmatch so entspannt wie möglich verfolgen und mich somit ganz auf das Spielgeschehen konzentrieren kann. Der FC Barcelona, Bayern München und Real Madrid spielen derzeit den womöglich besten Fußball auf unserem Planeten. Das mitzuerleben, ist fernsehsportlich betrachtet das höchste der Gefühle und mir persönlich ein unbestreitbares Vergnügen. Zudem eines, welches in fachkundiger, mir freundschaftlich verbundener Gesellschaft als ideales Vorgeplänkel einer gemütlichen Küchenparty oder eines unvergessenen Grillabends im Kreise der Liebsten sein kann.

Die Barca-Bayern-Real-Position nehme ich allerdings nicht nur ein, wenn besagte Clubs sich die Ehre geben, sondern auch bei Spielen von Borussia Dortmund, der deutschen, spanischen oder brasilianischen Nationalmannschaft, bei angenehmer Frühlings- oder Sommerwitterung auch bei Empor Berlin, Einheit Oranienburg oder dem TSV 1860 Römhild, um hier nur die Wichtigsten zu nennen. Kurzum, die Barca-Bayern-Real-Position kommt bei mir immer dann zum Einsatz, wenn keines der beiden das Spielfeld bevölkernden Teams Union Berlin heißt. Ist Letzteres der Fall, hält mich nichts in jener ergonomisch so optimalen Körperhaltung. Das liegt keinesfalls nur daran, dass die Alte Försterei seit jeher ein Stehplatzstadion ist und dies auch zukünftig bleiben wird. Die 3617 Sitze der neuen Haupttribüne sowie weitere 166 im Gästeblock nehmen sich gegenüber 17.937 Stehplätzen geradezu bescheiden aus. Das Stehen bei Union-Spielen ist für mich ein zwangsläufiger Automatismus.

Es liegt keinesfalls an den fehlenden Sitzplatzschalen auf Gegengerade, Wuhle- und Waldseite. Selbst wenn ich ein Union-Spiel in der Sportsbar oder in der heimischen Wohnstube am Bildschirm verfolge, hält mich das Spielgeschehen keine zehn Minuten auf Stuhl, Sessel oder Chaiselongue, und seien diese ergonomisch noch so erstklassig beschaffen. Wann und wo mein Verein auch immer aufläuft, fühle ich mich augenblicklich, als sei ich unser amtierender Cheftrainer oder als befände ich mich im Bannkreis eines dieser modernen Computerspiele, bei denen man das Geschehen auf dem Bildschirm durch Bewegungen des eigenen Körpers diktiert. Läuft die Murmel in unseren Reihen, rufe ich dem Ballführenden zu, wohin er passen oder dass er um Himmels willen endlich aufs Tor schießen soll. Nähert sich der Gegner unserem Gehäuse, versuche ich – bei allem Wissen um die Unmöglichkeit dieses Unterfangens –, mich ihm entgegenzuwerfen. Ich laufe mich frei, biete mich an, trete den Ball oder hechte wie unser Keeper hoffentlich gerade noch rechtzeitig in die richtige Ecke.

Befinde ich mich im Stadion, genieße ich obendrein die mir hier gegebene Möglichkeit, zusammen mit all den anderen Irrsinnigen neben mir eine akustische Wand zu errichten, die unser Tor dichtmacht oder zum rechten Zeitpunkt einen Tornado heraufbeschwört, welcher des Gegners Abwehr wegbläst. Dass uns das alles keine Sympathie eines Herrn Blatter einbringt, liegt auf der Hand. »Sitzende Zuschauer sind ruhiger«, stellte der »Weltfußball-Besitzer« fest und gemahnte jüngst, dass sich der Fußballsport doch bitte stärker an der Oper orientieren solle.[32] Vielen Dank für den Hinweis, Genosse Blatter, aber danke nein, wir möchten gern weiter zum Fußball gehen, unseren Stehplatz haben – und stehen!

77. GRUND

Weil unsere Waldseite die steilsten Choreos zelebriert

17. September 2010: Dem Anpfiff des ersten Punktspiels zwischen Union und Hertha An der Alten Försterei ging ein Duell der Fan-Choreografien voraus. Die Herthaner im Gästeblock entfalten zunächst eine riesige, sich über die halbe Wuhleseite erstreckende Berlin-Fahne. *Völker der Welt, schaut auf diese Stadt!*, verkünden derweil die Buchstaben auf dem Zaunbanner darunter. Kurz darauf lese ich dort in Blau und Weiß: *und erkennt Berlins größten Reichtum*, während über den Köpfen der Charlottenburger der Berlin-Flagge eine ebenso große Hertha-Fahne folgt.

Auf der Waldseite, dem Biotop der Unioner Ultras, erstrahlen derweil die aus Hunderten silbernen Fähnchen gebildeten Umrisse Berlins, während sich der Mittelblock in den S-Bahnsteig Alexanderplatz verwandelt. An jeweils zwei langen Stangen erheben sich die Fahrtrichtungsanzeiger *Spandau über Olympiastadion* sowie *Erkner über Köpenick*. Zwischen ihnen wartet, auf ein riesiges Pappschild gemalt, ein seiner Haltung nach noch unentschlossener Reisender auf seine Bahn. Die durch dieses Ensemble gestellte Frage ist unmissverständlich: Wohin wird er fahren? Ins Olympiastadion oder Richtung Erkner, An die Alte Försterei? *Fankultur nimmt ihren Lauf, auf welchen Zug springst du nun auf?*, drückt es das unter alledem postierte rot-weiße Bandentransparent aus.

Schon nähern sich von links und rechts je ein originalgroßer S-Bahn-Waggon dem Bahnsteig, der eine mit blau-weiß gewandeten, der andere mit rot-weißen Schlachtenbummlern gefüllt. Beide Züge »fahren«, von vielen Händen getragen und weitergereicht, auf den Bahnsteig zu. Der Wartende besteigt schließlich, untermalt von der neuen Bandenfahne – *Fußball pur gibt dir den Kick – doch den gibt's nur in Köpenick* –, den rot-weißen Waggon, welcher daraufhin eine Ehrenrunde durch den gesamten Block dreht. Ich brauche nicht meine Vereinsbrille aufzusetzen, um zu sagen: Dieser Punkt ging eindeutig an die Unioner. Wuhlesyndikat, Hammerhearts und Teen Spirit Köpenick hatten – nach sicher monatelanger intensiver Vorbereitung – eine meisterhafte Arbeit abgeliefert.

Es war und ist längst nicht das einzige Mal, dass Unions Ultras auf *diese* Weise auf sich aufmerksam machen. Stets setzen sie sich bei ihren Choreos mit Vergangenheit, Gegenwart und Zukunft unseres Vereins auseinander. Erinnern möchte ich hier an ihren riesigen Pokalsieger-Wimpel, den sie am 20. August 2010 beim Auswärtsspiel in Aachen zeigten. Seine Ausmaße entsprachen genau jenen des Gästeblocks im Aachener Tivoli. Mit diesem Wimpel-Transparent erinnerten sie an Unions bisher größten sportlichen Erfolg, als die Eisernen im Jahre 1968 den Sieg im FDGB-Pokal erkämpften.

Unvergessen jene Choreografie, die sie dem Ur-Unioner Günter Langer widmeten, als der an Krebs erkrankte. *Kämpfe, Günni, kämpfe!*, hatten sie jenen Schlachtruf abgewandelt, der sonst ihrem, unserem Verein gilt. Umgeben von Insignien aus Günnis täglicher Arbeit erhob sich ein gigantisches Porträt des Mannes, der den berühmten Union-Barkas fuhr und sich im Stadion An der Alten Försterei um weit, weit mehr kümmerte, als seine offizielle Berufsbezeichnung »technischer Mitarbeiter« vermuten ließ.

Zukunftsweisend schließlich jene Choreo, mit der sie unsere »Brüder und Schwestern« aus Charlottenburg bei ihrem nächsten Gastauftritt in unserem Stadion begrüßten. *Da hilft kein Gericht im Land – eines hat für immer Bestand!*, stand unter dem waldseitengroßen Banner, welches die Anzeigetafel des Berliner Olympiastadions zeigte. Ehern und unerbittlich präsentierte diese das Endergebnis der Begegnung beider Berliner Clubs vom 5. Februar 2011 … Wir auf der Gegengeraden nehmen es längst als gegeben hin, wenn die Waldseite bei auserwählten Spielen und streitbaren Anlässen ihre einzigartigen Choreografien zelebriert. Nahezu immer klappt das Ganze wie am Schnürchen und sieht so »einfach« aus, aber die meisten von uns wissen, was für eine Mammut-Arbeit hinter alledem steckt. An dieser Stelle möchte ich allen, die selbige immer wieder auf sich nehmen, ein aus tiefstem Herzen kommendes, eisernes DANKE! zurufen.

78. GRUND

Weil ein Unioner, kann er beim Spiel nicht dabei sein, trotzdem alle Zwischenstände weiß

Der Arbeitstag im Anzug war lang, und er ist noch längst nicht zu Ende. Ich sitze inmitten ehemaliger Generaldirektoren ehemaliger DDR-Kombinate, die aus ihren erlebnisreichen Arbeitsleben zwischen offiziellen Planvorgaben und all den inoffiziellen Wegen zu deren Erfüllung berichten. Geht alles gut, darf ich in Bälde die Lebensgeschichte eines dieser Wirtschaftslenker zu Papier bringen.

Es ist 18.03 Uhr mitteleuropäischer Sommerzeit, als mich ein leichtes Vibrieren in meine linke Jackett-Innentasche fassen lässt. Fünf Sekunden später verdunkelt sich für einen Augenblick meine Miene. Mal wieder ein Elfer gegen uns. Kurz darauf liegen wir mal wieder 0:1 hinten, ausgerechnet mal wieder daheim. Kein einziger Sieg steht auf unserem Konto, wir sind Vorletzter der Tabelle.

Die Generaldirektorentagung nimmt weiter ihren Lauf. Ich mache mir Notizen, richte an den Direktor aus Brandenburg eine Frage zur BSG Stahl. Die Antwort des drahtigen, graumelierten Herrn lässt meinen Kuli übers Papier tanzen, da vibriert es erneut: 27. Spielminute, Silvio hat für uns den Ausgleich geschossen! Gut 15 Minuten später erreicht mich das Halbzeitfazit: *Wir sind dran, das wird heut noch was mit unserm ersten Dreier!* Das lässt mich hoffen. Mein Blocknachbar Steini junior, von dem all diese Infos stammen, liegt zumeist richtig mit seinen Prognosen. Auch bei der Tagung ist nun Pause, Zeit für eine kleine Stärkung am Buffet. Als es das nächste Mal vibriert, schreiben wir die 56. Spielminute. Die Tagung ist in ihre letzte Runde gegangen, und ich kann nicht anders, als meine Arme hochzureißen! Die, die mich kennen – und zu denen gehört seit dem Mittagessen ein Staatssekretär der DDR und seit der letzten Pause der ehemalige Brandenburger Generaldirektor –, wissen sofort, was passiert sein muss. Der Ex-Staatssekretär, der jetzt auf dem Podium sitzt, zeigt mir seinen erhobenen Daumen. Tusche, unser Käpten, hat Union in Führung geschossen! Pünktlich, kurz nach Spielschluss, erlöst mich Steini aus aller Anspannung: *Jewonnen! Und nächstes Mal grölen wir wieder zusammen!* Genau das werden wir in zwei Wochen tun. Ich freue mich jetzt schon darauf, dann wieder mit Seele *und* Leib im Stadion zu sein.

79. GRUND

Weil unsere Mannschaft kämpft bis zum Umfallen

Montag, der 11. Februar 2013, Union gastiert zum zweiten Mal für ein Punktspiel gegen Hertha BSC im Berliner Olympiastadion. Das Hinspiel An der Alten Försterei hatten wir gegen ausgesprochen kämpferisch auftretende Charlottenburger 1:2 verloren. Nur wenige glaubten daran, dass unsere Mannschaft auswärts gegen den klaren Favoriten etwas reißen kann.

Zudem war bis kurz vor Anpfiff fraglich, wie Unions Startformation aussehen würde. Eine mächtige Gegnerin hatte in den letzten Wochen brutale Lücken ins rot-weiße Lager geschlagen, ihr Name: saisonale Grippewelle. Christopher Quiring und Christian Stuff gaben alles, sich in letzter Minute fürs Derby in Form zu bringen. Daniel Göhlert kehrte drei Tage vor dem Spiel ins Mannschaftstraining zurück. Waren jene drei schon fit genug für den Showdown vor 74.244 Zuschauern in der ausverkauften Betonschüssel? Noch schwerer wog, dass uns Michael Parensen wegen einer Lungenentzündung in jedem Fall und Björn Jopek aufgrund einer unschönen

Mixtur aus fiebriger Erkältung und Knieproblemen höchstwahrscheinlich fehlten. Somit wäre Unions Defensive geschwächt und die bis dato so erfolgreiche Schaltzentrale im Mittelfeld gänzlich ausgehebelt. Bei etlichen anderen Spielern klopfte die Grippe gerade an die Tür, aber ausnahmslos jeder im Team brannte darauf, sich an jenem frostigen Montag für seinen Verein und die vielleicht 25.000 Unioner auf den Rängen den Allerwertesten aufzureißen. Stuff und Göhlert schafften es immerhin auf die Reservebank, Jopek gar in die Startformation.

Direkt nach dem Anpfiff zeigten die elf Eisernen auf dem Rasen, dass ihr Trainer keineswegs im Wald gepfiffen hatte, als er verkündete: »Wir fahren dort nicht hin, um teilgenommen zu haben, sondern um zu gewinnen!«[33] Nach fünf Minuten sorgte Patrick Zoundi mit einer beherzten Flanke auf seinen einschussbereit postierten Kollegen Adam Nemec für die erste echte Torchance des Spiels. Herthas Torhüter lenkte den Ball mit den Fingerspitzen über Nemec' Kopf. Vier Minuten später ließ Torsten Mattuschka mit einer Körpertäuschung die gesamte Hertha-Abwehr ins Leere laufen und schoss aufs Tor. Wieder wehrte der Keeper den Ball ab, doch Simon Terodde schnappte sich den Abpraller und versenkte ihn kaltblütig im Hertha-Gehäuse.

Fünf Minuten nach der Pause: Ecke für Union. Tusche spielt kurz auf Jopek, der gibt den Ball mustergültig an seinen sich in Position laufenden Kapitän zurück, sodass Tusche den erneut hervorragend postierten Nemec bedienen kann. Der Slowake schraubt sich hoch – höher, als seine drei blauweißen Gegenspieler – und nickt das Spielgerät gegen die Laufrichtung des Torhüters in die Maschen.

Hertha gelang auch weiterhin aus dem Spiel heraus kaum Nennenswertes. Unions Defensive, allen voran Björn Kopplin, Fabian Schönheim und Roberto Puncec, fingen nahezu alles ab, was man als blau-weiße Angriffsbemühungen bezeichnen konnte. Doch spätestens ab Mitte der zweiten Hälfte schwanden den elf Unionern auf dem Platz zunehmend die Kräfte. Die Folge: Hertha belagerte

Unions Strafraum und verlangte unseren Mannen alles ab, was die noch in die Waagschale zu werfen hatten. In der 76. Minute war das Spiel für unsere angeschlagen in die Partie gegangene Hundelunge Björn Jopek endgültig zu Ende. Eine Minute später meldete sich ein vor Schmerzen nahezu bewegungsunfähiger Torsten Mattuschka an der Trainerbank. Beide hatten, solange sie irgend konnten, alles gegeben, Unions mittlerweile nur noch aus einem Tor bestehenden Vorsprung festzuhalten. Mit ihnen verließen unsere zwei ballsichersten Akteure das Feld.

Ein unhaltbar geschossener ruhender Ball von Herthas Freistoß-Spezialisten stellte fünf Minuten vor dem Abpfiff den 2:2-Endstand her. Natürlich war ich traurig, dass unser Team seinen so eiskalt herausgespielten Zwei-Tore-Vorsprung nicht über die Ziellinie bringen konnte. Nach einigen Minuten der Enttäuschung beseelte mich jedoch vor allem der Stolz auf unsere Mannschaft. Zeigte mir ihr Auftreten doch wieder mal, dass ausnahmslos jeder, der in einem solchen Spiel das Trikot unserer Mannschaft überstreift, weiß: Kämpfen bis zum Umfallen ist und bleibt die Tugend Unions. Vielleicht werden wir später sagen, diese Begegnung fügte sich nahtlos ein in die Reihe jener »scheinbar aussichtslosen Kämpfe«, in denen der Mut der Nachfahren wie jener berühmte »Durchhaltewillen der Schlosserjungs aus Oberschöneweide ins Unermessliche stieg«, wie es im Intro unserer Hymne heißt.

80. GRUND

Weil Unioner auch mal schweigen können

Als am 1. Dezember 2012 die Spieler von Union Berlin und des VfL Bochum auf den Rasen des gut gefüllten Stadions An der Alten Försterei liefen, musste ich schlagartig an Sepp Blatter denken. Erst jüngst hatte der »Besitzer« des Weltfußballs öffentlich sinniert, der gemeine Fußballfan möge sich doch bitte ein Beispiel am erlauchten Besucher einer Oper nehmen. Der nämlich sitzt auf seinem überteuerten Platz, harrt der Dinge, die da kommen, und spendet an dafür vorgesehener Stelle artig seinen Applaus. Während auf der Bühne gesungen und im Orchestergraben die dazu passende Musik gespielt wird, verharrt er in andächtiger Stille.

Die Geräuschkulisse der 14.373, die sich auf den Traversen unseres Wohnzimmers versammelt hatten, erinnerte mich in der Tat an die Opernbesuche meiner Kindheit. Ich fühlte mich an deren Beginn zurückversetzt, jenen Moment, nachdem die Musiker im Graben ihre Instrumente angespielt und gegebenenfalls ein letztes Mal gestimmt hatten. Wie damals hörte ich auch jetzt das leise Gewisper und Getuschel der Zuschauer, die noch schnell diese oder jene Nettigkeit austauschten oder sich gegenseitig darüber in Kenntnis setzten, dass man gut hier angekommen war. Damals mochte ich diese gedämpfte Geräuschkulisse, weil ich wusste: Gleich geht im Saal das Licht aus und vorn beginnt das große Spiel.

Das würde auch jetzt An der Alten Försterei jeden Moment seinen Anfang nehmen. Auf dem Rasen stellten sich beide Mannschaften in einer Reihe auf. Wir winkten unseren Fußballgöttern zu und sie uns. Etliche Zuschauer klatschten lautlos in die Hände. Seitenwahl, die Spieler nahmen ihre Positionen ein – und schon zerschnitt der Anpfiff für eine Sekunde die Wisper-Stille des Stadions. Diese störten ab jetzt die Spieler beider Teams durch Anweisungen an ihre Mannschaftskollegen, teilweise vorgetragen im rüdesten Ton. Auch von den Trainerbänken schallte dieses oder jenes Gebrüll zu uns hinauf. Ich war froh über jede Äußerung dort unten, denn das allseits noch immer herrschende Gleich-geht's-los-Gewisper drückte mir mittlerweile unschön auf die Ohren. Bewegte sich der Ball in die Nähe eines Torgehäuses, hörte ich die Atemzüge der gut 14.000 Menschen tiefer und hektischer werden. Alsbald gingen viele dazu über, Torschüsse mit einem »Psssst!« zu kommentieren. Die gelegentlichen Pfiffe des Schiedsrichters hörten sich eigenartig deplatziert an.

Mitten hinein in diese fürchterlich anstrengende Stille schoss einer der Unseren das 1:0 für Union. Den kurzen, jubelähnlichen Aufschrei erstickte rasch das tausendfache, nicht wirklich ernst gemeinte »Psssssssssst!«. Auch der Torschütze hielt sich mahnend den Zeigefinger vor die Lippen. Das von ihm geschossene Tor schien ihm ein klein wenig peinlich zu sein.

Auf ein Neues nahmen die Spieler ihre Positionen ein, folgte der laute Pfiff aus des Schiris Arbeitsgerät, und das Gebrüll der Männer da unten beherrschte wieder die Szene. Das alles klang, als befänden wir uns auf dem Sportplatz der LSG Blau-Weiß Wollersleben. »Wäre das immer so, würde ich sofort wieder als Elektriker arbeiten«, bekannte Unions Trainer Uwe Neuhaus nach dem Spiel.

Wie groß war meine Erleichterung, als wir 14.373 nach zwölf Minuten und zwei Sekunden lautstark von zehn abwärts zählten und unsere Alte Försterei mit laut schallenden Gesängen wieder in den Austragungsort eines Punktspiels der 2. Bundesliga verwandelten. Und wie gut, dass die Protestaktion *12:12, ohne Stimme keine Stimmung* nur ein kleiner Vorgeschmack darauf war, wie sich Fußball anfühlen könnte, sollten es die selbst ernannten Retter der Sicherheit aus Politik und Fußballbusiness schaffen, uns gemeine Fußballfans aus den Stadien zu vertreiben. Die Fans nämlich hatte niemand gefragt, was sie von einem Konzeptpapier *Sicheres Stadionerlebnis* halten, welches Ganzkörperkontrollen sowie Sippenhaft bei Straftaten Einzelner vorsieht und die Abschaffung der (billigen, also die Gewalt fördernden?) Stehplätze nicht ausschließt.

Oder ging es jenen populistischen Papier-Sheriffs lediglich darum, die Vision eines Herrn Blatter Wirklichkeit werden zu lassen? Soll zukünftig auch in Deutschland nur noch derjenige das Stadion betreten, der sich ein teures Opernbillet leisten kann?

81. GRUND

Weil »Eisern Union« der beste aller Schlachtrufe ist

Das Union-Programm Nummer 16 der Saison 2010/11 widmet drei dicht bedruckte Seiten der Mutter unserer Schlachtrufe. In einem rot-weißen Internetforum war der Chefredakteur auf eine brisante Diskussion zu diesem Thema gestoßen. Ein Fan hatte beklagt, unser »Eisern Union« halle für seinen Geschmack viel zu selten durch unser Stadion. Seine Kritik löste eine Lawine von Beiträgen aus. Unioner jedweden Alters meldeten sich zu Wort, die meisten stimmten seiner Ansicht vorbehaltlos zu.

Dabei erbebte die Alte Försterei, allein schon dank des unermüdlichen Einsatzes von Stadionsprecher Christian Arbeit, nach wie vor immer wieder vom dreifach hintereinander rollenden »Eisern Union«. Dazu erklang unser Schlachtruf regelmäßig als Wechselgesang zwischen Waldseite und Gegengerade.

Ich selbst erblickte jene zwei Worte zum ersten Mal vor knapp 40 Jahren. Sie waren in Schulbänke geritzt, mit Filzstift auf selbst gebastelte Fahnen, Shirts und Kappen gemalt. Oder sie zierten als von »Meisterschneidern« gefertigtes Stickwerk Jeansjacke oder -weste. Noch bevor ich mich für Fußball interessierte, faszinierte mich die ungeheure Kraft dieses »Eisern Union«, vor allem der unbändige Trotz, der darin steckt.

Heute sage ich: Ich bin begeistert von der literarischen Dichte jener Worte, ihrer Vielschichtigkeit. Sie spenden Trost, wenn unsere Mannschaft mal wieder zurückliegt oder wenn wir sie einem verstorbenen Fan als letztes Geleit mit auf den Weg geben. Sie schreien unser Glück heraus, feiern wir mit ihnen eine gelungene Aktion oder gar ein Tor unserer Fußballgötter.

»Eisern Union!«, diese zwei Worte samt Ausrufezeichen sind so unendlich viel mehr als all die austauschbaren »Schallalalala« und »Olé olé olé olé«, die man in jedem Stadion hören kann. Und sie wirken längst nicht nur auf dem Fußballplatz. Begegnen sich zwei Union-Fans auf der Straße und sagen sich mit einem »Eisern« Guten Tag, ist das ein sprachlicher Ausdruck ihrer Verbundenheit.

Zugleich erzählt »Eisern Union« von jenen längst vergangenen Tagen, als »in den goldenen Zwanzigern, ... in Zeiten eines ungleichen Kampfes ein Schlachtruf ertönte, ein Schlachtruf wie Donnerhall, der all jenen, die ihn in diesem Augenblick zum ersten Male hörten, das Blut in den Adern zum Sieden brachte«, wie das Intro unserer Vereinshymne erzählt. Allerdings gibt es, soweit ich weiß, keine historische Quelle, welche die Entstehung jenes Rufs in den Zwanzigern verbürgt. Aber so ist das nun mal bei Legenden.

Theo Koerner drückt es in dem 1988 gedrehten Film *Und freitags in die Grüne Hölle* einige Nummern prosaischer aus. Bei einer der Begegnungen von Union 06 Oberschöneweide gegen den schon damals ungleich finanzkräftigeren Hertha BSC »lag Union mal wieder in Rückstand, und een so'n oller Bierkutscher stand am Jeländer und brüllte: ›Eisern müsster sein, Jungs, eisern!‹ Und seitdem ist det drinne!«

Das ist es – bis heute, wie die oben erwähnte Diskussion beweist. Die zeigte übrigens umgehend ihre Wirkung im Stadion. Seit dem Abdruck jenes Disputs im Union-Programm erklingt »Eisern Union« wieder nach nahezu jeder eisernen Torchance, nach Paraden unseres Keepers – eben immer dann, wenn unsere Mannschaft auf dem Platz Hilfe braucht, wir etwas zu feiern haben oder einen Grund zum Feiern suchen.

Ein Autor unseres Union-Programms fasst Donnerhall, Schlosserjungs und Wirtschaftskrisen in einen einzigen Satz, der, solange es Fans gibt, zitierfähig bleibt: »In diesem Schlachtruf steckt unsere Vergangenheit, unsere Gegenwart und Zukunft! ... Besser kann man es nicht beschreiben oder vermitteln.«[34]

Eisern Union!

9. KAPITEL

PRAKTISCHE TIPPS FÜR EINEN BESUCH AN DER ALTEN FÖRSTEREI

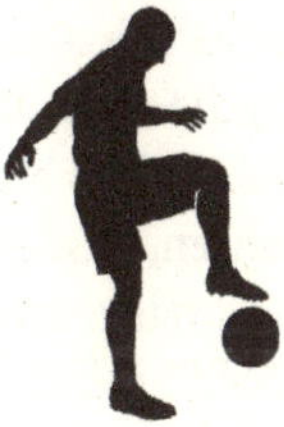

82. GRUND

Weil bereits die Anreise zu Union pure Vorfreude ist

Mein Freund Micha fährt die Wegstrecke zu unserem Stadion mit dem Fahrrad. Micha wohnt in Pankow, mit anderen Worten: Er ist Sportler. Jedoch keiner von der verbissenen Sorte. Bei schönem Wetter legt er am Ufer des Stralauer Sees genussvoll eine Pause ein. Da er selbstverständlich rot-weiße Fanutensilien mit sich führt, weiß ein jeder, der es wissen möchte, wohin ihn sein weiterer Weg führt. Oft bekommt er dann von anderen Naturfreunden zu hören: »Ick komm heut ooch noch hin, Eisern Union!«

Längst kennt Micha jedes Schlagloch zwischen Pankow und Köpenick, und doch ist es für ihn jedes Mal ein ganz besonderes Gefühl, hat er die Wuhlheide erreicht. Auch ich umschreibe meine Stadionbesuche gern mit den Worten: Ich fahre ins Grüne. Dabei habe ich es bis heute nicht geschafft, endlich mal früh genug loszufahren, dass ich bereits am S-Bahnhof Wuhlheide aussteigen kann und das Stadion nach einer ausgedehnten Wanderung durch den Wald erreiche. Genau genommen fehlt mir jedoch nicht die Zeit, sondern die für diese Anreisevariante nötige Ruhe. Würde mir die geplante Wanderung doch in jedem Falle zum Eilmarsch durchs Grün, wenn nicht gar zum Crosslauf geraten. Ruhe und Beschaulichkeit sind mir bis heute völlig fremd auf meinem Weg An die Alte Försterei. In der Straßenbahn Richtung Warschauer, der sogenannten Partytram der Hauptstadt, wie sie deren meist schwäbelnde, spanisch oder englisch parlierende Stammgäste nennen, bin ich oft der einzige Fahrgast mit Fußball-Schal. In Friedrichshain steigen zumeist ein paar andere Schalträger zu. Auf dem Bahnsteig Richtung Erkner sind wir nahezu unter uns.

Am Bahnhof Köpenick angekommen, kann ich es absolut nicht erwarten, so schnell wie möglich das Stadion und daselbst meinen Platz oberhalb des Mittelkreises zu erreichen. Ich brenne darauf, meinen Nachbarn, den Steinis aus Ludwigsfelde, die Hände zu schütteln. Ob Rolf und Lisa schon da sind? Und welche Spieler werden sich heute nahe unserer Tribüne warmmachen, sprich in der Startformation auflaufen?

Vor den Heimspielen dieser Saison war ich zudem äußerst gespannt, welchen Anblick die schnell und stetig heranwachsende Haupttribüne bot. Kurzum: Ich fühle mich wie einer, der nach harten Wochen in der Fremde endlich wieder nach Hause kommt.

Kehre ich an dem Stadion in die normale Welt zurück, fühle ich mich wie nach dem Treffen eines eminent verschworenen religiösen Ordens. »Hinein, hinein, hinein!«, brüllen wir auf dem S-Bahnhof Köpenick der heranrollenden Bahn entgegen. Während des Spiels feierten wir auf diese Weise jeden von Union erkämpften Eckball. Wir sind unter uns im Waggon, auf der Fahrt ins Stadtzentrum steht die Atmosphäre jener auf den Stadionrängen in nichts nach.

Am Umsteigebahnhof für die Partytram verliere ich die meisten meiner Glaubensbrüder und -schwestern aus den Augen. In der Straßenbahn schließlich fühle ich mich mit meinem Union-Schal und der von meiner Liebe bestickten roten Jacke allein unter ewig jugendlichen Eventniks und einigen uraltgesichtigen »Erwachsenen«. Viele schauen mich an wie einen Marsmenschen, und ich bin stolz darauf, für sie ein solcher zu sein.

83. GRUND

Weil der Weg zur Alten Försterei ein Wagnis ist

Der alte Müller hatte gerade den finsteren Bahntunnel durchschritten. Auf dem freien Platz vor dem Wald tummelte sich allerhand Volk. Trank-Kredenzer hatten ihre Zelte aufgeschlagen, der Duft von frischem Gerstensaft, Holzfeuer und deftig gegrilltem Fleisch erfüllte die Luft. Viele der Pilger hatten sich entschlossen, gerade hier, am Beginn des gefährlichen Pfades, eine letzte Rast einzulegen. Kräfte sammeln für die entscheidende und schwerste Etappe – danach stand auch dem alten Müller der Sinn.

Er ließ sich einen großen Humpen Frischgezapftes reichen und schlug seine Zähne in Gegrilltes vom Schwein. Sofort spürte er die stärkende Wirkung seines Mahls. Kräftige Gliedmaßen und ein gutes Auge würde er brauchen auf seinem schweren Weg, gerade jetzt, zur Zeit der großen Schneeschmelze.

Gestärkt und voller Zuversicht reihte er sich ein in den Strom der Pilger. Die ersten Meter war der Pfad noch gut begehbar, dann jedoch begann das Reich des Waldes. Schneeschmelze und der unablässige Regen der letzten Tage hatten die Mitte des Wegs in einen reißenden Fluss verwandelt, welcher immer breiter wurde. Der Strom der Pilger hatte sich zweigeteilt. Eng an die Bäume gedrängt, schob sich je ein Trupp, ameisengleich hintereinander her gehend, den kaum noch als solchen auszumachenden Pfad entlang. Ein jeder Schritt ließ dessen begehbaren Teil noch schmaler werden, ein falscher Tritt konnte unrettbar ins eisig kalte Nass führen.

Es war des alten Müllers unerschütterlicher Glaube an Gott und dessen Güte, die ihn diese beschwerliche Reise dennoch in Angriff nehmen ließ. Ja, er würde sein Ziel erreichen und zusammen mit all den anderen vor und hinter ihm Zeuge dessen werden, was der Allmächtige heute für sie bereit hielt. Schon sah er zwischen den Stämmen und Zweigen die Zinnen der rettenden Feste aufleuchten. Ja, auch heute würde er sie lebendigen Leibes betreten.

Besagte Wanderung des alten Müllers führte in das Stadion An der Alten Försterei und geschah nicht im unwettergegerbten Frühjahr anno 1783. Bis heute gehen er und viele Tausend andere Spieltag für Spieltag ebendiesen Weg durch den Wald. Der fühlt sich, sobald es regnet in Köpenick, genau so an wie hier beschrieben. Wer sich auch bei derartiger Witterung in unser Stadion aufmacht, der kann einfach kein Weichei sein.

84. GRUND

Weil bei uns die Bratwurst am Stand besser schmeckt als die im VIP-Zelt

»Een Steak!« – »Zwee Euro fuffzich, danke. Der Nächste!« – »Zwee Wurst!« – »Dauert noch, macht denn vier Euro ... Danke, und der Nächste bitte!« – »Een *dauert noch*, bitte.« – »Der war jut! Zwee Euro bitte.« Der Mann an Kasse eins des großen Grills nahe der Wuhleseite arbeitet, genau wie die Frauen und Männer hinter ihm am Grill, seit Abpfiff der Partie im Akkord. Meine Augen kommen gar nicht hinterher, so schnell dreht eine Frau an die 100 Grillwürste auf den »Rücken«. Allem Stress zum Trotz hat der Kassierer ein anerkennendes Lächeln für meine Bestellung übrig. Nun, er handelt ja auch mit juter Ware zum kleinen Preis. Wo in Berlin gibt's eine Eberswalder Bratwurst oder das Steak, von kundiger Hand auf Holzkohle gegrillt, zu diesem Kurs? Sag es mir, lieber Leser – ich komme hin!

Selbst mein Freund Malko, der mit unserem Verein nichts am Hut hat, schwärmte von unserer Stadionwurst. Da war er seiner Liebsten auch gar nicht mehr böse, dass sie ihn am Morgen vor die Alternative gestellt hatte: »Wat mit mir unternehmen willste, ›endlich mal wieda‹? Dann komm eben *mit* inne Försterei, heute iss Union!«

Wie hervorragend wir Fans auf dem Sektor Grillkost versorgt werden, weiß ich, nachdem ich neulich nach freundlicher Einladung im VIP-Bereich einkehren durfte. Das Speisenangebot im VIP-Zelt (!) war mit Bratkartoffeln, Fleischkäse, Curry- oder verschiedenen Sorten Bratwurst (um hier nur einige Kandidaten zu nennen) natürlich vielfältiger als draußen im Biergarten – bis auf die Bratwurst! In welcher Variante auch immer sie hier von freundlichen jungen Damen dargereicht, keine schmeichelte meinem Gaumen derart vollendet wie jene draußen am Stand: zügig und kross gebraten, nicht so zurückhaltend blass wie für die ganz wichtigen Leute. Deftig und pur, höchstens mit Senf und Ketchup garniert, so hab ich sie am liebsten!

85. GRUND

Weil wir es schafften, nicht mehr an den Zaun zu pinkeln

Pressesprecher Christian Arbeit war oft genug als Zuschauer im Stadion, um zu wissen: Fußballspiele besitzen eine eigene Dynamik, was den Getränkekreislauf angeht. So trinkt ein riesig großer Teil aller Freunde dieser Ballsportart leidenschaftlich gern Bier, auch und gerade zum Spiel. Und dieses Bier nun, ist es erst mal genossen, fordert irgendwann seinen Tribut: Der Fußballfreund muss pinkeln, und zwar schon bald sehr nötig.

Selbstredend gehorcht er diesem Zwang nur im allergrößten Notfall während der ersten oder zweiten Halbzeit. Da will er ja das Spiel verfolgen und seine Mannschaft anfeuern. Also wählt er für seinen Gang aufs Örtchen die Halbzeitpause oder den Moment unmittelbar nach Abpfiff.

Natürlich ist er nicht der Einzige unter den mehreren Tausend Stadionbesuchern, der sich für besagten Fall ebendiese Taktik zurechtgelegt hat. So findet er sich am Toilettenhänger oder vor der Batterie Dixi-Klos als letztes Glied einer immens langen Warteschlange wieder. Nun stellen sich ihm vor allem zwei Fragen:

1. Halte ich es aus, bis ich dran bin?
2. Und wenn ja: Werde ich auf diese Weise womöglich etliche Spielminuten verpassen?

Seine Antworten darauf erfordern zeitnahe Alternativen, die es schleunigst zu suchen gilt! Im Stadion An der Alten Försterei befindet sich eine direkt vor seiner Nase: der Drahtzaun zum Trainingsgelände der Profimannschaft. Oft genug sah ich nach Spielende dicht an dicht Männer vor jenem Zaun stehen, die durch seine Maschen hindurch ihr Wasser abschlugen.

Dieser Zustand stellte, besonders auf Dauer, ein nicht zu vernachlässigendes Problem dar. Zwar gelten Unions Spieler als harte Jungs, aber dass sie, um ihre eiserne Härte zu erlangen, auf einem stickstoffüberdüngten Brennnesselfeld trainieren, gehört ins Reich der Lügenmärchen.

Natürlich gibt es auch in unserem Stadion Ordner, welche gegebenenfalls darauf hinweisen, man möge doch bitte nicht an den Zaun pinkeln, aber dieser ist nun mal sehr, sehr lang, und die Masse derer, die dringend viel Flüssigkeit loswerden müssen, sehr groß. Wie also der Lage Herr werden? Eine Möglichkeit wäre, den Bestand an Dixi-Klos um etliche Exemplare zu vergrößern. Doch auch das wäre nur ein Tropfen auf den heißen Stein, wenn auf einen Schlag ein paar Tausend Menschen einen Platz in einem solchen benötigen. Dixi-Klos nehmen viel Raum ein, und es kann immer nur jeweils einer hinein.

Eine andere Variante wäre, den Zaun mit 200 Ordnern zu besetzen, die jedweden illegalen Pinkelversuch mit harter Hand im Keim ersticken. Diesen Weg wollte man jedoch bei Union nicht gehen. Nicht nur, weil es sich bei etlichen der regelmäßig von ihrer Notdurft Gedrängten um Stadionbauer oder -besitzer handelt. »Keiner von uns will, dass bei uns jemand mit nasser Hose die zweite Halbzeit gucken muss«, betont Christian Arbeit schmunzelnd. Alternativ zum Einsatz einer Dixi- oder Ordnerarmee überlegte man im Hause Union lieber: Wie können wir platzsparend weitere Kapazitäten zur offiziellen Erleichterung der Notdurft-Geplagten schaffen? Bei der schließlich gefundenen Alternative handelt es sich um mobile Tonnen, auf die jeweils kreuzweise zwei Trennwände aufgesetzt sind. Somit können sich an jeder dieser Pinkeltonnen vier Mann gleichzeitig Erleichterung verschaffen. Eine kleine Einschränkung: Dieses System ist tatsächlich nur für

Männer geeignet, aber ebendie stehen dann ja nicht mehr an den Dixi-Klos an. Optisch erinnern diese Mobiltoiletten an Skulpturen, die einer modernen Kunstauffassung folgen. Farblich passen sie sich hervorragend an ihre Umgebung an, die grün bewachsenen Stadionhänge. Unterstützt wird das Anliegen, welches hinter der ganzen Aktion steht, durch Hinweisschilder wie: *Bleib sauber, es ist auch dein Wohnzimmer.*

Seit die neuen Toiletten stehen, sehe ich sie nach Spielende stark frequentiert und den Zaun zu den Trainingsplätzen weit weniger von pinkelnden Männern gesäumt. Unions Pressesprecher hat sich bestimmt gefreut, dass es unsere »Kunst-Klos« sogar in die ARD schafften. Die *Sportschau* strahlte ihnen zu Ehren einen extra Beitrag aus.

86. GRUND

Weil für Unioner ungefährdete Siege etwas Fremdes sind

Was ist dem Union-Fan nahezu fremd? Ein entspannter, sicherer Sieg seiner Mannschaft. Klar, unsere Fußballgötter beschenken uns immer wieder auch mit gewonnenen Spielen, doch wenn sie es tun, dann nahezu immer wie folgt:

Am 11. Spieltag der Saison 2008/09 empfing Union im Spitzenspiel der 3. Liga deren Tabellenführer, den SC Paderborn. Auswärts-Heimspiel im Friedrich-Ludwig-Jahn-Sportpark vor 7507 Zuschauern. Nach neun Minuten lagen wir 0:1 zurück. 51 Spielminuten später spielte unsere Mannschaft nur noch zu zehnt. Nach weiteren sechs Minuten stand es 0:2. Alle Messen gesungen.

Oder? Nicht bei Union!

Durch dieses Handicap offensichtlich ausreichend angespornt, zeigten die Eisernen auf dem Rasen, was sie seit Generationen nun mal am besten können. Der Schlachtruf »Kämpfe, Union, kämpfe!« erzählt äußerst präzise, was das ist.

In der 74. Minute erreicht ein Pass in die Spitze Karim Benyamina. Der spielt mit drei Paderbornern Hase und Igel, zieht ab – und die Maschen des Tornetzes tanzen. Endlich der längst fällige Anschlusstreffer. Acht Minuten später Freistoß durch Torsten Mattuschka. Der zirkelt den Ball exakt auf den Kopf von Nico Patschinski – der aus gut 7000 Kehlen frenetisch bejubelte Ausgleich!

Unter unserem Gesang vom 1. FC Union, unsrer Liebe, unsrer Mannschaft, unserm Stolz, beackern die zehn Unioner weiter das Spielfeld. Nur vier Minuten später ein Missverständnis zwischen drei in Ballnähe postierten Paderbornern. Karim schnappt sich die Kugel, wenige Sekunden später steht er allein vorm gegnerischen Torhüter – und befördert die Kugel eiskalt an ihm vorbei ins Netz! Unions Mannschaft hatte das scheinbar hoffnungslos verlorene Spiel gedreht wie nach dem Drehbuch eines Hollywoodfilms – im Unterschied dazu aber echt!

Knapp elf Monate später trafen beide Teams wieder aufeinander, dieses Mal ein echtes Heimspiel für Union im frisch renovierten Stadion An der Alten Försterei. Nach 24 Minuten führten wir durch Treffer von Mosquera, Benyamina und noch einmal Mosquera mit 3:0. Beflügelt von der Rückkehr nach Hause hatten unsere Mannen schnell alles klargemacht.

Oder? Denkste!

Paderborn, das bis zu jenem Zeitpunkt »nicht stattgefunden« hatte, wie das so schön heißt, fand ebenfalls großen Gefallen am offensiven Umgang mit einem Handicap. In die Kabinen ging es beim Stande von 3:2, und die Unioner unter den 13.037 Zuschauern standen mal wieder vor der ihnen so vertraut bangen Frage: Wie geht das jetzt weiter?

Nicht mal drei Minuten des zweiten Durchgangs waren vergangen, da köpfte Karim zum 4:2 ein – und alles war wieder geritzt.

Mit zwei Toren Vorsprung ging es in die letzten sechs Minuten der Partie, ein am Ende doch relativ sicherer Sieg war unser!

Oder? Wieder denkste!

Fünf Minuten vor Schluss fingen wir das 4:3 – und durften noch einmal kräftig bangen beim unentwegten Gesang: *FC Union, unsre Liebe, unsre Mannschaft, unser Stolz …*

Kenan Sahin erlöste uns in der 89. durch sein 5:3 – für nicht mal eine Minute. Postwendend schoss Paderborn den erneuten Anschlusstreffer zum 5:4 und sorgte somit für eine »angenehm« knisternde Nachspielzeit. Jetzt allerdings zeigte unsere Mannschaft ein Einsehen und entschloss sich, die Belastbarkeit unserer Nervenstränge nicht *noch* weiter zu prüfen. Nach dem Schlusspfiff hatte sich keiner unserer Spieler vorzuwerfen, er habe uns Fans einen langweiligen Spielverlauf geboten. In der Tat kenne ich kaum einen Unioner oben auf den Rängen, der unseren Mannen – nach welchem Spiel auch immer – eine derartige Missetat vorzuwerfen hätte.

Denn auch, wenn wir am Ende mit zwei Toren Vorsprung gewannen, ging dem nur selten eine langweilige Schunkelmugge voraus. Beim Stand von 2:1 gegen Energie Cottbus entschied sich einer unserer Verteidiger, die Spannung mittels einer Notbremse im eigenen Strafraum noch einmal drastisch hochzufahren. Union zu zehnt und Strafstoß – *das* Szenario für prickelnden »Spaß« An der Alten Försterei. Daniel Haas zeigte eine Matthies-würdige Glanzparade und hielt unseren knappen Vorsprung fest. Womöglich, weil auch ein Cottbusser das Schiedsrichtergespann bat, den Platz früher verlassen zu dürfen, entschied sich unser lieber Björn Jopek dafür, erst in der Nachspielzeit einen blitzschnellen Konter mit dem erlösendenden 3:1 zu krönen.

87. GRUND

Weil Union am liebsten gegen spielschwache Gegner schwächelt

In der Saison 2012/13 zeigte Union, besonders im eigenen Stadion, äußerst beherzte Vorstellungen gegen die Spitzenteams der Liga. Gegen Braunschweig verlor man letztendlich aufgrund einer unglücklichen Schiedsrichterentscheidung, gegen Hertha nach großem Kampf. Ebender brachte uns in der Partie gegen 1860 München nach anfänglicher Führung und zwischenzeitlichem Rückstand den Ausgleich in der 81. Spielminute und damit immerhin einen Punkt. Nachdem der 1. FC Köln bereits nach drei Minuten durch einen Foulelfmeter in Führung gegangen war, drehte Union das Spiel und bezwang die Geißböcke mit 2:1. Der Auftritt von Energie Cottbus An der Alten Försterei endete nach höchst dramatischen 90 Minuten mit einem 3:1 für die Hausherren. Den 1. FC Kaiserslautern bezwang unsere Mannschaft, für mich unerwartet, souverän mit 2:0.

Schlimm anzusehen dagegen die Partien gegen den SC Paderborn und VfR Aalen. Die Mannen von der Pader nutzten nach vielen glücklosen Bemühungen unserer Mannschaft deren ersten Fehler zum 0:1. Bei diesem Ergebnis blieb es bis zum Abpfiff.

Um ein Haar hätten die Anzeigetafeln beim darauffolgenden Heimspiel gegen Aalen das gleiche Endergebnis gezeigt. Hier jedoch parierte Torhüter Daniel Haas den einzig nennenswerten Aalener Gegenstoß mit einer sehenswerten Parade. Schlimm nur, dass es sich bei jenem Angriff der erschreckend spielschwachen Gäste um den gefährlichsten der gesamten Partie handelte.

Hinter alldem steckt ein System. Ist der Gegner stark, kann Union seine große Tugend entfalten und durch beherzten Einsatz auf dem Platz, lautstark unterstützt von den Rängen, eine Menge erreichen. Regelmäßig bekommen die Eisernen jedoch Probleme, treffen sie auf eine Mannschaft, deren Taktik hauptsächlich darin besteht, sich hinten reinzustellen. Teams, die es nicht vermögen, das Spiel zu machen, liegen Union nun mal nicht. Allzu oft nämlich schlüpft der Gegner bei einer solchen Konstellation in genau jene Rolle, die sonst der 1. FCU innehat. Er entfaltet die kämpferische Kraft des Underdogs. Gelingt unserer Mannschaft dann kein taktischer Geistesblitz, genügt eben mitunter jener eine tödliche Konter, um das Spiel gegen uns zu entscheiden. Ich hoffe nur, diese Zeilen liest niemand aus Aalen oder Paderborn …

88. GRUND

Weil wir unsere Mannschaft auch bei einer Niederlage feiern

»Ich gehe seit 1966 zu Union. Ich habe alles mitgemacht, von der 1. bis zur 4. Liga, und ich sah in all den Jahren mehr Niederlagen als alles andere.« Mit diesen Worten fasste mein Union-Freund Micha seine nunmehr 47 Jahre als Eiserner zusammen. Sie beschreiben in komprimierter Form jene Realität, mit der sich unser Verein seit seiner Gründung herumschlägt. Dennoch passiert es nur äußerst selten, im Grunde nahezu überhaupt nicht, dass Unions Mannschaft deshalb von den Fans mit geballtem Unwillen überschüttet wird.

Die von den Anhängern vieler Erst-, aber mittlerweile auch etlicher Zweitligisten praktizierte Eigenart, das eigene Team auszupfeifen, wenn mal nicht alles optimal klappt, mitunter sogar bei eigener Führung, empfinde ich als äußerst befremdlich. Natürlich will auch jeder Union-Fan, dass seine Mannschaft, gegen wen sie auch immer antritt, den Sieg davonträgt. Kurzum: Eine Niederlage stellt für uns keinerlei Grund zum Feiern dar. Aber wie das Leben nun mal spielt, sie ist nicht immer zu vermeiden. Dieser Realität ins Auge zu sehen, das lernte nicht nur mein Freund Micha.

Die meisten von denen, die zum Fußballgucken ins Stadion An der Alten Försterei pilgern, begreifen sich nicht als Fußball-Konsumenten und als nach dem Entrichten des Eintrittsgeldes von ihrem Team zu beglückende Endverbraucher – oder im Falle einer Niederlage als Betrogene. Als Union-Fan fühle ich mich viel mehr als ein Teil des Ganzen – und weiß, dass auch ich in meinen täglichen persönlichen Kämpfen längst nicht immer als Sieger vom Platz gehe. »Union Berlin – du bist jenau wie ick«, drückt es Sporti in *Eisernet Lied* aus.

Und dass uns eine Mannschaft spielerisch derart überlegen ist, dass auch der beherzteste Kampf nicht ausreicht – tja, auch das kommt halt vor. Ein anderes Mal finden unsere Spieler keinen Schlüssel, die gegnerische Elf-Mann-Abwehr zu knacken, und kassieren dann, irgendwann, den einen, offenbar unvermeidbaren tödlichen Konter. Das ist ärgerlich, mitunter zum Haare-Raufen, bietet reichlich Gelegenheit zum Fluchen und Schreien – und doch: Solange bei unseren Spielern der Einsatz stimmt, sich die Unioner auf dem Platz ordentlich reinknien, applaudieren wir ihnen nach dem Spiel und feiern sie als unser Team. Nicht nur Micha – auch ich sah mittlerweile etliche Niederlagen meiner Mannschaft. Ein einziges Mal ging ich direkt nach dem Abpfiff und schenkte mir die Ehrenrunde der Spieler und des Trainerstabs. Öfter gaben mir die Unioner da unten auf dem Platz keine Gelegenheit dazu.

89. GRUND

Weil Unioner selbst bei derben Klatschen ihren Humor bewahren

Im dritten Stadionheft der Saison 2011/12 werden am 20. August 2011 *Greuther Grüße* übermittelt. Der Dankesbrief eines Ehepaars aus Fürth war in sehr herzlichem Ton verfasst. Einen Monat zuvor hatten die beiden Franken aus dem Gästeblock heraus unseren Gegner angefeuert. Hemmungslos begeistert priesen sie die Stimmung in unserem Stadion, doch nicht nur das. Nach dem Spiel waren sie in Fankleidung in der kleinsten Brauerei Deutschlands auf dem Köpenicker Schlossplatz eingekehrt. Die anderen, nahezu vollzählig in Rot-Weiß gekleideten Gäste empfingen sie mit dem Gesang: »So sehen Sieger aus!«

Hernach wollten die zwei bei einem Italiener essen gehen. In dessen Biergarten wehte eine große Union-Fahne, und der Kellner ließ sie wissen: »Entschuldigung, aber Sie haben hier Hausverbot!« Einen Augenblick später klärte er sie auf, dies sei ein Scherz gewesen – und hieß sie herzlich willkommen. Vor dem Hauptgang gab es gratis eine Vorspeise, am Ende einen »Sieges-Schnaps« aufs Haus. Was war geschehen? Am 23. Juli 2011 traf Union, mal wieder im ersten Heimspiel der Saison, auf »Lieblingsgegner« Greuther Fürth. Seit unserem Wiederaufstieg in die 2. Bundesliga hatten wir die Kleeblätter nicht mehr besiegen können. Ein Unentschieden sowie drei knappe Niederlagen standen seither zu Buche. Viele Unioner unter den 15.004 Besuchern An der Alten Försterei waren frohen Mutes, dass nun endlich der erste Sieg folgen würde.

In der Tat legte Union los wie die Feuerwehr – um in der 8. Minute, aus dem Nichts und zur großen Verwirrung von uns Fans, das 0:1 zu kassieren. Egal, weiter ging's Richtung Fürther Tor. Außer in der 27. Minute, da nämlich fiel das 0:2. Union ackerte, Union stürmte, Union kämpfte, doch wussten die Fürther stets die bessere Antwort. Daran sollte sich auch in Hälfte zwei nichts ändern. Fürth legte noch eine Schippe drauf und verpasste uns eine satte, am Ende hochverdiente 0:4-Niederlage.

Wie gesagt, kein Unioner macht sich auf den Weg in sein Stadion, um eine solche Blamage zu erleben. Aber spätestens nach dem 0:3 sahen es die meisten offensichtlich so wie ich: Unsere Jungs versuchen ja alles, aber hilft nix, der Gegner ist heute einfach besser, und zwar in allen Belangen.

Was blieb uns also anderes übrig, als unsere Mannschaft weiter anzufeuern, gerade so, als wäre das heute ihr letztes Spiel? Nach dem Abpfiff bedankten wir uns bei den Unionern auf dem Platz dafür, dass sie nicht aufgesteckt und immer wieder versucht hatten, doch noch – zunächst den Ausgleich, später wenigstens noch den Ehrentreffer zu erzielen. Gästetrainer Michael Büskens gab in der anschließenden Pressekonferenz zu Protokoll: »… ich kann mich an kein Spiel erinnern, in dem man 0:4 verliert und einen die Leute so unterstützen. Das war … poah … das war wirklich sensationell! Davor zieh ich absolut den Hut!«

Natürlich hatten wir das nicht getan, um uns als tolle Verlierer zu präsentieren. Im Gegenteil. Wenn schon unsere Mannschaft die des Gegners nicht schocken konnte, dann doch wenigstens wir deren Fans auf den Rängen! »Das wird 'ne janz enge Kiste!«, stimmten wir ab dem 0:3 immer wieder lauthals jenen Gesang an, der bereits am 7. Oktober 2002 bei unserer 0:7-Klatsche in Köln für reichlich Verwunderung unter den Geißbock-Anhängern gesorgt hatte. Längst sehen eiserne Auswärtsfahrer die besondere »Stärke« unserer Mannschaft auf fremden Plätzen mit einem Augenzwinkern, was in dem Ruf zum Ausdruck kommt: »Wir fahren weit, wir fahren viel, wir verlieren jedes Spiel!«

Gegen Ende des Heimspiels gegen Fürth skandierten wir zudem mehrfach lautstark »Sieg!« und rissen dabei triumphierend die Arme hoch. Ich stand unweit des Gästeblocks und sah die mittlerweile äußerst verunsichert dreinblickenden Kleeblatt-Anhänger. Sind wir jetzt im falschen Film oder die?, werden sich etliche von ihnen gefragt haben. Der oben erwähnte Brief zeigt: Wir alle waren nicht im Film, sondern im Stadion An der Alten Försterei.

90. GRUND

Weil An der Alten Försterei Halbstarke lernten, einen alten Förster zu ehren

Auf der Gegengeraden, ein Stück links des Mittelkreises, lehnte seit der letzten Saison ein Trupp Halbstarker am Geländer des Umlaufs. Ihren Wortführer taufte ich insgeheim Mütze, weil er sommers wie winters einen schwarz-roten Union-Pudel über seinen blonden Locken trug. Mütze und sein Trupp strotzten vor Kraft, zumindest fehlte es keinem von ihnen an markig zur Schau gestelltem Selbstbewusstsein. Sie wohnten und arbeiteten in verschiedenen Stadtteilen und trafen sich An der Alten Försterei, um gemeinsam nach allen Regeln der Lebenskunst ins Wochenende reinzufeiern. Ihre Gespräche, die ich ihrer Lautstärke wegen oft zwangsläufig mitverfolgte, drehten sich um Bier, Computerspiele, gelegentlich um Mädchen und immer wieder um Fußball. Erklang aus den Boxen der Song *Eisernet Lied*, waren sie die Ersten, die sofort mitgrölten: *Hier ist meen Zuhause, hier kricht ma keener weg / Die Alte Försterei, det iss der einzje Fleck / Da, wo mein Herz schlägt, wo ick hinjehör'* … Ihnen hab ich es zu verdanken, dass auch ich schon bald ohne Probleme den Einsatz fand und schnell äußerst textsicher wurde. Bis dato hatte sich mein Mitsingen auf die Zeile *Doch die Mannschaft weiß, dass wir hinter ihr stehn / Und wer det nich kapiert, der soll zu Hertha gehn!* beschränkt.

Die Gespräche von Mütze und seinem Trupp verstummten jeweils für wenige Sekunden, sahen sie den kleinen alten Mann anrücken. Der hatte seinen Stammplatz ebenfalls am Geländer des Umlaufs, also in *ihrem* Revier. Der Alte trug, genau wie Mütze seinen Wollpudel, eine abgeschabte Schmidtmütze auf seinem schütteren grauen Haar. Seine wildlederne Jacke hatte er bis zum obersten Knopf geschlossen. Das Markanteste an ihm war ohne Zweifel sein Krückstock, um dessen Knauf sich ein – bestimmt von seiner Frau

– handgestrickter Union-Schal wand. Der kleine alte Mann gehörte nicht zu den großen Sängern, wohl aber erhob er seine Stimme jedes Mal, wenn nach einer Glanzparade unseres Torhüters oder einem respektablen Schuss oder Pass unserer Offensive das »Eisern Union« aufbrandete. Schoss Union ein Tor, stach er seinen Stock steil nach oben in die Luft. Ebenso verfuhr er, nahm einer unserer Spieler den Kampf um jeden Ball nicht bedingungslos genug an. Dann schimpfte der Alte wie ein Rohrspatz.

Mützes Männer wirkten bei jeder Attacke des kleinen alten Mannes sichtlich irritiert. Wollte der ihnen die Show stehlen? Ja verdammt, das tat er! Von Spieltag zu Spieltag zeigten sie sich entnervter von den Aktivitäten ihres Konkurrenten. Bald sah ich sie ihre Köpfe zusammenstecken und grienenden Gesichts miteinander tuscheln, sobald ihr Konkurrent sich zum Geschehen auf dem Rasen äußerte. Der ganze Trupp präsentierte ein hämisches Grienen in Richtung des Alten – und der nahm davon nicht die geringste Notiz! Ganz klar, so konnte es nicht weitergehen.

Schließlich fasste sich Mütze ein Herz. Als der kleine alte Mann das nächste Mal seinen Wollschal-bewehrten Krückstock in die Luft gestochen hatte, begleitet von einem beherzten: »Mann, ran da, du Ente!«, raunzte er ihn im coolsten Tonfall an: »Sag mal, Alter, was willst'n *du* eigentlich noch hier!«

Ich nehme an, dass er im nächsten Satz den Hinweis auf das doch sicher hammermäßig schnuckelige Altersheim bringen wollte, welches doch wohl eher der artgerechte Aufenthaltsort seines Gegenübers sei, doch dazu kam Mütze nicht mehr. Blitzschnell hatte sich ihm der kleine Herr zugewandt. »Ick war schon hier, als det da drüben noch det Forsthaus war!«, donnerte er Mütze zusammen. »Als Förster hab ick jearbeetet, und am Wochenende hier uffde Traverse jestanden. Det mach ick so, bis ick umfalle, du Grünfink. Und jetz halt die Schnauze, ick will det Spiel sehn!«

Sprachlos und mit hochgezogenen Augenbrauen zollte ihm der gesamte Mütze-Trupp seinen Respekt. Es war offensichtlich ein heilsames Gewitter, welches der Alte da über ihnen ausgeschüttet hatte. Seit jenem Tag begrüßen die Jungs ihren Alten Förster mit Handschlag und treten wie selbstverständlich beiseite, auf dass er seinen angestammten Stehplatz am Umlauf einnehmen kann. Klar lächeln sie, fährt ihr Nachbar mal wieder nach allen Regeln der Kunst aus seiner Haut. Manchmal landet danach eine Hand anerkennend auf der wildledernen Schulter. Und gelegentlich sehe ich, wie der alte Förster den Takt von *Eisernet Lied* mit einem lässigen Nicken begleitet.

91. GRUND

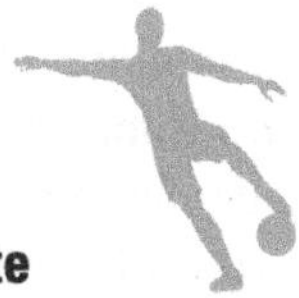

Weil sich einer von uns nachweislich mit Gott anlegte

Die Halbzeitpause gehört im Stadion An der Alten Försterei nicht dem Sponsor of the day oder andersklingendem Promotion-Gegurke, sondern dem gepflegten Pausengespräch. Manchmal allerdings hat Stadionsprecher Christian Arbeit auch Neuigkeiten rund um unseren Verein zu vermelden. Zu diesen gehört hin und wieder – so ist nun mal das Leben – die Verabschiedung eines alten Fans. Ich meine hier die letzte, endgültige Verabschiedung aus dieser Welt. Oftmals schreiben nahe Angehörige des Verstorbenen dann einen Brief. Der ist zumeist versehen mit der Bitte, Christian möge ihn in der Halbzeitpause des nächsten Heimspiels vorlesen, auf dass wir hernach den Dahingeschiedenen mit einem dreifach donnernden »Eisern Union« in die ewigen Jagdgründe verabschieden. Ich bin garantiert nicht der Einzige aus der Union-Familie, dem es in diesen Augenblicken ein ganz besonderes Bedürfnis ist, dem Gegangenen noch einmal ebenjenen Gruß zuzurufen, den er selbst wieder und wieder in den Himmel über dem Stadion geschrien hatte.

Ganz besonders erinnere ich mich an den Brief eines Sohnes, der uns wissen ließ, dass es seinem verstorbenen Vater da oben im Himmel ganz gut gehe. Und das, obwohl jener alte Haudegen und langjährige Union-Fan gerade ordentlich Stress mit Gott habe. Der nämlich sei stinksauer auf ihn, weil er – entgegen aller göttlichen Weisungen – partout nicht damit aufhöre, bei jeder sich irgend bietenden Gelegenheit die Wolken weiß-rot anzumalen.

Just in diesem Augenblick erstrahlte der Himmel über der Alten Försterei im herrlichsten Abendrot. Und siehe da, die wenigen Schönwetter-Wolken am Firmament schimmerten klar und deutlich weiß und rot. »Da!«, schrien sofort die Ersten los. »Ja! Da malt er schon wieder!«

Nie zuvor und niemals wieder erlebte ich den Tod eines Menschen von einem derart tröstlichen Augenzwinkern begleitet. Sofort schickten wir unserem also noch immer widerspenstigen Kollegen dreifach unseren Schlachtruf hinauf. Das »Eisern Union« für ihn schallt mir noch heute in den Ohren.

10. KAPITEL

UNIONER UND DER REST DER WELT

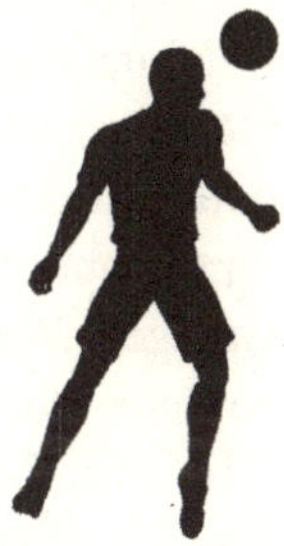

92. GRUND

Weil Unioner mal eine Fanfreundschaft mit Hertha pflegten

Ich erinnere mich gut an einen Song, den die langhaarigen Union-Rabauken aus der zehnten Klasse unserer Polytechnischen Oberschule Ende der Siebziger gern sangen: *Wir halten zusammen / Wie der Wind und die See / Die blau-weiße Hertha / Und Union von der Spree*. Ungleich bekannter ist die Variante … *Wie der Wind und das Meer / Die blau-weiße Hertha / Und der FC Union*. Da ich jedoch schon damals ein ausgesprochener Verehrer der Reime war, ist mir vor allem erstere vertraut.

Meine Heimatstadt Oranienburg ist eine 25.000 Seelen fassende Häuseransammlung nördlich von Berlin. Ende der Siebziger gründeten etliche der oben erwähnten Rabauken den Union-Fanclub Oranienburger Frösche. Der war selbstredend nicht offiziell eingetragen. Wo um alles in der Welt hätten die Jungs eine derartige Amtshandlung vollziehen sollen? Beim Kulturbund, der Gesellschaft für Deutsch-Sowjetische Freundschaft, der Pionierorganisation »Ernst Thälmann«? Der Name ihrer Truppe war selbstverständlich ein Bezug auf Hertha BSC, den berühmten Verein vom nahen und dennoch Unendlichkeiten entfernten Planeten Westberlin. Die viel publizierte Rechtslastigkeit eines Teils jener Hertha-Frösche war den Oranienburger Unionern unbekannt wie egal. »Det waren einfach die verschärftesten Herthaner«, erinnert sich Linse, einer der Rabauken. »Die sind zu jedem Hertha-Spiel mitgefahren, genau wie wir zu Union!«

So mancher blau-weiße Frosch aus Westberlin verstärkte die Reihen seiner rot-weißen Artgenossen bei Unions Spielen An der Alten Försterei, einige sogar auswärts. Dass die Oranienburger Frösche die Hertha niemals im Olympiastadion nach vorn brüllten, lag keinesfalls an ihrem fehlenden Willen dazu. Wenigstens konnten Unioner ihre Hertha-Freunde bei deren Europacup-Spielen in Dresden oder Prag massenhaft, lautstark und erfolgreich unterstützen.

Kurzum: Die Oranienburger Unioner nannten sich Frösche, weil das eben von Hertha kam, *der* Mannschaft aus Berlin – aus *West*berlin! Allein *darin* bestand die Provokation. Wollten die Rabauken doch vor allem zum Ausdruck bringen, dass ihnen ihr »Sozialistischer Friedensstaat« mit all seinen »von der revolutionären Arbeiterklasse unter der Führung ihrer marxistisch-leninistischen Kampfpartei erkämpften Errungenschaften« glatt am Allerwertesten vorbeiging. Viele trugen, genau wie mein Freund Linse (heute ein Eiserner Botschafter), auf einem Ärmel ihrer echten Jeansjacke aus dem Westen den Union-Aufnäher und an der Brust jenen von Hertha.

Längst nicht nur in Oranienburg hielten es Union-Fans dereinst wie Linse und seine Rabauken. Viel ist seither über die »Freunde hinter Stacheldraht« geschrieben worden, sodass ich es an dieser Stelle nicht wiederholen muss. Die Oranienburger Frösche übrigens gründeten sich am 15. Februar 1989 neu, mit der Wende gar offiziell als ordnungsgemäß eingetragener Fanclub des 1. FC Union Berlin. Die Zeiten, in denen blau- oder rot-weiße Frösche und all die anderen Anhänger der beiden Berliner Vereine zusammen sangen, sind lange, lange vorbei. Von den meisten Mitmenschen ebenfalls längst vergessen oder nie erlebt: das Wiedervereinigungs-Spiel beider Teams am 27. Januar 1990 im Olympiastadion. Union verlor vor 51.270 Zuschauern mit 2:1, dennoch feierten alle gemeinsam! Ein Freundschaftsspiel im wahrsten und besten Sinne des Wortes!

Als beide Mannschaften am 17. September 2010 zum ersten Mal in ihrer Geschichte im Stadion An der Alten Försterei um Punkte in der 2. Bundesliga stritten, bestimmte Derby-Rivalität die Szene. »Scheiß Union«, riefen die einen, »Nur zu Hertha geh'n wir nicht« oder »Wir ham ein Stadion – und ihr nicht!«, die anderen.

Allerdings erinnere ich mich auch an eine Männerstimme in meinem Rücken, welche kurz nach einem Schmähgesang in Richtung Gästeblock rief: »Ihr habt Schulden – und wir auch!« Rings um ihn her lachten die Leute. Sie hatten seine geradezu versöhnliche Botschaft bestens verstanden.

Auf der Heimfahrt in der S-Bahn traten direkt vor meinen Augen ein Herthaner und ein Unioner, beide etwa in meinem Alter, aufeinander zu. Nachdem sie sich die Hände gereicht und das Spiel mittels einiger Frotzeleien Revue hatten passieren lassen, griff sich jeder der beiden entschlossen an den eigenen Hals. Mit den Worten »Pass gut auf ihn auf!« und »Halte ihn in Ehren!« tauschten sie ihre Fanschals. Die Tränen standen ihnen in den Augen. Beide kannten den jeweils anderen Verein aus jenen Zeiten, in denen hüben wie drüben Tausende Berliner und Randberliner Fußballfans von Wind und Meer gesungen hatten – oder vom Wind und der See, weil sich das verdammt noch mal reimt!

93. GRUND

Weil Union heute keine Fanfreundschaften mehr pflegt

Die Beziehungen zu den Fans anderer Mannschaften gestalten Union-Anhänger »überwiegend heterogen«, wie es bei Wikipedia überaus treffend heißt.[35] Etliche hegen Sympathien zu den Fans des FC St. Pauli. Andere erinnern sich seit dem DFB-Pokalfinale 2001 gern an die Schlachtenbummler von Schalke 04, wieder andere rechnen den Münchner Bayern ihre Benefiz-Spiele An der Alten Försterei hoch an. Viele ältere Unioner haben die alte Freundschaft zu Hertha BSC bis heute nicht vergessen.

Sehr gut verstanden sich die meisten Union-Fans mit denen des FC Augsburg, zumindest solange beide Vereine gemeinsam in der 2. Liga spielten. Beim FC Erzgebirge Aue gibt es kaum Stress. Ich für meinen Teil hege eine besondere Sympathie für diesen Club und etliche seiner Fans, weil meine Liebe, meine Schwiegereltern und mittlerweile etliche meiner Freunde und Bekannten aus dem Erzgebirge kommen. Genau genommen bin ich nahezu immer für den FC Erzgebirge – außer, wenn dessen Gegner 1. FC Union Berlin heißt. Dann nämlich kenne ich weder Verwandte noch Freunde im gegnerischen Block, dann singe ich für meine Mannschaft und beteilige mich gar an dem noch aus Ostzeiten stammenden Schmähgesang: *Ihr seid Sachsen, asoziale Sachsen, ihr schlaft unter Brücken, oder in der Bahnhofs-Mission.* Das singe ich, obgleich ich weiß, dass es sich im Falle der Aue-Fans um eine doppelte Beleidigung handelt. Erstens jene Schmähung, die besagter Gesang nun mal darstellt, und zweitens, das wiegt wohl um einiges schwerer, weil sich die stolzen Erzgebirger mitnichten als Sachsen verstehen.

Vor und nach Abpfiff würde ich solcherart Liedgut niemals in den Mund nehmen. Während des Spiels jedoch bin ich einfach nur ein Unioner, der seine Mannschaft siegen sehen und beim Sängerwettstreit auf den Rängen lauter sein will als die Anhänger des Gegners, ganz egal, um wen es sich dabei handelt.

Ich denke, so wie es mir mit meinen Erzgebirgern geht (zudem bin ich wohl der einzige Berliner, der streng darauf achtet, niemals Erzgebirgler zu sagen), halten es die allermeisten Union-Fans. Sympathie hin oder her, sie gilt nur bis zum Stadiontor. Daselbst fällt die Entscheidung über Sieg oder Niederlage unten auf dem Platz, und wir auf den Traversen geben alles, unserer Mannschaft den Rücken zu stärken.

Beim Gastauftritt der Frankfurter Eintracht bewiesen Unioner ihren tiefen Respekt gegenüber den Gästefans, als sie lautstark forderten, dass man die vom DFB Ausgesperrten in ihren Block lässt. Entschließt sich die Polizei gegenüber den gegnerischen Schlachtenbummlern zu einem brachialen Kampfeinsatz, hallt der laute Ruf der Unioner: »Fußballfans sind keine Verbrecher!« über den Platz.

Regelmäßig mache ich nach dem Spiel unter den rot-weißen Besuchern der am Stadion gelegenen Fankneipe Abseitsfalle auch die Farben des jeweiligen Gegners aus. Die eine oder andere Frotzelei gehört dazu. So erinnere ich mich an das Verkaufsgespräch zwischen dem Bier-Zapfer und einem St.-Pauli-Fan, der sich, unbeabsichtigt, nicht ganz korrekt in die Schlange eingereiht hatte.

»Ey, zum Vordrängeln haste det falsche Trikot an«, brummte der Mann am Zapfhahn, woraufhin sich der St. Paulianer entschuldigte und hinten anstellen wollte, bis ihn ein kräftiges: »War'n Scherz! Wie viel Bier willste'n haben?« an die Theke zurückbeorderte.

Bei aller Gegnerschaft: Die da drüben sind Fußballfans wie wir!

94. GRUND

Weil Union nichts, aber auch gar nichts mit Retortenclubs am Hut hat

Testspiele, früher Freundschaftsspiele genannt, bilden für Fußballvereine das Kernstück jedweder Saisonvorbereitung. Außerdem werden sie gern anberaumt, wenn die Liga mitten in der laufenden Spielzeit pausiert. Die Fußballer sollen nicht das ansetzen, was man beim Boxen Ringrost nennt. Damit der Test aussagefähig ist, suchen die Vereine Kontrahenten, die eine anspruchsvolle, aber lösbare Aufgabe darstellen. Unter vergleichbaren Gesichtspunkten wählen erstklassige Boxställe die Aufbaugegner ihrer Stars und Sternchen aus.

Nun also suchte Union Berlin für die Länderspielpause am 25. März 2011 einen passenden Testspielgegner. Die Wahl der sportlichen Leitung fiel auf die in Leipzig ansässige Marketing-Abteilung Fußball eines milliardenschweren Brauseherstellers aus Österreich – die Jungs mit den beiden roten Ochsen auf den Trikots. Kaum drang die Kunde vom nahenden Gastspiel der Brause-Paarhufer an die Öffentlichkeit, liefen die Union-Fans Sturm gegen ein derartiges Ansinnen. In sämtlichen einschlägigen Internetforen ging es hoch her. Unverständnis und der vielfach ausgestoßene Ruf, besagtes

Spiel zu boykottieren, bestimmten den Tenor der Wortmeldungen. Schnell positionierte sich auch jener Union-Fan, der zugleich das Amt des Vereinspräsidenten bekleidet. »Nicht alles, was aus sportlicher Sicht sinnvoll erscheint, passt zu Union«, so Dirk Zingler.[36] Seinen Worten folgte die Tat: Die von der sportlichen Leitung ins Auge gefasste Partie wurde abgesagt. Genau das entsprach dem Willen des eisernen Anhangs. Die Vereinsführung sei vor den Fans eingeknickt, stichelte eine Leipziger Zeitung. Deren Schreiber erschien es offensichtlich unvorstellbar, dass Fußball-Anhänger für einen Club mehr sein könnten als – wie bei den Brause-Ochsen praktiziert – reines Konsumenten-Fußvolk: Sponsoren-Trikot und Eintrittskarte kaufen, an den vorgesehenen Stellen jubeln, ansonsten Schnauze halten!

Auch im Hause Union akzeptiert und begrüßt man es längst, dass sich Unternehmen finanziell für Sportvereine engagieren, wie es zum Beispiel der Bayer-Konzern aus Leverkusen seit vielen Jahrzehnten praktiziert, längst nicht nur in der Fernsehsportart Nummer eins. Ebenfalls völlig in Ordnung: Ein solventer Unternehmer aus dem Südwesten unseres Landes setzt sich vehement für den seiner Meinung nach unterklassig spielenden Verein seines Herzens ein, für den er als Junge höchstselbst gegen den Ball trat.

»Käme eines Tages ein Unioner zu uns, der im Lotto gewonnen hat, und fragt: ›Ich hab hier ein paar Millionen über, was kann ich für unseren Verein tun?‹, würden wir ihn natürlich nicht vom Hof jagen«, lässt sich Pressesprecher Christian Arbeit zu diesem Thema vernehmen. Gänzlich anders liegt der Fall jedoch, wird, wie bei der in Leipzig stationierten Limonaden-Promotion, das Prinzip des Fußballsports auf den Kopf gestellt: Eine global agierende Marke kauft einen strategisch günstig gelegenen kleinen Verein. Der sollte möglichst wenige Mitglieder haben, die sich gegen eine solche feindliche Übernahme wehren könnten. Alsdann benennt der Käufer den Verein um, kleidet ihn in seine Firmenfarben – und pumpt ihn Kraft seiner monetären Wassersuppe zur gigantischen, willenlosen Marketingabteilung auf. Auch der in Sachsen stationierte Retortenclub hat mittlerweile seine Anhänger. Geld macht eben sexy, auch wenn es nicht das eigene ist. »Isch möschte hier in Leipzisch irgendwann Bundesliga-Fußball sähn«, hörte ich unlängst einen Anhänger der Bonbonwasser-Truppe in eine Kamera sagen. »Ob der Verein dann Nutella oder sonst wie heißt, ist mir eigentlich wurst.«

Eine solche Herangehensweise mutet mir bei einem derartigen Retortenclub als geradezu zwangsläufig an. Ebenso zwingend erscheint mir jedoch, dass ein Verein wie Union dieses ausgesprochen unglücklich angesetzte Testspiel absagte. »Wenn wir gegen sie zum Punktspiel antreten müssen wie in der Saison 2012/2013 mit unserer U23, werden wir es natürlich tun«, so Christian Arbeit, »aber eben nicht freiwillig.« Als Testspielgegner für besagte Länderspielpause fand Union mit dem KSV Hessen Kassel übrigens einen Club, der eine ursprünglich geplante Begegnung mit den Brauseboys zu Leipzig ebenfalls kurzfristig abgesagt hatte. Genau wie Union waren die Hessen vor denen »eingeknickt«, die bei so »unmodernen« Vereinen eben *nich*t außen vor stehen: den Fans.

95. GRUND

Weil es bei Kaiser's keine Union-Brötchen gibt

Es muss 2011 gewesen sein. Zusammen mit meiner Liebe ging ich zu Kaiser's einkaufen. Vor dem Eingang ein großer Werbeaufsteller, auf dem ich im Vorbeigehen ein blau-weißes Logo mit einer Fahne ausmachte. Richtig, Hertha BSC war ja zu uns in die 2. Liga abgestiegen und wollte gern mehr Zuschauer ins Olympiastadion bekommen. Bald hatte ich das Ganze wieder vergessen. Stand doch das allwöchentliche Abenteuer namens Nahrungseinkauf auf dem Programm, das Ganze unterm nervtötenden Gedudel des Einkaufsradios und getaucht in extrem ungemütliches Neonlicht. …

20 Minuten später hatten wir es tatsächlich geschafft, uns auf das zu beschränken, was wir nur hier, in diesem doch recht preisintensiven Konsumtempel bekamen.

Die Schlange beim Bezahlen war lang genug, so nutzte ich die Gelegenheit, mich dem Begehr des blau-weißen Aufrufs vom Eingang näher zu widmen. Auch im Kassenbereich hingen etliche jener Hinweistafeln. Quintessenz des Ganzen war der Satz: »Ab einem Einkauf im Werte von 35,- € erhalten Sie gratis einen Ticketgutschein für das nächste Heimspiel von Hertha BSC.«

Endlich durfte ich unsere paar Sächelchen aufs Band legen und in meinen Rucksack packen. 13,68 Euro, ich gratulierte meiner Liebe und mir stumm, aber herzlich für unsere Beherrschung! Mittlerweile hatte auch meine Liebe den Aufruf des Charlottenburger »Hauptstadtclubs« entdeckt. »Da kannste ja mal zu Hertha gehen«, sagte sie, während ich bezahlte, in einem Ton wie: »Na ja, früher stand hier ja auch schon 'ne Kaufhalle.«

»Möchten Sie?«, fragte mich die Kassiererin sogleich.

»Was, ähm … wie?«

Sie hielt mir bereits besagten Hertha-Gutschein hin.

»Ach so, nee danke, lassen Sie mal.«

Die Kassiererin schenkte mir einen kurzen, traurigen Blick, bevor sie uns ein schönes Wochenende wünschte und sich dem nächsten Kunden widmete. Offenbar waren sie und ihre Kolleginnen angewiesen worden, zur Sicherung ihrer Arbeitsplätze möglichst viele dieser anscheinend wie schales Bier begehrten Ticketgutscheine unter die Massen zu bringen – und dabei keineswegs darauf zu achten, dass die anvisierte Mindestsumme in die Supermarktkasse floss. Beide taten mir jetzt einen Augenblick lang leid, die wirklich freundliche Kassiererin – und Hertha.

Mein Mitgefühl für die Charlottenburger ging in ernsthafte Sorge um deren Schicksal über, als ich am Bäckerstand ein weiteres Werbeschildchen ausmachte: »Aktion! 5 Hertha-Brötchen zum Preis von 3.«

Wieder draußen an der frischen, klaren Luft, schickte ich ein Stoßgebet gen Himmel: Möge meinem Verein eine derartig lieblose Verramschung auf ewig erspart bleiben. Atmen!

96. GRUND

Weil wir ein wahrhaft sicheres Stadion haben

Das Spiel gegen Eintracht Frankfurt am 26. März 2012 warf seine bedrohlichen Schatten voraus. Das hatte vor allem mit unserem berühmt-berüchtigten Gast zu tun, der Eintracht aus Frankfurt. Deren Fans sind nicht zimperlich, um es mal harmlos auszudrücken. Weil bei einem Auswärtsspiel einen Monat zuvor aus ihrem Fanblock mehrfach Bengalos und Böller aufs Spielfeld geflogen waren, hatte das Sportgericht des DFB verfügt: Unions Spiel gegen Eintracht Frankfurt hat ohne Gästefans stattzufinden.

Im Vorfeld des Spiels vernahm ich die schlimmsten Gerüchte. Eines erzählte: Die Eintracht-Ultras werden trotz des Verbots anreisen und aus Rache für ihre Strafe ganz Köpenick kurz und klein schlagen. Anderswo hieß es, etliche Union-Fans hätten aus Protest gegen die Kollektivstrafe den Frankfurter Anhängern Karten besorgt, innerhalb der Union-Blöcke.

Als ich an jenem Tag unser prall gefülltes Wohnzimmer betrat, bot sich mir auf der Wuhleseite das triste Bild eines verwaisten, abgeriegelten Gästeblocks. Zugleich nahm ich wahr, dass die daneben liegenden Blöcke bis zur Kurve viel voller anmuteten als sonst. Außerdem erkannte ich dort etliche schwarze Inseln zwischen den rot-weißen Mützen, Schals und Fahnen. Waren sie also tatsächlich gekommen, die Verdammten … Schon betrat Stadionsprecher Christian Arbeit wehenden Haares seinen Arbeitsplatz und brachte seine beliebte Eröffnung: »Unioner!«, welche wir wie immer laut und deutlich mit »Ja!« erwiderten.

»Und Frankfurter!«, fuhr er in Richtung des gähnend leeren Gästeblockes fort. Die Antwort kam von weiter links, aus der eben beschriebenen Ecke. Arbeit brachte den Zeigefinger vor seine Lippen und flüsterte laut: »Psssst, ihr dürft doch gar nicht hier sein!«

Nach der üblichen Ouvertüre begann das Spiel. Neun Minuten später lagen wir 0:1 hinten, der Torjubel kam laut und unüberhörbar aus der verdächtigen Ecke. Beide Fanlager sangen für ihre Teams, als handele es sich um ein ganz normales Fußballspiel. Alsbald brach sich zwischen beiden ein Wechselgesang Bahn, welcher einen engen Zusammenhang zwischen durch den After ausgeschiedenen Exkrementen und dem Deutschen Fußballbund herstellte. Außerdem zeigte die Waldseite unter großem Beifall aus allen Blöcken ein Transparent, auf welchem sie selbigen zur Selbstbefriedigung aufforderte.

Irgendwann erklommen ein paar Eintrachtfans den Zaun zum Sitzplatzbereich des Gästeblocks. Ordner stellten sich denen in den Weg, die es ihnen gleichtun wollten. Waldseite und Gegengerade zögerten keine Sekunde, das Ganze mit dem aus gänzlich anderen Zeiten berühmten »Die Mauer muss weg!« zu kommentieren. »Lasst sie rüber!«, schrien wir und wieder. »Die Mauer muss weg!«

Und siehe da, die »Mauer« fiel tatsächlich, allerdings nur im sprichwörtlichen Sinne. Offenbar hatten sich die Sicherheitskräfte dazu entschlossen, den Sitzplatzbereich des Gästeblocks kurzerhand freizugeben. Wie der Blitz war dieser von oben bis unten mit Eintracht-Fans gefüllt, die – nun nicht mehr eingeengt, dazu unter dem Jubel des gesamten Stadions – ihre Mannschaft anfeuerten.

Anders als unter rivalisierenden Fußballfans üblich, gab es bis zum Schlusspfiff aus beiden Lagern keine einzige Schmähung, die sich an die Adresse des sportlichen Gegners richtete. Stattdessen erklang wieder und wieder jener gemeinsame Wechselgesang um den gemeinsamen Gegner namens Deutscher Fußballbund. Auf dem Rückweg zum Bahnhof reichte mir ein junger Frankfurter die Hand mit den Worten: »Eine derart freundliche Aufnahme hab ich noch nie erlebt bei 'nem Auswärtsspiel, habt vielen Dank!« Das Spiel endete aus unserer Sicht mit einer 0:4-Niederlage – und dennoch für alle Anwesenden mit einem gemeinsam errungenen Sieg: Anderntags vermeldete der DFB, er werde in Zukunft von derartigen Kollektivstrafen Abstand nehmen. Und noch etwas las ich anderntags in der sensationslüsternen Presse mit den großen Buchstaben: Beim »Blocksturm« der Frankfurter Fans sei ein Schalensitz zerbrochen.

Und warum habe ich ausgerechtet diese Geschichte unter dieser Überschrift erzählt? Weil es zweifellos besser ist, dem Gegner die Hand zu reichen – gleichgültig, aus welcher Richtung er in unser sicheres Stadion kommt.

97. GRUND

Weil Oliver Pocher niemals einen Union-Song schreiben wird

Oliver Pocher führte einen angeblichen Krieg mit dem Rapper Sido und habe sich mit ihm bei einer Flasche Jägermeister wieder vertragen. Pocher sieht sich als der Fernseh-Poldi, steht zusammen mit Manuel Charr im Ring, um zu labern, und er schrieb einen Song für die deutsche Fußball-Nationalmannschaft, der heute bei Heimspiel-Toren des SV Sandhausen erklingt. Er ist Hannover-96-Fan und holte dennoch die Mannschaft von Eintracht Braunschweig in seine Sendung, weil er zusammen mit deren Bus im Stau gestanden hatte. Toll, was? Bei einem Promi-Benefiz-Spiel riss er sich das Trikot vom Leib, um mit seinem nicht besonders trainierten Oberkörper den EM-Helden Balotelli nach dessen zweitem Tor gegen Deutschland zu mimen.

Pocher ist bekennender Fußballfachmann. So stellte er fest, dass beim Superbowl eine tolle Stimmung auch ohne Ultras und Pyrotechnik herrsche. In einer TV-Talkshow gestand er, vor vielen

Jahren auch schon mal ein Fußballspiel von einem Stehplatz aus verfolgt zu haben. Natürlich bekam er bei dieser Gelegenheit eine Menge Pyro-Magnesium ins Gesicht. Kurzum, Pocher weiß: Stehplätze und Gewalt gehören einfach zusammen.

Allerdings lasse er sich auch deshalb nicht in Stehplätz-Blöcken sehen, weil er so prominent sei und aus diesem Grund oft dumm angemacht würde auf den billigen Plätzen. Womöglich gar auf dem von ihm in diversen TV-Shows praktizierten Niveau? Kurzum: Pocher ist ein sehr gut bezahlter Billigunterhalter, der für all das steht, was Union Berlin nicht ist: Klatschpappen-Events, seichter Mainstream, massenwirksam präsentiertes Halbwissen. Warum also sollte er je einen Song für Union schreiben? Ganz nebenbei: Ich bin ganz sicher, dass auch ein Oliver Pocher, besuchte je er ein Fußballspiel An der Alten Försterei, weder auf Haupttribüne, Gegengerade oder der Waldseite Magnesium ins Gesicht bekäme. Auch würde er daselbst ganz sicher nicht aufgrund seiner Show-Prominenz angemacht werden. Die Promis ackern bei Union auf dem Rasen oder haben sich um den Verein verdient gemacht, und zu beiden Personenkreisen zählt ein Oliver P. nun mal nicht.

Er hätte in unserem Stehplatzstadion also wirklich nichts zu befürchten – es sei denn, er benähme sich gegenüber den um ihn herum Stehenden zu auffällig auf dieselbe Weise, wie er es bei seinen TV-Auftritten gern tut.

98. GRUND

Weil »Einmal Unioner – immer Unioner« kein leerer Spruch ist

Die Webseite *www.immerunioner.de* begleitet die Lebenswege aller bisher 400 ehemaligen eisernen Kicker sowie sämtlicher Union-Trainer. Zudem findet der geneigte Leser hier jedwede Kader des

1. FCU von 1966 bis zur aktuellen Saison, außerdem Fotos aller Trikots, in denen unsere Mannschaft je auflief, sowie zahlreiche Statistiken. Mit alledem erzählt die Netzseite: Keiner, der je für Union ackerte, ist vergessen.

Umgekehrt blieben viele, die als Eiserne den Rasen der Leidenschaften umpflügten, dem Verein auch nach ihrer Fußballerkarriere eng verbunden. Oskar Kosche ist Unions einziger Keeper, der je ein Pflichtspiel-Tor erzielte. Von den Fans mehrfach zum Unioner des Jahres gekürt, kommt er mit dem Herzen bis heute nicht weg vom Verein. Vom tiefen Fall bis zu neuen Triumphen – Kosche war und ist stets mittenmang. Bereits in seiner Zeit als Aktiver packte er ehrenamtlich in der Geschäftsstelle mit an. Später war er Manager, Nachwuchsleiter, Präsidiumsmitglied. Seit Juli 2006 führt er die Geschäfte des Vereins. Bei Spielen der Traditionsmannschaft stellt er sich noch immer zwischen die Pfosten. Verteidiger André Hofschneider bestritt von 1979 bis 1994 160 Spiele für Union, seit 2007 ist er Co-Trainer. Auch Kapitän Sebastian Bönig führt sein Job nahezu täglich in Unions Geschäftsstelle.

Natürlich kann nicht jeder ehemalige eiserne Kicker hauptamtlich für den Verein arbeiten. Doch viele nehmen nach wie vor regen Anteil an Unions Werdegang. Torhüter-Legende Wolfgang Matthies ist seit Jahren Stammgast An der Alten Försterei – und trifft dort nicht nur seinen ehemaligen Trainer Heinz Werner, sondern etliche Kollegen von einst.

Steffen Baumgart bekam nach seinem Wechsel zu Energie Cottbus immer wieder Ärger wegen seinem Union-Aufkleber am Auto. Frédéric Page, der Union 2004 nach nur einem Jahr verließ, meldete sich die Tage über Xing beim Verein und drückte die Daumen, dass vielleicht doch noch was geht mit dem Aufstieg in die Bundesliga. Als Union am 12. August 2011 bei Dynamo Dresden gastierte, setzte sich Dynamos Nummer 40, Cristian Fiél, vor Spielbeginn auf die Bank der Berliner. Er hieß die Unioner herzlich willkommen und gab zu, dass ihm die Gesänge des rot-weißen Anhangs nach wie vor eine Gänsehaut bescherten. Auch Steven Ruprecht, Daniel Ernemann, Dominic Peitz und viele, viele andere verfolgen interessiert alle Höhen und Tiefen ihres ehemaligen Clubs. Marko Rehmer, der bei Union sein Handwerk erlernte und später bei Hertha zum Bundesligastar reifte, besuchte 2009 die feierliche Neueröffnung der Alten Försterei und nimmt bis heute regen Anteil am Werdegang der Eisernen. Selbst Hans Meyer, der absolut keine Neigung zu Nostalgie zeigt und seinerzeit von Unions Management sinnlos, rüde und viel zu früh geschasst wurde, erinnert sich gern an seine Zeit in Köpenick, zumindest, was die Mannschaft und ihre Fans betrifft.

Unions ehemaliger Kapitän Daniel Schulz plagten am Ende seiner Zeit in Köpenick sehr häufig Verletzungen. Mittlerweile ist er Kapitän des SV Sandhausen und bekannte in einem *FuWo*-Interview: »Im Herzen werde ich immer Unioner bleiben.«[37]

Als ein solcher wird er, genau wie jeder, der für den 1. FCU die Knochen hinhielt, bei jedem Gastauftritt in Köpenick willkommen geheißen – vom Stadionsprecher *und* von den Fans. Anderenorts werden jene, die ehemals für den Heimverein kickten, mit Pfiffen begrüßt oder gar als Verräter beschimpft, wenn sie das Trikot des Gegners tragen. Unioner vergessen ihre Fußballgötter eben nicht – und umgekehrt!

99. GRUND

Weil Lothar Matthäus niemals Union-Trainer sein wird

»Holt Hertha jetzt Lothar Matthäus?«, fragt die *BZ* am 28. September 2009. Der Schreiber des Artikels verkündet, der Weltmeister, Rekordnationalspieler und mittlerweile Extrainer unzähliger Club- oder Nationalmannschaften aus aller Welt habe beim Pokal-Aus der Westberliner gegen den TSV 1860 München auf der Tribüne gesessen. Den von ihm Erspähten zitiert er im Artikel mit den hochgradig Matthäusianischen Sätzen: »Berlin ist schon schön. Ich lasse das jetzt auf mich zukommen.«[38]

Was für eine Meldung! Der große Hauptstadtclub mit seinen gigantischen Ambitionen – und der Boulevardheld auf der Trainerbank! Klang für mich gar nicht mal so abwegig. Auch die »Sechzger« wurden mittlerweile schon mal mit Loddar in Verbindung gebracht – aber welcher Verein eigentlich nicht?

Der 1. FC Union Berlin. Womöglich weiß Herr Matthäus nicht einmal, dass ein Fußballclub dieses Namens existiert. So zumindest lese ich jene Botschaft, die Nina Hagen im gleichen Jahr wie oben genannter *BZ*-Artikel der *Berliner Zeitung* anvertraute: Kurz nach Unions Wiederaufstieg in die 2. Bundesliga begegnete sie Lothar M. während eines gemeinsamen VIP-Termins. Als sie ihm im Überschwang ihrer Gefühle die Kunde unseres Aufstiegs überbrachte, habe er ihr lediglich einen Blick gesandt, der von gigantischem Unverständnis zu künden schien.

Recht hat er getan! Lothar Matthäus und Union, das passt zusammen wie nichts, was man in einem Atemzug nennen könnte. Zumindest so lange, wie Ersterer der große Loddar der Yellow-Press-Unterhaltung bleibt und Union im Stadion An der Alten Försterei spielt. Punkt, aus, Ende!

100. GRUND

Weil Union Berlin womöglich niemals Deutscher Meister wird

Natürlich will unsere Mannschaft und wollen wir Fans auf den Rängen bei jedem Spiel nur einen Sieger sehen: den 1. FCU! Geschieht ebendas über einen langen Zeitraum, sind der Aufstieg in die 1. Bundesliga, der Titel des deutschen Meisters sowie die Erringung von Champions-League- und Weltpokal unausweichlich. Ist es so weit, gibt es wohl keinen Eisernen, der dann ehrlichen Herzen sagt: »Ach na ja, eigentlich wollte ich das ja gar nicht …«

Aber zurück zur Realität unseres Vereins. Union spielt mittlerweile die vierte Saison hintereinander in der 2. Bundesliga, bei Erscheinen dieses Buches werden wir uns inmitten der fünften befinden. Das allein ist, betrachten wir Unions Geschichte, schon ein außerordentlich beachtenswerter Erfolg. Ein weiterer besteht für mich darin, dass wir uns derzeit im oberen Mittelfeld der Tabelle befinden und bereits fünf Spieltage vor Ende der Saison die berühmte 40-Punkte-Marke knackten. Beim Spiel gegen den FC St. Pauli war das Stadion An der Alten Försterei einschließlich der neuen Haupttribüne restlos ausverkauft. Das heißt: Zum ersten Mal in der Geschichte unseres Vereins erlebten 21.410 Zuschauer ein Zweitliga-Heimspiel des 1. FCU An der Alten Försterei.

Dessen ungeachtet ist und bleibt Union ein Verein, dem die letzte Strophe von *Eisernet Lied* auf Leib und Seele geschrieben ist: *Wir sind keen Verein, wo die Euros jehn / Die richtig dicke Kohle hat hier nie eener jesehn / Doch die Mannschaft weiß, dass wir hinter ihr stehn / Und wer det nich kapiert, der soll zu Hertha gehn!*

Wohl jeder für uns auflaufende Spieler genießt diesen ganz besonderen Rückhalt bei den Fans, und doch trachtet so mancher verständlicherweise nach höheren Weihen als denen, die bei Union möglich scheinen. Denn, das sagen die gerade zitierten Zeilen ebenfalls, der Verein kann eben nicht *das* Geld »mitbringen«, welches dazu nötig ist, ganz oben mitzuspielen. Viele Clubs unserer Größenordnung und darüber versuchen, so erfolgreich wie Bayern München zu sein. Allzu oft lautet das Zauberwort dafür: totale Verschuldung. Andere verkaufen sich an einen Mäzen, von dem sie hoffen, dass er dann so viel Geld in ihren Verein pumpt, dass diesem alle Wunder der Marktwirtschaft widerfahren. Doch kein Geldgeber dieser Welt ist ein selbstloser Messias, und die Realität sieht dann leider oft so trostlos aus wie derzeit beim TSV 1860 München: totale

Depression statt dem erhofften Wunder. Natürlich will Union in die 1. Bundesliga aufsteigen! Die allerdings wäre für uns, so drückte es der Präsi überaus treffend aus, »wie ein Urlaub, auf den ich lange gespart habe«.[39] Der Titel des deutschen Meisters scheint mir für Union dann am wahrscheinlichsten, wenn sich genügend »große« Vereine finanziell derart verhoben haben, dass die entscheidenden Gremien gar nicht anders können, als ihnen die Lizenz zu verweigern. Ganz sicher müssten das gänzlich andere Summen sein als jene paar Millionen D-Mark, die Union 1993 in der Kreide stand und deshalb keine Spielerlaubnis für die 2. Bundesliga erhielt. Aber welcher Verband verzichtet schon auf seine Zugpferde?

Ach, und noch was: Würde Union je deutscher Meister und damit Champions-League-Teilnehmer, müssten wir dazu ja in den Jahn-Sportpark oder das Olympiastadion auswandern. Schließlich ist auch unser frisch renoviertes Wohnzimmer ein Stehplatzstadion und damit für die UEFA »unzumutbar«. Weitere Auswärts-Heimspiele stünden also an, und welcher Unioner ist da schon unbedingt scharf drauf ;-)

101. GRUND

Weil Union kein Verein ist, der seine Fans hat, sondern wir Fans haben einen Verein

Jeder Fußballclub hat seine Fans. Bei dem einen füllen Zigtausende die Stadionränge, bei dem anderen verlieren sich zwei Dutzend unentwegte Sänger an der Traverse. Die kommen zumeist aus der jeweiligen Region des Clubs. *Ein* Verein aus dem deutschen Südwesten hat im gesamten Land so viele Sympathisanten und Neider wie hierzulande kein anderer.

Sie alle gucken die Spiele ihres Favoriten im heimischen Wohnzimmer, in Sportsbar oder Stadion. Besonders in Letzterem brüllen sie sich oft genug die Stimme aus dem Brustkasten. Etwas zu sagen im Sinne einer echten Mitbestimmung haben sie jedoch in den allermeisten Fällen nicht. Klar, das Geld bringen heute vor allem Vermarktungs- und Fernsehübertragungsrechte, nicht die Erlöse aus Mitgliedsbeiträgen und Eintrittskarten für die Tribünenplätze. Ein klein wenig anders sieht es im Falle der sogenannten Eventlogen aus, in denen sich Personen, die sich selbst als VIP bezeichnen, gegen reichlich Geld nach allen Regeln des Gastronomie-Handwerks bewirten lassen können.

Eine Ausnahme im neuen ökonomischen System Fußball mit dem Fan als erstem, zu vernachlässigendem Glied der »Nahrungskette« ist der 1. FC Union Berlin. Ob es um einen eigenen Merchandising-Stand im Stadion, die Zukunft der Spielstätte, unglücklich angesetzte Testspiele oder die Reaktion des Vereins auf Konzeptpapiere des DFB geht – bei allen wichtigen Entscheidungen haben die Fans ihr Wörtchen mitzureden, und sie werden gehört. Natürlich bestimmen sie keinen Hauptsponsor und verlängern keine Spielerverträge. Über die Aufstellung der Mannschaft entscheidet auch bei Union einzig der Trainerstab. Allerdings stellt sich Chefcoach Uwe Neuhaus nicht nur pro forma regelmäßig den Fragen der Fans. So holte er den von ihm geschassten Spieler Jérôme Polenz auch auf Anregung vieler Anhänger ins Team zurück. Polenz hatte sich durch enormen Trainingsfleiß geradezu aufgedrängt.

Auf der anderen Seite sind Präsident, Stadionarchitekt, Pressesprecher – überhaupt nahezu alle Hauptamtlichen – nun mal treue Fans des Vereins, die allermeisten bereits lange Zeit, bevor sie je auch nur daran gedacht hätten, irgendwann mal ihre Herzensangelegenheit zum Beruf zu machen.

Union-Fans verwandelten mit der Intensität ihrer Gesänge schon zu Ostzeiten so manches Auswärtsstadion zur gefühlten eisernen Heimspielstätte. Unioner demonstrierten, stritten und bluteten für ihren Verein, als der nach der Wende mehrfach am Boden lag und von vielen längst für tot erklärt worden war.

Seit 1997 schreiben und produzieren Union-Fans Spieltag für Spieltag das Union-Programm, anderenorts Stadionheft genannt. Fans erstellten und diskutierten die Pläne der neu zu gestaltenden Spielstätte ihres Vereins. Fans verpassten dem Stadion 2008/09 mit ihrer Hände Arbeit ein neues Gesicht und halfen vier Jahre später durch den Kauf von Alte-Försterei-Aktien beim Bau der neuen Haupttribüne.

Das alles und noch viel mehr ist keine Aneinanderreihung von Zufällen, sondern Programm. Denn ein echter Union-Fan versteht sich zuallererst als Streiter für seinen Verein. Er ist kein Kunde, der Stadion oder Sportsbar aufsucht, um dort für sein Geld ordentlich was geboten zu kriegen. Oder, wie man in Berlin und Umgebung zu sagen pflegt: »Als Unioner biste immer'n Teil von't Janze!«

11. KAPITEL

UNION BERLIN IN KUNST UND KULTUR

102. GRUND

Weil ein Union-Programm das spannendste Geschichtsbuch ist

Eines der letzten Union-Programme beamte mich gleich auf seiner ersten Seite an den Anfang des 20. Jahrhunderts. So weiß ich nach wenigen Zeilen: Die Stadt unseres Gegners hat weit mehr zu bieten als den daselbst 2004 aus der Retorte gehobenen FC. So saßen in der Ingolstädter Feste während des Ersten Weltkriegs unter anderem Charles de Gaulle sowie ein russischer Oberleutnant Michail Tuchatschewski als Kriegsgefangene ein. Der Erste machte anschließend Karriere als General und französischer Staatspräsident, der Zweite entfloh der Festung, wurde Revolutionär und einer der ersten fünf Marschälle der Sowjetunion, bevor er 1937 Stalins Terror zum Opfer fiel. Die stärkste seiner Truppen hieß, für Unioner interessant, die »Eiserne Division«.

Nach diesem Blick in die Weltgeschichte werden die fußballerischen Scharmützel unserer eisernen Kicker mit denen aus Ingolstadt beleuchtet. So kann ich noch einmal Unions glorreichen 4:1-Sieg am 11. September 2011 inklusive Silvios Tor des Monats Revue passieren lassen. Es folgten das hoch dramatische Auswärts-3:3 sowie unsere 1:2-Niederlage in dieser Saison mit dem tödlichen Gegentreffer am Ende der Nachspielzeit. Entsprechend die Prognose der Union-Programm-Autoren für das Spiel des Tages: ein neues Tor des Monats oder ein Treffer als letzte Aktion des Spiels!

Die Realität stand dem in nichts nach, ganz im Gegenteil! In der 92. Spielminute pfiff der Schiri nach zwei gegnerischen Eckbällen einen Strafstoß gegen uns. Dem folgten hochemotionale Sekunden. Tusche hielt die Entscheidung für kritikwürdig, Fabian Schönheim spuckte aus Wut auf den Ball, als der bereits auf dem Elfmeterpunkt lag. Beide kassierten den gelben Karton. Dann folgte unwiderruflich der Strafstoß. Der Ingolstädter Schütze knallte den

Ball an die Latte, dann barg unser Keeper Daniel Haas das Spielgerät sicher in seinen Armen. Mit dieser Tat hielt er unser knapp sieben Minuten zuvor erkämpftes Unentschieden fest! Das nächste Union-Programm wird davon erzählen.

Die letzten beiden Punktspiele werden ausgiebig betrachtet und analysiert. Nebenbei erfahre ich, dass unser Verein heute vor 47 Jahren sein allerersten Punktspiel als 1. FCU bestritt. 1500 Zuschauer erlebten ein 1:1 beim Stadtteil-Derby gegen die BSG Motor Köpenick in der DDR-Liga. Bis zum heutigen Tage brachte es Union am Datum des aktuellen Spiels auf drei Heimsiege, drei Remis und eine Niederlage auf des Gegners Platz.

Das Dach unserer neuen Haupttribüne zierte am aktuellen Spieltag die Banden-Aufschrift: *1920 eigener Sportpark Sadowa – An der Alten Försterei 2013*. Der SC Union 06 Oberschöneweide bezog vor nunmehr 93 Jahren das Gelände An der Alten Försterei und Unioner legten los, mit ihrer Hände Arbeit die heutige Spielstätte herzurichten. Wer das bis dato nicht wusste, konnte diese Wissenslücke bei der kurzweiligen Lektüre des aktuellen Union-Programms schließen.

Ein anderer Artikel bringt mir den Union-Spieler Otto »Ette« Martwig nahe. Seine Spur verliert sich am Ende des Zweiten Weltkriegs, er gilt bis heute als verschollen. Martwig fungierte als Union Oberschöneweides linker Läufer. Beim Hinspiel um die Berliner Meisterschaft 1923 trug er maßgeblich zum 3:1-Sieg gegen Vorwärts 1890 bei. Ein in Berliner Mundart gereimtes Gedicht stimmte seinerzeit die Leser der Fußballzeitschrift *Der Rasensport* auf das mit Spannung erwartete Rückspiel ein. Seine Zeilen waren gespickt mit den Spielernamen der Stars beider Teams. »Martwig schafft alleen for zweie«, rühmt eine von ihnen Ettes eisernen Fleiß.[40]

Mit einem 1:1 holte Union-Ob. den Berliner Titel und qualifizierte sich für die Endrundenteilnahme um die deutsche Meisterschaft. Hier mussten sich Martwig und seine »Jonier« erst im Finale dem favorisierten Hamburger SV geschlagen geben.

Doch widmet sich auch dieses Union-Programm keineswegs nur den Sternstunden unseres Vereins. Die Rubrik »Damals war's« nimmt mich mit in die DDR-Oberliga-Saison 1987/88. Die gestaltete sich für Union mal wieder hochdramatisch. Erst ein Tor in der letzten Minute des letzten Spiels würde den Abstieg verhindern.

Die mit »Fuffzehn« übertitelten Seiten erzählen von den Nachwendejahren, als sich der Verein im freien Fall befand, die Union-Familie eine Rettungsaktion nach der anderen vom Zaune brach und der Verein aus Kostengründen die Produktion des Programmhefts in die Hände der bereits erwähnten vier eisernen Fans legte.

Anderthalb Jahrzehnte ist das her, und in dieser Saison enthält jedes aktuelle Union-Programm Auszüge seines vor 15 Jahren erschienen Vorgängers. Jedes Union-Spiel drohte das letzte zu sein – was dann zum Glück ja nie so kam. Dennoch bin ich nach der Lektüre jener Seiten sehr erleichtert, dass ich mich wieder in der Jetztzeit mit neuer Haupttribüne und einem soliden Tabellenplatz in der 2. Bundesliga befinde. Ein spannenderes Geschichtsbuch hielt ich nie zuvor in meinen Händen.

103. GRUND

Weil Achim Mentzel bei uns nicht lachte

Seine erste LP hieß *Stimmung, Jux und Mentzel.* Ein Meisterwerk von einem Titel, denn präziser hätte »Spreewaldgurke« Achim Mentzel sein Lebensmotto, das er seit jeher auf den klitzekleinen wie riesengroßen Bühnen dieser Welt präsentiert, nicht in Worte fassen können.

Für mich war Achim Mentzel schon immer da. Ob zusammen mit Nina Hagen in »Fritzens Dampferband«, als Moderator des berühmt-berüchtigten *Ein Kessel Buntes*, ob als Hauptfigur von *Achims Hitparade* oder in diversen Unterhaltungssendungen vom billigsten Trash-Format bis zu Harald Schmidt, dem FC Bayern der deutschsprachigen Massenunterhaltung – Mentzel singt, juxt und dallert seit gefühlten Jahrhunderten. Dabei scheint es dem ewig gut gelaunten Barden herzlich egal zu sein, ob er in einem Brandenburgischen Autohaus auftritt oder im mondänen Opernsaal.

Ich finde die olle Spreewaldgurke wirklich sympathisch, so als Type! Auch, dass er auf die Mentzel-Persiflage eines Herrn Kalkofe nicht mit Klage oder Schmoll reagierte, sondern seinerseits den Persiflierer persiflierte – alle Achtung!

Nur zwei Dinge mag ich mittlerweile nicht mehr: Mentzel sehen & Mentzel hören. Bei allem Mutterwitz, ich ertrage die unendliche Stimmung-Gute-Laune-Nummer dieses nach eigener Aussage fast zwei Zentner schweren Mannes nicht mehr. Vor allem das unverwechselbare Achim-Mentzel-Lachen, das er absolut folgerichtig in jedes von ihm intonierte Lied einbaut, mutet meinen Ohren an wie einem flüchtigen Bankräuber der Klang der Polizeisirene.

Eine Ausnahme gibt es hier jedoch. Es ist das einzige mir bekannte, von Achim »Die Gute-Laune-Kanone« gesungene Lied, bei dem er *nicht* lacht, sondern von der ersten bis zur letzten Zeile seine Stimme, ja die gesamten fast zwei Zentner Achim in den Dienst der gesungenen Zeilen stellt. Ein Lied, bei dem ich alles weiter oben Geschriebene sofort vergesse und einfalle in Achims Zehntausende Stimmen starken Chor. Besagtes Lied sang er im Jahre 1985 für eine AMIGA-Quartett-Single ein, auf der einige bekannte DDR-Interpreten dem 1. FC Union Berlin huldigten. *Stimmung in der Alten Försterei* heißt das Lied, und es zählt für mich bis heute zu den ehrlichsten und besten Stadionsongs.

Wer es hören möchte, der klicke doch einfach mal auf YouTube rein oder noch besser, sie oder er kommt mal zum Punktspiel An die Alte Försterei! Meister Achim selbst betrat unser Stadion, gar dessen heiligen Rasen, urkundlich erwähnt am 15. Dezember 2002, als im Rahmen eines Union-Spiels der Fanclub Alt-Unioner vorgestellt wurde.

Seit dem 4. Januar 2016 schaut sich der bekennende Cottbuser unsere Spiele aus Block H im Himmel an. Eisern Union, lieber Achim Mentzel!

104. GRUND

Weil Iron Henning einer von uns ist

Nach jedem Spiel erfreut oder tröstet mich Iron Hennings Song *Union*, welcher laut aus den Stadionboxen dröhnt. Ganz besonders gefällt mir der schnodderige Trotz der Zeilen: *Union wird wieder Fußballmeister – und wenn nicht, Scheibenkleister!* Dazu verzerrte Gitarren, Drums – Rock 'n' Roll eben, wie man in meinen Kreisen alles nennt, was musikalisch ordentlich abjeht. Ende der Achtziger, noch zu Ostzeiten, vernahm ich jenen Song zum ersten Mal, im Fresswürfel-Club am Tierpark, live auf der Bühne gerockt von Iron Henning. Henning selbst wuchs in Treptow auf, da war der Weg nach Köpenick – geografisch wie Fan-technisch – naheliegend, wenn man sich als Ostberliner Junge für Fußball interessierte.

Der Song entstand rein intuitiv am Ende einer Bandprobe, ließ mich Henning wissen, und zwar bei der abschließenden Session. Die stand jeweils unter einem bestimmten musikalischen Stern: »Entweder Reggae oder Jazz-Klamauk – nach dem Motto: im Jazz stimmt jeder Ton –, oder wonach auch immer uns gerade der Sinn stand. An jenem Tag schworen wir auf Hardcore und Metal, höllisch laut und sportlich. Irgendwann formte sich aus der brutalen Hatz eine ungefähre Lied-Idee. Die haben wir dann wiederholt. Den Text zimmerte ich, ohne groß darüber nachzudenken, auf die Musik. Zwischendrin schrie ich mal ›Absetzer‹ oder ›Solo‹, was die Band wohl auch ohne das getan hätte, es lief alles wie von selbst. Beim dritten oder vierten Durchspielen war der Song so, wie er sein sollte – und bis auf Nuancen noch heute zu hören ist.« Für seinen Lieblingsverein spielte Henning dieser Tage mit *UNION – Dit sind wir!* ein zweites Lied ein. Auf die knackig witzige Übersetzung zahlreicher Fremdwörter im Hip-Hop-Style folgt der Refrain: *Aber Union – Dit sind wir! / Wir sind keene Partei – und ooch keen Bier / Det iss nich englisch für Jewerkschaft / Fußball Pur ist unsere Botschaft / Unsre Heimat, die ist hier: / Die Alte Försterei – Und eisern – Dit sind wir!*

Vielleicht werde ich diese Zeilen lauthals schmettern, gehe ich das nächste Mal mit Union-Schal, -Trikot und -Mütze zum Spiel und werde von einem Touri oder Neuberliner gefragt: »Bist du nun für Bayern oder den 1. FC Köln?« Henning sieht in seinem, meinem, unserem Verein einen Gegenentwurf zum heutigen Berlin-Bild, welches geprägt ist von den Snobs und Heuschrecken aller Nationen, die es hier ja so kuschelig finden und durch die unsere Stadt immer fremder wird für jene, die schon länger hier wohnen.

Unter seinen Musikerkollegen zählt sich Henning zu denen, die nicht vordergründig in den Charts auf Platz eins stehen, sondern vor allem geile Musik machen wollen. Auch das eine wunderbare Parallele zu Union – und für mich ein Grund mehr zur Freude, bekomme ich beim Besuch An der Alten Försterei 'ne ordentliche Portion Iron Henning aufs Ohr.

105. GRUND

Weil Union-Songs eben aus dem Herzen kommen

Eine halbwegs um Vollständigkeit bemühte Liste der musikalischen Werke über den 1. FC Union Berlin nähme mehr Platz in Anspruch, als mir in diesem Kapitel gegeben. Deshalb möchte ich hier nur über eines jener Musikstücke sprechen. Die Melodie des wahrscheinlich ersten »Eisern Union«-Liedes stammt aus der Feder des

Komponisten Martin Möhle. Uraufgeführt wurde es am 28. April 1967 im Erich-Weinert-Klubhaus des VEB Kabelwerk Oberspree, eine andere Quelle spricht vom 19. Februar desselben Jahres und dem Klubhaus des VEB Transformatorenwerk Oberspree. Beim Interpreten herrscht Einigkeit, es war das Tanzorchester Günter Gollasch.

Die Musik sei »ziemlich dolle Sechziger, wie wir an den Noten sahen«, so Thomas Zewisch vom Label John Silver in einer Ausgabe des Union-Programms.[41] Nur diese Noten, hinterlassen auf einem Blatt Papier, künden heute von der Urfassung jenes Liedes. Dank besagtem Papier ebenfalls erhalten: sein von Hans Georg Herde verfasster Text: *In der Alten Försterei / Da sind wir zu Haus / Und wir tricksten hier bereits / Manchen Gegner aus / Alle groß und klein / Vater, Tochter, Mutter, Sohn / Stimmen in den Ruf mit ein / Eisern Union! // Angst vor Großen kenn' wir nicht / Nie sind wir verzagt / Und wir mischen kräftig mit / Bei der Punktejagd / Stolz sind wir auf unsern Club / Stehen für ihn ein / Auch durch uns sollst du, Berlin / Gut vertreten sein / Alle groß und klein …*

Nach gut vier Jahrzehnten des Dornröschenschlafs nahm sich 2008 die Polka-Ska-Punk-Kapelle Polkaholix des alten Stückes an. Die Musiker blieben bewusst nahe am Original – und hauchten ihm auf ihre spezielle Weise neues Leben ein: Die für den Ska typischen Nachschläge peitschten alles beschwingt nach vorn, und unter das kraftvoll geschmetterte *Eisern Union* des Refrains mischten Polkaholix den Live-Chor des »Freiluft-Konzertsaals« Stadion An der Alten Försterei. Die Witwe des Komponisten Möhle habe vor Begeisterung geweint, als sie das Werk ihres Mannes zum ersten Mal in der Neubearbeitung hörte.

Auch der Text ist bis heute gültig, Zeile für Zeile! Noch immer ist es für nahezu jeden Gegner äußerst schwer, An der Alten Försterei zu gewinnen – eben weil hier die Gesänge der Union-Fans die Rot-Weißen unten auf dem Rasen zu Höchstleistungen treiben. *Angst vor Großen kenn' wir nicht* – davon kündet im Stadion das tausendfache »Na und!«, nennt der Stadionsprecher die Namen der gegnerischen Spieler.

Für viele Familien ist das gemeinsame Einfallen ins tausendfache »Eisern Union«, von dem der Refrain erzählt, seit Generationen gelebte Realität. Irgendwann betreten die kleinen Steppkes an Mamas und Papas Hand zum ersten Mal unser Stadion, viele auf der Gegengeraden. Die meisten von ihnen packt in diesem Augenblick der Union-Virus. Kommen sie dann ins Halbstarken-Alter, lassen sie ihre Eltern eines Tages wissen: »Ab der nächsten Saison gehe ich rüber, zu meinen Kumpels auf die Waldseite.«

Fast die gesamte zweite Strophe des alten Union-Liedes findet sich wieder in dem vielleicht schönsten unter den neueren eisernen Fangesängen: *FC Union, unsre Liebe, unsre Mannschaft, unser Stolz, unser Verein, Union Berlin!* Die empathische Kraft jenes Gesangs war es, die mich 2009 zu Union zurückbrachte. Hier geht eben nichts ohne Herz, ohne Liebe! Eine Liebe, die, ohne ein einziges schwülstiges Wort, schon im wahrscheinlich ersten Union-Song aller Zeiten besungen wird.

106. GRUND

Weil Unions Stadion-DJ ein erstklassiger Plattenunterhalter ist

In meiner Schulzeit besuchte ich alle zwei Wochen die Friedrich-Ludwig-Jahn-Sportstätte meiner Heimatstadt Oranienburg. Hier trug die BSG Stahl vor jeweils gut 100 Zuschauern ihre Heimspiele aus. Bei jedem Spieltag quoll die gleiche Folge englischsprachiger Dudelsongs träge aus den altertümlichen Stadionlautsprechern. Deren blassen Mono-Sound habe ich noch heute im Ohr. Das Ganze war allerhöchstens eine Art Hintergrundmusik zu nennen, die mir aus heutiger Sicht geradezu charmant erscheint.

In den modernen Event-Arenen unserer Tage regieren dominant in Szene gesetzte Werbejingles und Torjubel-Hymnen dümmlichster Machart, dank moderner Beschallungstechnik in einer akustischen Intensität, die jedweden Fangesang mühelos verstummen lässt. Dazwischen wabert die moderne Rummelplatz-Einheitssoße all der DJ Ötzis dieser Welt.

Im Stadion An der Alten Försterei sitzt ein Mann am Pult, der sich mit ganzem Herzen als Plattenunterhalter der alten Schule versteht. Von Spieltag zu Spieltag freue ich mich über völlig neue Töne und altbekanntes Liedgut. Habe ich meinen Platz oberhalb des Mittelkreises erreicht, halte ich bei guter Musik einen Schwatz mit meinen Blocknachbarn. Zusammen wippen wir den Rhythmus der Songs mit oder frönen dem gemeinsamen Gesang, und das längst nicht nur bei der Union-Hymne, dem jeweils letzten Song vor dem Spiel. Wie freue ich mich, kann ich mal wieder zusammen mit mehreren Tausend anderen Unionern Achim Mentzels *Auf einer grünen Wiese – zwei Tore aufgestellt* anstimmen. Bei dem Song *Eisernet Lied* von Sporti freuen wir uns darauf, in der letzten Strophe gemeinsam zu singen: *Doch die Mannschaft weiß, dass wir hinter ihr stehn / Und wer det nich kapiert, der soll zu Hertha gehn!* Nach dem Spiel tröstete mich so manches Mal Iron Hennings *Union* mit seiner schnodderigen Kraft.

Doch die Musik in unserem Stadion geht weit, weit über unioneskes Liedgut hinaus. Eine Menge Altbekanntes und Geliebtes schwirrt mir hier um die Ohren, von Ton Steine Scherben über AC/DC, The Specials bis zu The Beatles oder Prodigy. Glasvegas, Icona Pop oder Christiane Rösinger lernte ich in unserem Stadion überhaupt erst kennen. Schnell wird klar, dass die musikalische Heimat unseres DJs – er hasst diese Bezeichnung übrigens – von harten Gitarrenriffs geprägt ist. Er kann jedoch auch anders und besitzt obendrein eine gehörige Portion Humor. So ließ er vor einem der stets brisanten Duelle gegen unsere schwarz-gelben »Freunde« aus Dresden Nicoles *Ein bisschen Frieden* erklingen.

Was er spielt, das bestimmt allein er. Weder der Verein noch sonst jemand würde ihm auf seinem Fachgebiet irgendetwas vorschreiben. Klar darf man einen Wunsch äußern, aber ob und wann er den erfüllt, liegt allein in seinem Ermessen. Nach jedem Spieltag stellt er seine aktuelle Playlist unter *www.stadionmusik.de* ins Netz und jeder, der will, kann Song für Song seine Bewertung abgeben.

Ohne Zweifel: Der Mann hinter den Reglern unseres Wohnzimmers hat in seinem Leben eine Menge Musik gehört. Jedes Mal aufs Neue versteht er es, diese zu einem einzigartigen Gewebe zusammenzufügen. Sein Name? Wumme! Ich kann noch immer kaum glauben, dass dieser Sven König, so der bürgerliche Name unseres Plattenunterhalters, nicht mal 30 Jahre alt sein soll. Seit 1997 geht er zu Union, zwei Jahre später wurde er Fan. Seit der Saison 2005/06, Unions Absturz in die 4. Liga, legt er im Stadion An der Alten Försterei auf. Nur hier, wohlgemerkt, und das auch noch ehrenamtlich! Die Woche über fährt er für eine Baufirma Lkw.

Vergleiche ich das von ihm praktizierte Entertainment mit der gut bezahlten, Werbejingle-getränkten Uffta-uffta-Meterware, wie sie in unzähligen anderen Stadien seit Jahren trostlose Realität ist, drängt sich mir die Frage auf: *Muss* jemand quasi Amateur sein, um seiner Arbeit als Stadion-DJ derart verantwortungsvoll wie erstklassig nachzugehen?

107. GRUND

Weil es Union Berlin auch als Theaterstück gibt

Vieles von dem, was ich dir, liebe Leserin, lieber Leser, auf den bisherigen Seiten über unseren Verein erzählte, wird seit Jahren in einem Theaterstück auf die Bühne gebracht. *Und niemals vergessen – Eisern Union* heißt es, und im Untertitel: *Das Stück zum Spiel.*

Es dauert 90 Minuten, seine Premiere erlebte es am 10. September 2006 in der Freiheit 15 zu Köpenick. Im Mittelpunkt stehen, wie sollte es bei Union anders sein, die künstlerisch verdichteten Lebensgeschichten zweier eiserner Fans: die des Regisseurs sowie jene eines seiner Schauspieler. Thematisch beginnt das Stück in den Siebzigern, als sich der Held den Union-Virus einfängt, es endet jeweils im Hier und Jetzt. Die Darsteller auf der Bühne werden – nicht minder intensiv als Unions Spieler auf dem Stadionrasen – massiv begleitet und unterstützt von den Zuschauern. Wer bereits Unioner ist, wie die allermeisten im Saal, findet nahezu in jedem Nebensatz ein Bonmot zu Geschichte oder Gegenwart seines Vereins. Doch auch Nicht-Unioner, ja sogar bekennende Fußballmuffel wie Theatermann Peter Waschinsky, fühlen sich wohl dabei.

»Man trägt die Vereinsfarben Rot-Weiß und sehr unterschiedliche Union-T-Shirts, feiert schon vor Beginn den Verein und sich selbst mit fußballtypischen Ritualen und Sprechchören – trotzdem kommt keine Stimmung auf, in der ein Fremder wie ich sich fürchtet«, schildert er sein Premierenerlebnis.[42] Als Theatermann sieht er hier die Idee des Volkstheaters im besten Sinne verwirklicht. Waschinskys Fazit: »Im Übrigen beantrage ich Verlängerung. Des Stückes!« Dieser Satz blieb nicht ungehört. Seit sich der Vorhang Ende 2006 nach acht ausverkauften Vorstellungen senkte, erlebt *Das Stück zum Spiel* alljährlich in der Vorweihnachtszeit eine Neuauflage. Das ist wörtlich zu verstehen, denn selbstredend geht das Ensemble jedes Jahr bei der Inszenierung auf jene Abenteuer ein, die Union inzwischen erlebte.

Nur eines ist seit 2006 gleich geblieben: Sämtliche Theateraufführungen sind bereits kurz nach Beginn des Vorverkaufs restlos ausverkauft. Letztes Jahr war es mir endlich gelungen, eines der heiß begehrten Tickets zu ergattern. Leider saß ich dann am Abend nicht rot-weiß gekleidet im Saal der Freiheit 15, sondern trug mein Baby in der Wohnung auf und ab. Immer wieder erbrach sich die Kleine, abwechselnd mit meiner Liebe wechselte ich ihre Kleidung – und streckte mich ermattet auf dem Wohnzimmerteppich aus, als unser Töchterchen endlich für länger als ein paar Minuten in den Schlaf gesunken war. Falls du, liebe Leserin, lieber Leser, dieses jedes Jahr aufs Neue einmalige Theaterstück auch noch nicht gesehen hast – mach es so wie ich und besorg dir schleunigst eine Karte, sobald der nächste Vorverkauf startet!

108. GRUND

Weil der Film »Und freitags in die grüne Hölle« gedreht wurde

Das Kamerabild zeigt Rasen und Ränge eines Fußballstadions. Irrsinniger Jubel beherrscht die Szene, ich spüre die kolossale Erleichterung mehrerer Tausend Menschen. Direkt vor der Kamera Unions Torhüter. Er schreit, dreht sich zu den Fans hinter seinem Tor, springt in die Luft, lässt sich fallen, landet mit dem Rücken auf dem Rasen. Einen Augenblick lang bleibt er liegen, platt und erleichtert. Dann springt er wieder auf, schreit, ballt die Fäuste und schließt den ersten auf den Rasen stürmenden Fan in seine Arme.

Jubelnde Horden in Rot-Weiß, ein paar Volkspolizisten mit Schlagstock am Gürtel und Schirmmütze auf dem Kopf mühen sich, zu verhindern, was nicht zu verhindern ist: Die nächste Kameraeinstellung, ein wild wackelnder Schwenk, zeigt das gesamte Spielfeld voller Unioner. Sie schreien, fallen mit wilden Umarmungen übereinander her. Zwischendrin die Spieler, erkennbar an ihren freien Oberkörpern. Längst haben sich ihre Trikots in Erinnerungs-Trophäen an diesen einzigartigen Tag in der Geschichte des 1. FC Union Berlin verwandelt.

Wir schreiben den 28. Mai 1988. In der letzten Spielsekunde des letzten Punktspiels hatten die Eisernen das erlösende 3:2 Führungstor in Karl-Marx-Stadt geschossen und dadurch buchstäblich in letzter Sekunde den Abstieg verhindert. Dass die Kamera das Geschehen derart hautnah einfängt, als sei sie das Augenpaar eines tobenden Fans, ist kein Zufall. Der Mann, der sie bediente, war vom Geschehen mindestens ebenso ergriffen wie all die anderen rot-weißen Platz-Erstürmer.

Kameramann Michael Lösche ist seit 1966 ein Eiserner. Bis heute hat er alles mitgenommen, was Unions rasante Vereinsgeschichte an Höhen, Mitten und Tiefen hergibt. Ob gegen SV Falkensee-Finkenkrug, die Hohenschönhausener, Hertha BSC oder Bayern München, Lösche war dabei – und an jenem historischen Tag als Mann hinter der Kamera. Das alles entscheidende Spiel in Karl-Marx-Stadt bildet das sportliche Finale der Dreharbeiten zu dem 1988 erschienenen Dokumentarfilm *Und freitags in die Grüne Hölle*. Seit der Winterpause der Saison 1987/88 hatte das Filmteam um Drehbuchautor und Regisseur Ernst Cantzler einige Fans des 1. FCU zu allen Heim- und einigen Auswärtsspielen begleitet. Jeden Freitag besuchten Lösche und seine Crew den Union-Fanclub BSV (Berliner Sportverein, auch Bier-Sport-Verein genannt) in seinem Treff, dem Hinterzimmer der Kneipe Zur Grünen Hölle.

Einige Monate zuvor war ein Drehbuchautor bei Lösches künstlerischer Arbeitsgemeinschaft aufgetaucht. Kaum hatte er seine Idee ausgesprochen, einen Film über Fans des 1. FC Union Berlin zu machen, ließ ihn Lösche wissen: »Wenn *dieser* Film je realisiert wird – *ich* werde ihn drehen!« Noch heute sagt er: »Etwas Besseres konnte mir nicht über den Weg laufen! Ich bin Unioner, was also lag meinem Herzen näher, als eben darüber einen Film zu machen!«

Nebenbei liefern die Filmbilder jede Menge ungeschminkten DDR-Jugendalltag fernab von FDJ & Co. Laut singend ziehen die Fans durch die Straßen, selbst gestrickte Schals um den Hals, mit Union-Aufnähern und Stickereien veredelte Jeansjacken auf den Schultern. Neben dem rot-weißen Logo prangen die des HSV oder anderer Bundesliga-Clubs und immer wieder das von Hertha BSC. »Was mich ankotzt?«, wiederholt der Vorsitzende des BSV die Frage des Interviewers, »dass ich nich rüberfahren kann nach'm Westen!« Was er dort will, ist klar: Hertha mal live spielen sehen! Gut am Osten findet er nur eins: Union!

Ausnahmezustand auf dem Bahnhof von Riesa, als nach dem Sieg in Karl-Marx-Stadt zwei Züge voller Union-Fans hier zum Halten kommen. Viele von ihnen begreifen erst jetzt so richtig, was da wenige Stunden zuvor passiert ist. Jetzt tanzen und singen sie, rocken den Bahnsteig. Ein Transportpolizist bahnt sich schüchtern seinen Weg durch die feiernden Massen. Ungeschminkt zeigt der Film auch die Gewalt in ostdeutschen Fußballstadien. Auswärts gegen Lok Leipzig heißt es: »Schlagt die Preußen tot!« contra »Wir wollen keine Sachsenschweine!«. Dann der Blocksturm, wackelige Drahtzäune zwischen Rowdys und Polizisten. Sanitäter und Ordner bergen auf der Trage einen Verletzten vom Schlachtfeld.

Anschlagende Polizeihunde, immer wieder Scharmützel zwischen Fans und Uniformierten. Hüben ein Schubser, drüben wütend erhobene Fäuste zum Gesang nicht staatstragender Lieder. Ich spüre die Unruhe in meinem Heimatland Ende der Achtziger. Sie geht weit über das Geschehen im Fußballstadion hinaus, doch noch spiegelt sie sich nirgendwo so deutlich wie hier. Keine anderthalb Jahre später wird dieses Land für kurze Zeit ein im besten Sinne anarchistisches sein. Doch noch vermag es die Zensur, den Film vorerst aufs Abstellgleis zu befördern. Der Autor habe sein Thema künstlerisch nicht bewältigt, lautet die Begründung.

Von wegen! Höchste Filmkunst allein schon die Schluss-Sequenz. Aus der Eckkneipe geht es raus auf die Straße. Ihre Ränder säumen ein paar versprengte Wartburgs, ein Lada sowie ein Trabant 601. Von den Hausfassaden bröckelt seit Jahrzehnten der Putz, hinter manchem Hauseingang wartet das Abenteuer. Das war meine Heimat.

Jetzt ist hier alles schick, die Straßen sind zugestaut. Eckkneipen wie Zur Grünen Hölle wichen längst kalt erleuchteten Biofresh-Eaterys oder 08/15-Lounges. Geblieben sind der 1. FC Union, seine Fans – und dieser wunderbare Film von Ernst Cantzler!

109. GRUND

Weil: Hier regiert der FCU!

Am 6. September 2009 erlebte das Stadion An der Alten Försterei kein Fußballspiel. Stattdessen stieg an jenem Tag das Abschlusskonzert des Bandwettbewerbs »Nazis aus dem Takt bringen«. 5000 Menschen fanden sich in Unions Heimspielstätte ein. Unter ihnen müssen sich viele von denen befunden haben, die auch sonst hierher pilgern, um ihren Verein zu unterstützen.

Einer der Schirmherren jener Veranstaltung war ein ranghoher SPD-Star, welcher die Kulisse von immerhin mehreren Tausend Versammelten offenbar für eine kleine Extraportion in Sachen Wahlkampf-Show zu nutzen gedachte. Wenn ich schon mal hier bin, dachte er sich wohl, werd ich bei der Gelegenheit gleich mal ein paar Punkte sammeln. Ist schließlich ein Fußballstadion, haha.

Wie auch immer, er trat ans Mikrofon und sagte: »Hallo, mein Name ist …« Weiter war seine Rede im Stadionviereck der Alten Försterei nicht vernehmbar, denn an dieser Stelle fielen ihm mehrere Tausend überaus lautstark ins Wort: »Hier regiert der FCU!«

Besagten Sachverhalt bringen die Unioner bei jedem Spiel ihrer Mannschaft mit ebendiesem Sprechchor zum Ausdruck. Und sie hatten auch an diesem Tag einfach nur recht.

110. GRUND

Weil sich Union auch in der Zukunft nicht unterkriegen lassen wird

»Macht euch doch nichts vor, euer Verein wird genauso gentrifiziert wie ›Prenzelberg‹ oder Mitte«, las ich kürzlich in einem einschlägigen Netz-Forum.[43] Dieses Zukunfts-Szenario ist angesichts des gegenwärtigen Kurses unserer Gesellschaft erschreckend realistisch. Ja mehr noch, es erscheint mir, lasse ich den in etlichen Jahrzehnten gewachsenen Charakter unseres Vereins unberücksichtigt, äußerst naheliegend, wenn nicht zwingend.

Nach mittlerweile vier Spielzeiten am Stück in Liga 2 ist der 1. FC Union ein Stück weit in Mode gekommen. So mancher Eventnik schaut heute gern mal An der Alten Försterei vorbei, weil es da ja so toll sein soll, so anders irgendwie, so 'ne dolle Stimmung und so, und alle singen, aha. Und dann steht er auf den Betonstufen, stumm und fremd inmitten der »tollen Stimmung«, um hinterher wenigstens sagen zu können: »Ich war mal da.« Selbst so mancher Fußballkommentator aus dem Fernsehen hat mittlerweile Gefallen an unserem Verein gefunden und bringt nicht mehr nur dann sein »Tja, ja, die Eisernen ...«, wenn unsere Mannschaft mal wieder brav hinten liegt oder einfach einen super besch... Tag erwischt hat.

Das alles kann jedoch nicht darüber hinwegtäuschen, dass wir auch in Zukunft kein Hätschelkind von DFB und DFL werden, von den internationalen Fußballgremien einmal ganz zu schweigen. Zu groß Unions Widerstand gegen die scheinbar allmächtige Event-Unkultur oder von oben verordnete Sanktionspapiere.

Beim Bau unserer neuen Haupttribüne musste der Verein darauf achten, dass ihre Plätze gemäß Stadionhandbuch von DFB und DFL einen Mindestabstand von sechs Metern zum Rasen einhalten. Die alte Tribüne durfte sich nur aufgrund einer Bestandsschutz-Sondergenehmigung zwei Meter vom Spielfeld entfernt erheben. Union beugte sich den Normen, doch sah sich Präsident Zingler zu dem Statement veranlasst: »Unsere Fußball-Kultur sieht einen so kleinen Abstand wie möglich vor. Also werden wir keinen Millimeter über diese sechs Meter gehen.«

Dank des Drucks aus Wirtschaft, Politik und Zeitgeist auf den Fußballsport ist es mittlerweile durchaus denkbar, dass auch in Deutschland irgendwann die Stehplätze verboten werden – wie in England, Italien oder im Rahmen der UEFA längst geschehen. Damit würde dem Stadion An der Alten Försterei eindeutig der Zahn gezogen. Steht doch in Köpenick der einzige moderne Fußballtempel weit und breit, der ganz bewusst auf drei von vier Seiten Stehtraversen besitzt. Von den Unionern eigenhändig gegossen, geben wir auf ihren Stufen Schulter an Schulter alles, unsere Mannschaft lautstark nach vorn zu brüllen. Abgesehen davon, dass unsere Fußballkultur mit den Stehplätzen untrennbar verbunden ist, hätten viele von uns gar nicht das Geld, sich Spieltag für Spieltag ein teures Sitzplatzticket zu leisten.

Sollte also die anfangs zitierte Gentrifizierungs-Vision Wirklichkeit werden, würde die dann möglicherweise Hakle-Feucht-Arena heißende Spielstätte zu Köpenick ein stinknormales kleines Sitzplatzstadion inklusive Klatschpappen, Cheerleadern und unzähligen, von den Firmen X, Y und Z gesponserten Spielminuten, Eckbällen, gelben wie roten Karten und dergleichen mehr.

Mir jedoch scheint für einen solchen Fall weitaus naheliegender, dass der 1. FC Union Berlin seinen Weg der Inbesitznahme von Stadion und Verein durch seine Fans konsequent weitergeht. Das könnte bedeuten, Union gründet zusammen mit Clubs wie Hammarby IF, FC United of Manchester, FC St. Pauli und anderen, ähnlich tickenden Vereinen eine europaweite Underdog-Liga, in der Stehplatzstadien durchaus gern gesehen sind.

111. GRUND

Weil ich mit Union nie allein bin

Ich liebe meinen Beruf über alles. Schriftsteller sein – ich kann mir keine schönere Beschäftigung unter der Sonne vorstellen, die in das Fach Arbeit fällt. Einen kleinen Haken hat das Ganze allerdings: Um zu schreiben, muss ich die Einsamkeit suchen. Und bis ein ganzes Buch fertig ist, vergehen Monate, mitunter Jahre – sprich: Die

Einsamkeit dauert mir manchmal gehörig zu lange, denn ich liebe es nun mal, mich in – möglichst guter – Gesellschaft aufzuhalten.

Während der Arbeit an diesem Buch befand ich mich nahezu ständig in bester Gesellschaft. Musste ich doch, um all die Gründe zu Papier zu bringen, viele Unionerinnen und Unioner befragen. Schließlich stand ich längst nicht bei allen in diesem Buch geschilderten Ereignissen in der ersten Reihe. Und selbstredend wollte ich auf all den Seiten nichts erzählen, was ich nur mal so über'n paar Ecken aufschnappte oder aus verschiedenen Quellen kaltschnäuzig abschrieb. Die von mir Angesprochenen erzählten mir ihre Abenteuer, die sie mit unserem Verein erlebten – und freuten sich darüber, dass ich das mir Anvertraute zu Papier bringe, um es an dich, liebe Leserin und lieber Leser, weiterzugeben. Andere machten sich die Mühe und schauten mir, besonders wo es um unsere frühe Historie ging, genau auf die Finger, damit ich dir nichts falsch Zusammengereimtes erzähle.

Für mich war die Arbeit an diesem Buch eine verrückt schöne Zeit. Mein Fußballfreund Knut, der in dieser Reihe das Buch über Hertha BSC schreibt, vertraute mir an: »Seit ich an dem Ding sitze, gehe ich mit meinem Verein zu Bett und stehe morgens mit ihm auf.« Genauso erging es mir die letzten vier Monate, und ich füge hinzu: Auch den Tag über und bisweilen selbst im Traum beschäftigte mich mein, unser 1. FC Wundervoll!

Und doch fehlt hier noch so vieles: der alljährliche Drachenboot-Cup hätte locker einen eigenen Grund verdient, ebenso der vom Eisernen V.I.R.U.S. Saison für Saison organisierte Fan-Zug zu einem der Auswärtsspiele. Rot-weiße Anhänger, Trainer und Mannschaft reisen, feiern und diskutieren hier gemeinsam, zelebrieren eine einzigartige Union-Party. Auch sonst begegnest du als Unioner dem Präsi und seinem Team, ja selbst deinen Fußballgöttern auf Augenhöhe.

Jedem unserer Fanclubs hätte ich locker zehn Seiten widmen können, erst recht der eisernen Initiative eines nach Südafrika ausgewanderten Unioner-Paares. In Oudtshoorn, 9623 Kilometer entfernt von Berlin, bauen sie für die Kinder aus ihrem Dorf mitten in der Wüste die Alte Försterei 2. Bis dato konnten die Kids lediglich auf der Straße Fußball spielen, jetzt haben sie dafür ein eigenes Fußballstadion! In Kürze besitzt es eine bewässerbare Rasenfläche, und eines Tages werden hier die Kinder des 1. FC Union Oudtshoorn ihre Punktspiele gegen die Teams aus den umliegenden Dörfern austragen. Und die Unioner aus der Alten Försterei zu Berlin nehmen regen Anteil daran. Ein Artikel im Union-Programm löste eine wahre Flut begeisterter Wortmeldungen aus, und binnen kürzester Zeit spendete der Union-Anhang fast 8000 Euro für das einzigartige Projekt in Südafrika.

Dass ich all das nicht in gebührendem Maße würdigte, könnte ich auf die Kürze der Zeit schieben, die mir zur Fertigstellung des Manuskripts zur Verfügung stand. Oder einfach darauf, dass ich ja leider nur 111 Gründe aufschreiben durfte – und darauf dass eben immer wieder Neues passiert in der Union-Familie. Mache ich aber nicht. Stattdessen sage ich, ein Grienen im Gesicht: Menze ist schuld!

Aber janz im Ernst: Ich bin einfach nur glücklich, dass ich dieses Buch schreiben durfte – und dass mich so viele wunderbare Menschen dabei unterstützten! Mein herzliches wie eisernes Danke geht an alle hier Ungenannten sowie an Christian Arbeit, Barbara Barz, Berndte B., Tino Czerwinski, Mathias Deichgräber, Käpten Eddy & Mannschaft, Torsten Eisenbeiser, Lisa Funke, Rolf Glenser, Götz Geserick & Die PROGRAMMierer, Iron Henning, Inameany, »Jockel«, Gerald Karpa, Theo Koerner, Annemarie Lehmann, Linse, Michael Lösche, Marco, Matti Michalke, mein Muttchen, Uli Mücke, Anke und Petra Nussbücker, Polkaholix, Tante Renate, André Rolle, Harry Ruttke, Schnacko, meine Schwiegermutter, die Steinis aus Ludwigsfelde, Andreas B. Vornehm, René Wallat, Heinz Werner und Dirk Zingler.

u.n.v.e.u.!

12. KAPITEL

DIE BONUSGRÜNDE

WAS SEITDEM GESCHAH

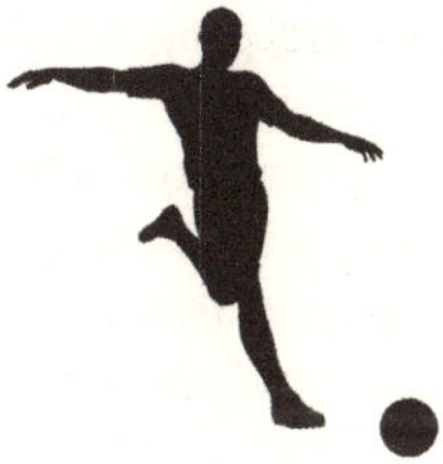

BONUSGRUND 1

Weil einzig Union mir offenbart, wer ich (alles) bin

Noch immer liegen mir knapp zwei Nachmittagsstunden des letzten Sonnabends schwer im Magen und trüb auf der Seele. Noch immer frage ich mich: Was war das, und wie konnte es geschehen? Nachdem uns vor der Saison etliche Experten zu den heißen Aufstiegsaspiranten zählten, hatten wir in den ersten beiden Liga-Spielen lediglich 1 Pünktchen geholt – und nun waren wir in der 1. Runde des DFB-Pokals gegen den Viertligisten Viktoria Köln auf dessen altehrwürdigem Sportplatz sang- und klanglos untergegangen. Und ich frage mich noch mal: *Wie konnte das geschehen?*

Dem »profunden Fußballkenner« und Trainer-Fuchs in mir ist sonnenklar: »Die Dreierkette ist schuld! Außerdem beflügelte des Gegners Trainer das Spiel seines Teams mit seinen Einwechslungen, während unser Übungsleiter lediglich Löcher zu stopfen suchte!«

Einer der vielen Unioner in mir mault dagegen rum: »War doch klar, die Vorbereitung mit zwei Siegen über europäische Erstligisten abjeschlossen – um in der Liga erst mal abjeschossen zu werden. Im Pokal sowieso, egal, aus welcher unteren Liga der Gegner kommt. Ähm, … kurze Nachfrage bei Unions Chronisten: ›Gerald, haben wir tatsächlich 1968 den Pokal jeholt und standen 2001 im Finale? … oder war dit'n anderer Verein mit ähnlichem Namen? Oder hamwa dit sowieso allet nur jeträumt?‹«

Der unionferne Fußballfan, so er in mir wohnt, würde sich schleunigst ein *Pokalversager*-Banner besorgen und am folgenden Spieltag alles geben, es in unserem Wohnzimmer mindestens 90 Minuten lang hochzuhalten.

Der in meiner rechten großen Zehe wohnende Regierungssprecher aus dem Volke brüllt: »Das wollen Profis sein und als solche bezahlt werden? Verdammt, dann sollen sie sich auch wie Profis aufführen und auf jeden verdammten Angriff des Gegners die noch bessere Antwort geben – und zwar zu jeder Tages- und Nachtzeit, erst recht während des Spiels!«

Der meinem Wesen noch fremdere Fundamentalist hätte längst seine schwarze Liste aller fristlos zu entlassenden Spieler, Trainer und Zeugwarte in sämtlichen Internet-Foren gepostet.

Der Hobby-Psychologe in mir weiß: »Ganz klar, nahezu alle Unionspieler erlitten direkt nach dem versemmelten Elfer eine schwere Blitzdings-Burnout-Depression, während sich der nebenan wohnende Geschäftsmann sofort diesen Begriff als Wortmarke schützen lässt. Aber Moment mal: Wurde unser Team gar wirklich von einem in Viktorias Diensten stehenden *Man in Black* geblitzdingst und damit von einer Sekunde zur nächsten jedweder Fähigkeit zum Fußballspielen beraubt?

Ich will hier mal versuchen, statt all diesen Stimmen zu folgen, bei mir zu bleiben, einem Unioner mit nicht immer und überall nüchtern klarem Verstand: Dass Viktoria Köln kämpfen würde, war klar – ebenso, dass wir als Favorit ins Spiel gingen. Eine Rolle, die uns offenbar auch in der siebten Zweitligasaison am Stück noch immer partout nicht liegt. Von Vorbereitungsspielen einmal abgesehen! … Trotz allem zeigten unsere Spieler zunächst etwas, was in meinen Augen wie technische Überlegenheit daherkam. Schließlich erzielten sie – kurz vor der Pause! – die Führung. Eben die hätten sie ultrakurz nach der Pause um ein Haarbüschel per besagtem Elfer zum 2:0 und weitere 16 Minuten später kaltblütig zum 3:0 ausgebaut.

Aber hätte, hätte – es kam eben mal wieder kolossal anders, und zwar derart kolossal wie schon ewig nicht mehr. Bereits lange vor dem Ausgleich kombinierten sich die Kölner ein ums andere Mal vor unser Tor, zunächst noch nicht gefährlich. Bald beantworteten sie eine Eiserne Chance mit einem noch gefährlicheren Konter; was wenig später kam, ist bekannt …

Selbst der uns – ob des Schreckens? – unnormal wohlgesinnte Sky-Reporter schien total ratlos. »Wo bleibt Unions Antwort?«, fragte er gänzlich ohne Häme, stattdessen ernsthaft besorgt.

Mit Wut und mächtig viel Ratlosigkeit gemischte Sorge hatte längst auch mich ergriffen. Totaler Blackout, »Strom weg« wie nach einem Volltreffer von Mike Tyson in seinen besten Jahren – was war da los? Ganz ehrlich: Nach pomadiger Arbeitsverweigerung verwöhnter Rasen-Millionäre sah mir dieser Untergang absolut nicht aus. Auch die Eiserne Hälfte des Stadionpublikums – vielen Dank für euren Einsatz, der bis lange nach dem Rückstand nahezu ungebrochen rüberkam! – stand mittlerweile offensichtlich unter Schock.

Klar nützt es nichts, dass unsere Auswärtsfahrer fast die gesamte Zeit in dem romantisch gelegenen, altehrwürdigen Stadion den Ton angaben, und doch bin ich einfach nur glücklich, dass dem so war! Kämpfen & Siegen – bekommt unsere Mannschaft das erst wieder auf den Rasen, sind wir wieder die glasklaren Außenseiter? Ist es dieses uns seit jenen berühmten Zwanzigern, zu Ost- wie modernen Westzeiten stetig begleitende, ja uns womöglich gar von Union-Mitglied Fußballgott höchstpersönlich auferlegte Underdog-Image, welches unsere Profimannschaft bis heute braucht?

Mythologie beiseite! Ich für meinen Teil hoffe einerseits, dass alle professionellen Unioner auf Zeit, unterstützt von den größtenteils lebenslangen Eisernen unserer Vereinsführung, dieses Spiel gebührend analysieren und in ihrer Arbeit alles daransetzen, dass ein solcher Absturz möglichst erst wieder im Jahre sonstewann über uns hereinbricht. Und seien wir ehrlich: Wer von uns hat einen solchen Totalabsturz in entscheidender Minute nicht schon selbst »hinbekommen«? Und zwar weit mehr als einmal?!

Uns allen wünsche ich, dass wir unser Team am nächsten Spieltag – bei aller berechtigten Kritik, die genauso dazugehört, sofern sie konstruktiv daherkommt – in die Pflicht nehmen: Mit geballter Sangeskraft und unserer unbedingten Unterstützung! Derart, dass die da aufm Platz gar nicht anders können, als sich derart reinzuhängen, wie das echte Unioner nun mal tun. Geben wir ihnen die Chance, dass sie sich eben dadurch ihren Ehrennamen »Fußballgott« wieder verdienen.

BONUSGRUND 2

Weil »Alle Macht dem Klassenerhalt!«

Nach dem letzten Heimspiel war es so weit: Nach langer, langer Zeit machte ich mir mal keine Sorgen um uns Unioner auf den Rängen. Stattdessen umso heftiger um jene auf dem Rasen und an der Seitenlinie. Derart vergnatzt, ja geradezu »anjepisst«, um ihn gleich mal zu zitieren, hatte ich meinen Eisernen Freund Exil-Unioner Ritter K. nie zuvor erlebt. Letzte Saison hatte er mir nach einer quälenden, weil schlichtweg hoffnungslosen 0:1-Niederlage unserer Fußballgötter anvertraut: »Und trotzdem erlebste mich selbst jetzt mit Dauergrinsen, und weeßte warum? Weil ick endlich mal wieder für'n paar Stunden zu Hause war, Anne Försterei!«

Nach unserem 0:2 vor zwei Wochen fand er zunächst gänzlich andere Töne: »Is ja nich so, dass man gegen die Paddelbirnen nich ooch mal verlieren kann, aber doch nich *so*! In meinen Augen war dit ein Komplettversagen der janzen Mannschaft und ein Sich-ins-vermeidbare-Schicksal-Ergeben.« Natürlich hatte ihn als alten Eisernen selbst das nicht dazu verleitet, unsere Mannschaft mit Pfiffen zu bedenken, ganz im Gegenteil: »Man wollte den Jungs am liebsten zurufen: ›Keene Angst, die tun euch doch nich weh!‹« Und sofort polterte er wieder los: »Keen wirkliches Aufbäumen, keen Eisernes *Kämpfen und Siegen*! Und jenau dit verursacht mir jenen jewissen Magendruck«, von dem sich mein Freund erst durch das exzessive »Inhalieren« guten Whiskys befreien konnte.

»Das ist der absolute Tiefpunkt«[44], zitierte der *Berliner Kurier* unseren neusten Übungsleiter kurz nach dem Desaster. Auch in den nächsten Tagen besserte sich Sascha Lewandowskis Stimmung kein bisschen. Würde es gar den Super-GAU geben? Schmiss der von uns so überschwänglich Begrüßte gar die Brocken hin?

Niemand hielt ihm vor, dass nach den sieben Spielen unter seiner Leitung einzig zwei Siege, ein Remis und satte vier Niederlagen zu Buche standen! Diejenigen, die dafür unbedingt einen Schuldigen brauchten, fanden den schnell in Norbert Düwel. Der habe seinem Nachfolger einen mies zusammengestellten Kader übergeben, las ich im Netz. Ich selbst sah die gesamte Saison über eine Union-Mannschaft, die überaus ansehnlich *und* erfolgreich kickte, sich aber leider immer wieder, insbesondere gegen Ende des Spiels, minutenlange Blackouts leistete. Das allerdings nicht erst in der aktuellen Saison, nur wussten unsere Gegner dies niemals derart eiskalt auszunutzen wie in *dieser* 2. Bundesliga. Und es konnte doch kein Zufall sein, dass unsere Mannschaft immer wieder nach großem Spiel hinten raus doch noch Ausgleich oder Niederlage kassierte, oder?

Wie auch immer, der Trainer reagierte rigoros wie besonnen. So war die Wahl eines neuen Käptens namens Benjamin Kessel keineswegs die Degradierung des alten, sondern vielmehr dessen Entlastung im wahrsten Sinne des Wortes. Damir Kreilach bedankte *und* belohnte sich gleich mal mit dem 1:0 in Heidenheim. Und war es womöglich ein erneuter Wink des ganz großen Fußballgottes, dass er unseren tapferen Eroll Zejnullahu erst mit falsch beflocktem und schließlich mit Stevies Trikot auf den Platz schickte? Der Radio-Kommentator staunte Bauklötze, dass Steven Skrzybski gerade eben in den Katakomben verschwinden – und zeitgleich drei gegnerische Feldspieler plus Keeper aussteigen lassen und hernach den Ball eiskalt in des Gegners Tormaschen zimmern konnte! Gibt's eben nur beim 1. FC Wundervoll!

War natürlich kein Wunder. Der gute Reporter hatte – genau wie viele andere, die im Stadion live dabei waren – schlichtweg nicht mitbekommen, dass der Schiedsrichter gerade eben den doppelten Skrzybski entdeckt und den »Falschen«, nämlich Eroll, zum Trikotwechsel in die Katakomben geschickt hatte. In jedem Falle ungebrochen unsere Freude darüber, dass der echte Stevie justament in den wenigen Augenblicken, in denen unser Team einen Mann weniger auf dem Platz hatte, das spielentscheidende 2:0 erzielte!

Klar, dieser zweite Auswärtssieg der Saison ist ebenso wenig vorentscheidend wie der erste acht Wochen zuvor, und doch war ich kurz mal wieder einfach nur überglücklich. Auf dem Rasen jubelten unsere Spieler wie kleine Jungs, ein Blick auf die Traversen offenbarte jede Menge Unioner, die sich nach des echten Stevies 2:0 tonnenweise Frust aus Bauch und Seele schrien.

Und wie geht's weiter? *Alle Macht dem Klassenerhalt!*, bringt es mein Eiserner Freund »Opi« Nobse gewohnt humorvoll auf den Punkt. Mindestens ebenso aktuell Exil Unioner Ritter K.s Resümee nach dem Desaster vor zwei Wochen: »Wat aber uff jeden Fall nich unerwähnt bleiben darf, is der wieder grandiose Support der Eisernen Familie bis zur 90. Minute. Ick finde, jenau deshalb is die Mannschaft jetzt jefordert, sich dieses bei Union selbstverständlichen Rückhalts würdig zu erweisen.«

Das tat unsere Mannschaft in Heidenheim und auch, wenngleich längst nicht immer Sieges-gekrönt, in den weiteren Spielen, auswärts wie An der Alten Försterei! u.n.v.e.u.!

BONUSGRUND 3

Weil auch der Berliner Winter seinen Eisernen Höhepunkt hat

Die Saison 2015/16 fühlte sich für mich seit dem 1. Spieltag wie der Berliner Winter an: Gar nicht mal so *besonders* kalt, aber verdammt grau und zäh. Dazu begleitet von der immer kleiner werdenden

Hoffnung: Der Sommer kommt irgendwann wieder, auch zu uns ... Die letzten beiden Heimspiele der Hinrunde wieder derart ewige Berliner Wintertage: Wir sangen laut, unsere Mannschaft kämpfte, war über weite Strecken das gefühlt bessere Team aufm Platz – und doch »verloren« wir nach 3:1-Führung am Ende 3:3 gegen Nürnberg und hernach 1:1 gegen Bielefeld.

Immerhin kämpften unsere Mannen gegen die Arminen Eisern bis zum Schluss. Immerhin wackelten sie nach deren Gurken-Ausgleich nur ganz kurz, um sofort wieder zu attackieren. Immerhin ist auch eine Menge Pech dabei, wenn gleich vier unserer Torschüsse gegen's verdammte Aluminium knallen und wir mit Herrn »Schieber« mal wieder den »12. Mann« gegen uns hatten (so zumindest sah ich es im Stadion, logo total subjektiv).

Am Samstag drauf die große Hoffnung auf *die* Eiserne Überraschung in Freiburg, bevor alles kam wie gefühlt immer: drei Standards, drei Gegentore, höchste Niederlage der Saison und grade mal 17 Pünktchen – die schlechteste Halbserie in Unions Zweitliga-Historie! Frust ohne Ende ... normalerweise ... aber wer von uns ist bitte schön normal?

In der TV-Zusammenfassung hörte ich zwischen den Konserven-Mugge-gestützten Torjublern der Breisgauer fast nur unsere Auswärts-Fahrer. Eiserner Support bis zum bitteren Ende, dafür gab's jede Menge Anerkennung von Freiburg-Fans, und zwar ganz ohne Häme! Bleibt uns am Ende nur das? Nein, nein und nochmals nein!

Auch dieses besch... Jahr hatte seinen Nikolaustag, und meine Eisernen Freunde Bancro und »Opi« Nobse von den UNION-REBELLEN befahlen mich ins Coé: »Punkt sechse biste da, nimm dir bis mindestens zehne nichts vor!« Im Coé erwartete mich beste Gesellschaft: Wirtin Hannelore, die Eiserne Karin sowie der schwer herzkranke Sven Gestresst, den Sam Paff ausm Krankenhaus entführt und sämtlichen Schwestern versprochen hatte: »Ick bring ihn euch so janz wie irjend möglich zurück!« Die oben genannten

Rebellen überreichten mir einen Schoko-gefüllten Samt-Elch, seine Rückseite zierte eine Eintrittskarte für die letzte Vorstellung unseres Union-Theaterstücks!

Würde ich olle Lopatta und seine Mannschaft also doch noch live erleben! Ich brauchte Minuten, das zu kapieren ... und schon befanden wir uns auf dem Weg zur Freiheit 15. Vorm Eingang etliche: »Hallo, grüß dich, Eisern!« Was gibt's Schöneres, als in Familie das Theaterstück um den ganz normalen Wahnsinn einer Eisernen Biografie zu erleben, die symptomatisch für unser aller Leben steht! Inmitten des größtenteils rot-weiß gekleideten Publikums genoss ich diesen Abend, der mich – genau wie jedwedes Union-Spiel – lange vor der ersten Szene aus dem ganz normalen Leben, ja aus diesem *besonders* besch... Berliner Winter katapultierte. In der Pause gepflegte Gespräche samt spendierter Biere – und dann passierte es: Schluss-Szene, das Jahr 2006, der Union-verrückte Held steht zwei Menschen gegenüber, die ihn in diesem einen Punkt absolut nicht verstehen: seiner geliebten Ehefrau, die es bei aller Liebe nervt, dass er längst nicht nur an Spieltagen immer wieder nur Union im Kopp hat, dazu seinem Sohn, der Basketball spielt, zu Rosenstolz geht und sich nicht die Bohne für Fußball interessiert, geschweige denn begeistert. Und da ist der Fußballverein seines Herzens, der gerade nach freiem Fall seinen sportlichen Tiefpunkt hinter sich gebracht hat. Ein Verein, der auch in Zukunft nicht um große Titel spielen wird, sondern wie eh und je um Auf- und gegen Abstiege.

»Na und? Wir halten das aus!«, brüllt der Eiserne auf der Bühne genau den Gedanken in den Saal, der in diesem Augenblick ganz sicher nicht nur mir durchs Hirn schießt. *Hier ist meen Zuhause, hier krichtma keener weg!*, echot Sportis kraftvoll rauer Gesang in mir, und Roland Krispins melancholische Stimme singt: *Wir sind Union!* Spieler kommen und gehen, einige bleiben mit dem Herzen für immer – genau wie wir, die wir Jahr und Tag ins Stadion pilgern, Bilder malen, Geld sammeln, Lieder, Bücher oder Theaterstücke schreiben oder sonst was tun, um unsere gemeinsame Liebe zu leben. Sagen wir ruhig: unserer gemeinsamen Sucht nachgehen. Wir alle sind Teil von etwas, was eben nicht nur an Spieltagen stattfindet und von momentan unser Logo auf der Arbeitskleidung tragenden Berufs-Kickern zelebriert wird. So bejubelten unsere Auswärtsfahrer in Freiburg nicht deren bislang höchste Saison-Niederlage, sondern feierten hemmungslos ihre Eiserne Macke – genau wie wir an diesem Nikolausabend im Theatersaal.

Und plötzlich, mitten im Schlussapplaus, reißen wir – wie im Stadion schon gefühlt ewig nicht mehr – zusammen mit den Schauspielern wieder und wieder die Arme hoch. Wir alle feiern gemeinsam einen Sieg, der für mich mehr zählt als der bis dato einzige Heim-Dreier in der Liga! Und wie immer bei Union – auch hier im Theater haben *wir* das letzte Wort: *»Und wir lieben unsern Club, und wir sind stolz auf ihn, FC Union aus Berlin … Wir sind Unioner, wir sind die Kranken!«*, schallt es laut durch den Saal. Ja, verdammt, WIR HALTEN DAS AUS – und stehen auch weiter füreinander ein, leben Union, gerade im grausten Berliner Winter! Und niemals vergessen: Um zwölfe jibts Mittachessen!

PS: Als habe auch sie unser von Jörg Steinberg geschriebenes und in Szene gesetztes Eisernes Theaterstück mit neuer Kraft und noch mehr Kampfgeist versorgt, gewann unsere Mannschaft prompt die beiden vorgezogenen Rückrundenspiele mit 3:0 und 1:0 und sorgte somit dafür, dass wir allesamt frohen Mutes das Weihnachtfest begehen und in die Winterpause abtauchen konnten. Noch Fragen zur Kraft der Kunst? Und wie sagte einst Andora: »Wir sind'n Kulturverein!« Dezember 2016 erlebte mit »Wir werden ewig leben« unser zweites Theaterstück seine Premiere. Eisern.

BONUSGRUND 4

Weil ich An der Alten Försterei das erste und einzige echte Freundschaftsspiel erlebte

30. Januar 2016: eine der vielen Veranstaltungen im Gefolge unseres 50. Vereins-Geburtstags. Unvergessen das eine Woche zuvor im ausverkauften Wohnzimmer ausgetragene Spiel gegen einen führenden Bundesligisten, eröffnet von der Stadion-Choreografie *Ein halbes Jahrhundert 1. FC Union Berlin!* Eine Inszenierung in mehreren Akten: unzählige Meter Stoff, Tausende Fähnchen, rotes Feuer. Alles vorbereitet in vielen Monaten mit gigantischem Arbeitsaufwand – und kurz vorm Spiel innerhalb weniger Minuten von Tausenden Händen auf Haupttribüne, Waldseite, Gegengerade und Kicherkurve in Szene gesetzt! Zweiter Höhepunkt jenes Abends: die 81. Spielminute. Benny Köhler, unsere Nummer 7, betritt nach langem Kampf gegen den Krebs erstmalig wieder den heiligen Rasen zu einem Kurzeinsatz.

Und nun, eine Woche nach der großen Jubiläumsparty – ein Freundschaftsspiel? So was gibt's nicht wirklich! Spätestens mit dem Anpfiff steht da unten auf dem Rasen eine gute und eine böse Mannschaft, und erdreisten sich die aus dem Gästeblock, einen Gesang anzustimmen oder gar den Namen ihres Vereins zu skandieren, gibt es nur eins: Lauter und besser singen, die gegnerischen Fans zum Verstummen bringen!

Die Vorgeschichte jenes Spiels: Mein Unioner-Kollege Zimmi erhielt einen Brief seines Salzburger Fußballfreunds David. *Zimmi, du weißt um die prekäre Situation unserer Austria*, schrieb David. *Glaubst Du, dass uns der 1. FC Union helfen könnte?*[45]

Elf Jahre zuvor hatten die Salzburger Austrianer ihren Verein an einen österreichischen Brause-Milliardär verloren. Der kaufte den klammen Erstliga-Club, verpasste ihm über Nacht den Namen seiner Brausefirma sowie deren Farben. Die Historie unseres

Vereins beginnt mit dem heutigen Tag, hieß es sinngemäß seitens der neuen Clubleitung. Damit hatte er den Salzburger Austrianern Mama und Papa weggenommen, wie es einer von ihnen ausdrückte. Aber Austrias Waisenkinder holten sich ihren Club zurück, indem sie ihn kurzerhand neugründeten, mit einer Mannschaft aus Fans und Fußballern in der untersten österreichischen Spielklasse. Zehn Jahre und vier Aufstiege später spielten sie in der 2. Liga – und fighteten nun gegen diesen übermächtigen Gegner namens Insolvenz.

Fußballverrückte kämpfen um ihren Verein – ganz sicher fühlte sich Zimmi beim Lesen jener Nachricht seines Salzburger Freundes in die Geschichte unseres Vereins zurückversetzt. Zwölf Jahre nach *Bluten für Union* war es nun an uns, einem anderen Verein in ähnlicher Lage unsere mittlerweile mächtig erstarkte Hand zu reichen. Zimmi zögerte keinen Augenblick mit seiner Antwort: »Ja. Ich bin mir sicher …«

Schnellstens übermittelte er seinem Freund die Kontaktdaten unserer Verantwortlichen – und erhielt von David kurz darauf die Nachricht: *Union Berlin wird uns helfen! Du kannst echt stolz sein auf Deinen Club!*[46]

Die vom 1. FC Union Berlin geleistete Hilfe bestand in ebenjenem, unser 50. Vereinsjubiläum begleitenden Spiel. Die gesamten Einnahmen flossen in die klammen Kassen von Austria Salzburg. Und genau zu diesem Spiel war ich am Nachmittag jenes 30. Januar 2016 unterwegs.

Auf der Hinfahrt wie immer Gespräche mit Anhängern des Gegners. »Am besten war die Zeit in der Regionalliga«, vertraut mir ein junger Austrianer an. »Es war unser dritter Aufstieg, und alle Spieler fighteten für *uns*, für die *Austria!* Mittlerweile sind halt etliche Legionäre dabei.« Zweifellos Worte eines Typen, der ähnlich bekloppt ist wie ich. Dennoch, nachher im Stadion würden sich unsere Mannschaften – trotz Benefiz und aller Sympathie für Fans, die ihren Verein nach rechtsgültigem Diebstahl neu gründeten – aufm Platz als *Gegner* gegenüberstehen, oder?

Wie immer treffe ich mich mit Freunden am Union-Barkas. Mist, die Sportis sind noch nicht da. Matzes Handy piept, er geht ran: »Ach, da seid ihr ja ... wir warten uff euch, wo steckt ihr denn ... Waaaas?!« Das Gespräch ist zu Ende, Matzes Miene verfinstert. Zwischen schmalen Lippen zischt er: »Die stecken fest ... Polizeieinsatz, verdammte Sch..., kommt, wir jehen hoch!«

Dann im Block: Wir hier, die Austrianer da drüben, und alle zusammen ergehen wir uns im allseits bekannten Schmähgesang, der sich den Wappentieren jenes von uns *allen* so gar nicht geschätzten Milliardärs widmet. Mein Freund Matze erklärt der fünfjährigen Tochter eines Freundes: »Damit meinen wir aber nicht die Polizisten, die uns normalerweise beschützen, sondern die Firma von diesem Typen, der denen da drüben ihren Verein wegjenommen hat!«

Dass dem so ist, bekräftigt der von den Austrianern allein angestimmte Gesang, welcher die Macher und Handlanger jener Firma – zugegeben nicht kindergerecht – als die Söhne von Prostituierten bezeichnet. Sinnbildlich natürlich, denn Letztere haben wohl allesamt mehr Ehre im Leib als die Chefs jener globalen Brausebande.

Endlich die offizielle Begrüßung unserer Gäste. Denen im Block gilt unser Jubel wie Applaus, ihren Spielern der bei uns sonst ausschließlich unseren Mannen zugedachte Zweitfamilien-Name »Fußballgott«! Erstmalig Gänsehaut an diesem Abend, nicht nur bei mir.

Kurz darauf singe ich zusammen mit dem nun endlich doch neben mir stehenden Sporti und allen Berlinern unter den 9.601 Zuschauern *Eisernet Lied*. Es folgt unsere Hymne – und ab geht's, alles andere als normal. Die Austrianer singen durch – und wir *lauschen* ihnen! Nicht nur, weil auf der Waldseite die Kapos mit ihren Megafonen erst nach dreizehn Minuten ihre Podeste erklimmen, sondern weil wir diese »Bekloppten« *achten*. Zwischendrin bringen wir unser »Wir sind Unioner, wir sind die Kranken ...«

Auf dem Rasen fallen derweil Tore, etliche, allesamt für Union. Neuzugang Felix Kroos gibt seinen Einstand mit einem direkt verwandelten Freistoß. Wir jubeln, aber verhaltener als sonst, und dass die Austria bislang »Nuuuull!« Treffer erzielte, bringen wir gleich *noch* leiser. Die Violetten auf dem Platz schwimmen, die auf den Rängen singen eisern – woher kennen wir das? Nein, es ist *nichts* normal an diesem Spiel. Das war im Vorfeld klar und wurde von vielen gebührend in Worte gefasst – nun aber *erlebe* ich, wie sich ein echtes Freundschaftsspiel anfühlt. Ein Spiel, bei dem es zuallererst darum geht, den sonst Gegner Genannten in aller Freundschaft zu helfen! Aus tiefstem Herzen sind wir bei denen da drüben und ihrem Verein, dessen Schicksal viele von uns an Unions bittere Jahre nach der Wende erinnert.

Bei alledem singen wir, nunmehr fachmännisch angeleitet von den Ultras auf der Waldseite und ihren Kapos, weite Teile unseres Repertoires, dazu das unserem Vereinsgeburtstag gewidmete »50 Jahre Union Berlin – und alle!« Immer wieder lausche ich zwischendurch den Austrianern. Nee, nee und noch mal nee, das ist nicht normal – doch heute *echt* und, sorry für die Wiederholung, aus tiefstem Herzen.

In der Pause die harte Realität. Es gilt, einigen von uns gegangenen Familienmitgliedern mit dreifach donnerndem »Eisern Union« die letzte Ehre zu erweisen.

Das Spiel geht weiter – und was die Fußballgott-Eröffnung versprach, sollte der Schlussapplaus halten. Beide Mannschaften vollführen die Ehrenrunde gemeinsam. »Eisern Union!« brüllen wir, animiert von den Austrianern, bevor das gesamte Stadion unseren Gästen mit »Austria, Austria!« Ehre erweist.

Ja verdammt, kein bisschen Feindschaft das ganze Spiel über, und ich bin sicher: Hätte Austria heute ein Tor geschossen, hätten die allermeisten von uns diese Bude bejubelt wie einen Treffer unserer Fußballgötter! So was gibt's einzig und allein an genau diesem Abend für *den* Fußball, den wir lieben. Das gemeinsame Fest geht an vielen Orten bis tief in die Nacht weiter. Exil-Unioner Ritter K tauscht seinen rot-weißen Schal mit dem violetten des Austrianers Christof, viele andere hielten es ebenso.

Einfach nur wunderbar … hätte es da nicht vor Anpfiff diesen brutalen, von vielen Augenzeugen als völlig unsinnig erlebten Kampf-Einsatz einiger sogenannter Sicherheitskräfte gegeben, der Sporti und seine Familie so spät zu uns kommen ließ, den Anpfiff um etliche Minuten verzögerte und zahlreiche bis gerade eben noch völlig friedliche Fußballfans in schockierte Verletzte verwandelt hatte. Von hier aus ein herzlicher Dank an den *Berliner Kurier* und einige andere Zeitungen, dass sie nicht wie üblich mal schnell die Presse-Erklärung der Polizei abdruckten, sondern auch den Standpunkt unseres Vereins und einiger völlig perplexer Fußballfans zur Sprache brachten. Ein Eisernes Danke auch an die Überwachungskamera an unserem Tribünenhaus. Ihre Bilder zwangen die Polizei schon bald dazu, ihre Version von Hunderten auf friedliche Polizeibeamte einprügelnden Fußballchaoten kleinlaut zurückzunehmen.

Aber wer ist denn nun schuld an diesem Mist? Menze? Oder doch eher mein Freund Matze? Hätte er, statt dem kleinen Mädchen, lieber diesen sogenannten Sicherheitskräften erklären sollen, dass wir mit dem eingangs erwähnten Schmäh-Gesang »Alle Bullen sind Schweine!« gar nicht sie meinten, sondern die Wappentiere jenes Milliardärs? Die Kleene zumindest hatte Matzes Worte verstanden. Und gefeiert haben wir trotz alledem bis tief in die Nacht. Eisern Union *und* Forza Viola, es lebe Austria Salzburg!

BONUSGRUND 5

Weil Fußball so wundervoll ist

Genau wie Du fieberte ich dem ersten Heimspiel der Saison 2016/17 entgegen. Nach dem Sommertheater-Firlefanz wieder Fußball pur An der Alten Försterei. Genau wie Du freute ich mich auf den Gegner, gegen den es an Motivation nicht fehlen würde! Prall gefüllter, sangeskräftiger Gästeblock, die gegnerische Mannschaft trainiert von einem langjährigen Unioner und obendrein – den einen hebt es an, den anderen nicht – endlich wieder ein Ost-Duell! Sicherheitstechnisch gesehen also ein Risikospiel mit gelbem Plürrewasser statt Stadionbier. Was soll's, Punktspiel im Wohnzimmer, Du und ich inmitten der Eisernen Familie!

Und hier krampfte es sich plötzlich zusammen in meiner Magengegend. Denn wieder würden wir einigen Familienmitgliedern das letzte dreifache »Eisern Union!« hinterherschicken. Auf jeden Fall einer schönen Frau, deren Gesicht ich bei der Anreise erst unter der S-Bahn-Brücke und dann noch einmal vor der Falle auszumachen glaube. Na klar, sie ist doch immer da, wenn Union spielt oder sich unsere Horde außerhalb eines Pflichtspiels trifft. Viele kennen sie länger und enger als ich, und doch machte sie mir so manches Mal Mut, ging es um meine Schreiberei, das Wohl meiner kleinen Familie, was auch immer. So voller Liebe ist sie – und zugleich so unerbittlich kritisch, was die Leistung von uns Unionern beim Support angeht. Ganz klar, sie muss auch heute hier sein …

… Einen Monat zuvor, am Abend des 17. Juli 2016, war ich erstarrt, als ich auf dem Display meines Handys las: *Janine ist tot.* Die SMS kam von einer Unionerin. Janine?, durchzuckte es mich. Doch nicht etwa *unsere* Janine? Es dauerte eine Weile, bis ich so weit war, meinen Rechner hochzufahren und die Seite eines einschlägigen Internetportals aufzusuchen. Mehrere Unioner hatten dort Zeilen hinterlassen, die unmissverständlich sagten: Ja, genau so ist es, *unsere* Janine …

Trauer, Hilflosigkeit und dieses verdammte »Ich-will-unbedingt-sofort-alle-wissen-lassen-*wie*-hilflos-ich-grad-bin« ließen meine Finger ebenfalls eine Zeile im Netz hinterlassen.

Ich hatte kaum zu Ende getippt, da antwortete mir ein Unioner: *Nimm das raus, sofort.* Kein Ausrufezeichen, und doch war mir klar: Das ist kein Spaß. Ich tat, wie mir geheißen, und fragte per PN: *Warum?* Der Mahnende klärte mich auf, dass Janine tödlich verunglückt sei. Motorradunfall, zusammen mit ihrem Mann Mario, der mit schweren Verletzungen im Krankenhaus liegt und noch nichts weiß. Fluch der modernen Welt! Auf gar keinen Fall sollte Mario diese schlimmste aller Nachrichten übers Internet erreichen. Sogleich machten sich mein Mahner und ich vereint daran, alle Poster zum schnellstmöglichen Löschen ihrer Beiträge zu bewegen. Alle reagierten sofort und gaben den Staffelstab weiter. Ich konnte zusehen, wie sämtliche Nachrichten zum Thema verschwanden. Schließlich erneuerte einer meiner Freunde sein Titelbild, welches jetzt eine schwarze Trauerschleife ohne Namen zeigte.

Ich schrieb diese Zeilen, um zu zeigen: Auch in Zeiten einer Informationsgesellschaft, die selbst die schlimmste Bespitzelung früherer Zeiten locker in den Schatten stellt und uns alle zur stetigen, hemmungslosen Selbstdarstellung einlädt, gibt es mitunter einen Hauch echter Mitmenschlichkeit. Wir alle trauerten um einen Menschen, den ein fürchterlicher Unfall Jahrzehnte zu früh aus unserer Mitte gerissen hatte. Je näher jenes erste Heimspiel der Saison rückte, desto mulmiger wurde es vielen von uns in der Magengegend …

Auf ins Wohnzimmer. Den Waldweg rein und *Hinein!* ins Stadion, heute zusammen mit Späti-Freund Hannes. Diese Saison klappte es wieder nicht mit der Dauerkarte für seine Waldseite. Die war längst ausverkauft, deshalb erwarb Hannes eine der letzten noch verfügbaren Dauerkarten für die Gegengerade – aus eigener Kraft, worauf er stolz ist wie Bolle. Ich freue mich ebenfalls, denn so wohnt er diese Saison bei uns an der Mittellinie!

Erst mal zum Barkas, befreundete Unioner umarmen – und los, in den Block. Verdammt eng heute bei den Steinis. Jo, Dana, Rolf, Konzi, mein »Lieblings-Italiener« Helmut, alle da.

Achim Mentzel, Sporti – einsingen und abheben aus dem Alltag, willkommen im Union-Modus! »Dynamo!« und »Auswärtssieg!« skandiert der Gästeblock. Wir pfeifen sie nieder, dann: »Scheiß-Dynamo!« Nicht fantasievoll, aber was soll's. Beim »Na und!« für die gegnerischen Spieler vibriert alles um mich herum. Die flackernde, supertollneue Werbebande hinter den Toren nervt, aber gehört heutzutage wohl dazu wie Fähßbuch, Juhtuhp & Co. Sch… drauf: Ich bin wieder zu Hause!

»Fußballgott!« und »Uwe, Uwe!« schallt es laut von den Rängen, als der Stadionsprecher den Namen des heute gegnerischen Trainers verkündet. *Einmal Unioner, immer Unioner* statt des vielerorts üblichen »Gestern Freund, heute Feind«. Aber all jene, die Uwe heute mitgebracht hat, sind auch jetzt alles andere als meine Freunde. »Dynamo Dresden« versus »Hier regiert der FCU!« – oh, wie ich die da drüben hasse! Besonders, als sie gezielt ins Intro unserer Hymne reinsingen. Endlich unser Einsatz – ich höre nur noch uns und singe mir alles an Frust aus dem Brustkasten, was da noch feststeckte.

Dresden gewinnt die Platzwahl, will aber offenbar ein Zeichen des Friedens setzen: Sie lassen unsere die erste Halbzeit gegen's Wuhletor spielen. Unsere Spieler tragen Trauerflor – richtig, da war ja noch was …

… Schon nehmen beide Mannschaften wie Schiedsrichter-Kollektiv am Mittelkreis Aufstellung. Unser Stadionsprecher beginnt mit brüchiger Stimme eine sehr knappe Ansprache. Vor allem bittet er alle sich im Stadion Befindlichen zunächst um Ruhe. Was nun folgt, erlebte ich nie zuvor in meinem Leben.

Schweigeminute im Stadion, das heißt: Es wird weder gesungen noch geklatscht oder gepfiffen, der Geräuschpegel lediglich vom Gemurmel der leisen Gespräche gebildet, die Nebenmann und -frau miteinander führen. Eine Kulisse, die an das Stimmen der Instrumente vor einem Orchesterkonzert erinnert. Jetzt und hier jedoch: *totale Stille!* Restlos alle im Stadion, egal welche Farben ihre Kleidung hat, tragen diesen Augenblick einer Ruhe, die so gar nicht in unsere laute, marktschreierische Gegenwart passen will! Ein Moment tiefster Demut gegenüber diesem Leben, das auch für mich und Dich schon im nächsten Augenblick zu Ende sein kann. Und alle stimmen wir auf des Unparteiischen Pfiff in einen tosenden Applaus für Janine ein, den ich ebenso niemals vergesse.

»Eisern Union!«, rufen wir Janine hinterher, bevor wenige Augenblicke später der ganz normale Wahnsinn eines Fußballspiels weitergeht. Das Spiel ist anderen Ortes gut beschrieben. Einige Seiten meines Notizbuchs sind mit Notizen gefüllt wie: *Fehlpass Dynamo, aber unsere zeigen: Das können wir besser!* Dazwischen Gesänge, Angriffe wie Tore auf beiden Seiten. Bei mir Frust, Jubel, Riesenjubel, gefolgt von Ernüchterung. Über jene Augenblicke, als alle Rasenakteure am Mittelkreis verharrten, findet sich kein einziges Wort. Und selbst 19 Stunden nach Anpfiff gibt es im allgegenwärtigen Netz kein einziges Filmchen darüber. Ganz sicher deshalb, weil in diesen Augenblicken keiner von uns an die Möglichkeiten moderner Technik und an »soziale Netzwerke« dachte. Weil wir alle in diesem Augenblick des Abschieds viel näher am wahren Leben dran waren als sonst.

Und war es nur ein Zufall, dass wir bis nach Abpfiff kein einziges Mal das vielgesungene »DyDyDy…« anstimmten? Auch von mir an dieser Stelle ein fettes Eisernes Danke an die SG Dynamo Dresden-Fans! Und bei aller Trauer denke ich daran, dass wir heute selbst im Hexenkessel eines echten Fußballstadions für wenige Augenblicke allesamt einfach nur mitfühlende Menschen waren. So ist es wohl, wenn wir uns von jemand ganz Besonderen verabschieden müssen. Und so ist Fußball, oder?

BONUSGRUND 6

Weil keine Wand unbezwingbar ist

Im DFB-Pokal hatte sich unsere Mannschaft beim MSV Duisburg ein 2:1 nach Verlängerung erkämpft. Als passe ihr unser Weiterkommen partout nicht in den Plan, bescherte uns die Losfee für die zweite Runde ein hammerhartes Auswärtsspiel gegen Borussia Dortmund. Beim Jubiläumsspiel im Januar hatte uns deren B-Elf nach unserem Führungstreffer durch Stevie am Ende locker bezwungen. Nun also unser erstes Pflichtspiel in Deutschlands größtem Fußballstadion, vor der größten Stehplatz-Tribüne Europas, und eine ganze Menge Unionerinnen und Unioner bekundeten deutliches Interesse an der Begegnung mit Dortmunds Mannschaft vor jener berühmten Gelben Wand.

Schon ewig hatte ich jenen Dortmunder Fußballtempel mal erleben wollen. Drei Jahre zuvor hatte Schulfreund Berge meinen Wunsch erhört und uns zwei VIP-Karten für das Spiel des BVB gegen Hertha BSC am 21. Dezember 2013 spendiert. Bereits Wochen zuvor freute ich mich auf dieses für mich relativ entspannte Spiel in jenem viel gerühmten Fußball-Tempel.

Während vor den Stadiontoren gewaltige Trauben gelb-schwarzer und blau-weißer Fußballfreunde Einlass begehrten, vergaß ich trotz großem Hunger das Häppchen-Essen, denn vor mir auf dem Bildschirm sah ich unseren 1. FC Union daheim An der Alten Försterei 4:2 über Arminia Bielefeld triumphieren. Bei jedem Torjubler, ja bei jedem meinen Mund verlassenden Eisernen Gesang traf mich Berges strafender Blick: »Maaann, doch nicht hier!« Mir blieb darauf nur ein von einem Schulterzucken untermaltes: »Haste doch *vorher* gewusst!«

Nach etlichen Frischgezapften raus ins Stadion. Die Tribünen ragten derart steil nach oben, dass wir die meisten der unter uns Sitzenden gar nicht sahen. Ebenso wenig die Herthaner zu unserer Linken. Die 80.552 Zuschauer quasi dicht am Rasen – und uns gegenüber die berühmte Gelbe Wand. Rockten ihre 24.454 Bewohner los, kam dies einer Naturgewalt erschreckend nahe. Kein Laut dieser Welt war zu hören, wenn die Süd das Stadion erbeben ließ – insbesondere nach dem 1:0 des BVB.

Doch Hertha fightete beherzt wie arschcool zurück, gegen die elf Borussen und den Berlin-Hasser im Schiri-Kostüm. Auch auf den

Rängen passierte jetzt etwas Erstaunliches. Sehen konnte ich die mitgereisten Herthaner dank der steilen Ränge noch immer nicht, aber ich hörte sie jetzt klar, laut und deutlich.

Ich hörte sie, weil die Gelbe Wand, Europas größte Steh-Tribüne, sich immer mehr in Schweigen hüllte. *Das* war die Chance der Herthaner auf den Rängen, während ihre Mannschaft Ausgleich und Führungstreffer erzielte und sich den Sieg auch nach gefühlten 20 Minuten Nachspielzeit des Schiri-Darstellers nicht nehmen ließ.

Nun wünschte ich mir nur noch eins: »In diesem Stadion will ich eines Tages *meine* Mannschaft erleben, zusammen mit dir und all den anderen Eisernen Chaoten im Gästeblock!«

Genau das würde nun wahr werden! Von uns auf den Rängen wünsche ich mir: Zeigen wir Europas größter Stehplatz-Tribüne, wie machtvoll Eiserne Gesänge klingen. Zeigen wir jener Gelben Wand, dass wir auch dann nicht verstummen, wenn unsere Mannschaft mal gerade *nicht* den Gegner in Grund und Boden spielt. Und niemals vergessen: Eisern Union!

Gegen 10.30 Uhr bestieg ich zusammen mit Profi-Koch Ronny, Helle und »NEMO«-Wirt Jo den vor unserer Tür geparkten Wagen. »Kleb mal noch schnell drauf!« Jo überreichte mir einen Bogen Union-Aufkleber. *Nicht ohne Liebe* akkurat auf der Heckscheibe platziert – und ab dafür! Durch den Wedding, Seestraße, auf die Autobahn. Immer wieder begegnen wir Pkws und Bussen mit Eisernen Insignien, rot-weiße Völkerwanderung gen Dortmund. Kurzer Halt auf einem Rastplatz in der Pampa. Überall Unioner, ein paar Schwarz-Gelbe mittenmang – und weiter. Erst mal kleiner Umweg nach Castrop, Berge abholen. Kurzer Boxenstopp in Berges juter Stube, Plausch mit Tochter Michelle und seiner wunderbaren Frau Tina. Stolz zeige ich ihr die von ihr handgestrickten Eisern-Union-Socken an meinen Füßen, und sie verspricht mir: »Zum Geburtstag kriegste ein Paar dazu!«

Weiter geht's gen Dortmund. Nach einiger Suche finden wir einen Parkplatz, auf dem wir parken *dürfen*. Jo reicht dem Wächter dankbar ein sattes Trinkgeld. Zwischen den Autos rote Perücken, rote Regenjacken, versprengte Schwarz-Gelbe. Eine Runde Flaschbier, weiter! Mit der Straßenbahn vors Stadion, Ostseite. Hier geraten wir sofort in eine Eiserne Familienparty, weil wir Mone, Mirko und Schulfreund Linse treffen. Am Bierwagen natürlich! Mittenmang zwischen BVB-Fans, die mich wissen lassen: »Tolle Aktion mit den Regenjacken!«

Nächster Boxenstopp: Biergarten am Stadion Rote Erde. Erst mal das Gegenteil von Biertrinken absolvieren. Auch beim Pinkeln ein Bild des Friedens: Rotweißschwarzgelb bunt gemischt, Witze an der Pinkel-Rinne. Nach der Erleichterung Bier am Zaun, während aus dem großen Stadion die ersten Eisernen Gesänge an mein Ohr dringen. Sofort geht es mir wie sonst immer auf meinem Weg ins Stadion An der Alten Försterei – ich will da rein, jetzt, so schnell wie möglich, unbedingt!

Und genau hier gerät das Ganze böse ins Stocken. Eingepfercht zwischen Tausenden roten Regenjacken harre ich darauf, dass ich durch eines der gerade mal sechs Drehkreuze treten darf. SECHS Drehkreuze – dachten die Stadionfritzen, wir sind nur hundert? Sechs rote und grüne Lämpchen zeigen an, wann der Nächste hinein darf. Schließlich Sense, alle Lichter aus. Keiner kommt mehr rein, lange, lange Zeit – was passiert also? Die Uhr tickt, die Stimmung wird immer angespannter, wütender, während die große Videowand zur Rechten uns mit schwarz-gelber 0815-Werbung bewirft. *Herzlich willkommen im Signal-Iduna-Park!* – eine dummdreiste Provokation?

Einen Tag später lese ich von unserem angeblichen Einlass-Sturm. Eine Presse-Mitteilung des BVB, der die Polizei jedoch umgehend widerspricht. Ich lese von Choreo-Verbot für Gäste, zwei verletzten Polizisten. Müßig die alles entscheidende Frage: *Wer warf den ersten Stein?*

Fakt ist: Als einer von Tausenden, direkt am Eingang des angeblichen Premium-Stadions eingepferchten Unionern, vor mir dieses verstopfte Nadelöhr, kommen auch bei mir gutmenschlichem Pazifisten absolut unfriedliche Gedanken hoch und ebensolche Worte aus dem Mund. Sind die Organisatoren dieser Frechheit sonst in Sachen Dorfbums unterwegs? Oder ist das eine gezielte Aktion, um die Stimmung anzuheizen?

Als es weitergeht, will einer seine Wut an dem einsamen Security-Mann vor den Drehkreuzen entladen. Der ist ebenfalls geladen, völlig allein gelassen von komplett verpeilten Vorgesetzten. Zusammen mit einigen anderen verhindere ich, dass einer der beiden handgreiflich wird. Der einsame Sicherheitsmann kann am wenigsten für diese absolut unterklassige Einlass-Organisation.

Nach gefühlten Stunden endlich durch das verdammte Drehding, streng getrennt von BVB-Anhängern, denen ich direkt hinter Security-Check und Kartenentwertung sofort wieder in die Arme laufe. Wir tun uns nix, warum auch? Auf schnellstem Weg und gerade noch rechtzeitig die nächste Toilette überschwemmt – und rein in die vermaledeite Betonschüssel!

Wenige Sekunden vor Anpfiff erreiche ich meinen Platz. Gähnende Leere neben mir – sind ja noch Tausende draußen! Das Spruchband auf der Südtribüne: *Kurzfristiges Choreo-Verbot für Gäste – aber mit der eigenen schmücken? Eure Doppelmoral kotzt uns an*, sehe ich erst einen Tag später im Netz. In einem Post von Fanzeit, in dem der Autor schreibt: *Als bekennender BVB-Fan hab ich mich gestern einfach nur geschämt.*[47]

Rein in den Block und für die noch draußen Stehenden mitgegrölt. Die angestaute Wut entlädt sich am besten beim Singen und Schreien. Fäuste geballt, Eisern-Union-Wechselgesang. Lied auf Lied wie im Rausch. Endlich steht Berge neben mir. Jo kam nicht mehr bis zu uns, er suchte sich anderswo seinen Platz zum Singen.

Auf dem Rasen erkenne ich den Erstligisten, auf den Rängen keineswegs. Gelbe Wand? Ja, gelb sind sie, eine Menge Leute ebenfalls, aber verdammt leise. Liegt vielleicht daran, dass es zu laut ist mitten in der Roten Wand. Dringt eben von außen nichts durch. Egal, kann mir nur recht sein. Unsere Mannschaft hält dagegen – und muss ab der 39. ohne Collin Quaner auskommen. Wie's aussieht, ist er verletzt. Mist, verdammter!

Kurz vor der Pause schlägt's auch noch in unserem Tor ein – mitten in unserem Mantra-Gesang, bei dem so etwas nie zuvor passierte – alles verloren? Auf den Rängen keinesfalls. »*FC Union, unsre Liebe, unsre Mannschaft, unser Stolz, unser Verein, Union Berlin – Union Berlin*«, singen wir bis weit in die Halbzeitpause hinein. Blanker Selbstschutz, wie ich erkenne, als wir mal kurz Pause machen und die 0815-Rummelbums-Beschallung des Dortmunder Dorf-Tempels an mein Ohr dringt. Einzigartige Atmosphäre – hääääää?

Als es weitergehen soll, versperren rotes Licht und viel Rauch den Blick aufs Spielfeld. Einen Tag später sehe ich im Netz: Zu alledem gab's doch noch eine kleine Choreo – ein Transparent zeigt einen riesigen Damir Kreilach, um den herum es sogleich heftig leuchtet und blinkt. Sah echt steil aus, aber ganz ehrlich: Alle späteren Zündeleien inklusive eines Böllers, aus unseren Reihen in selbige geworfen, fand ich unter aller Kanone. »Waren eben leider auch paar Vollpfosten dabei«, wie sich meine Freundin Mone ausdrückte, die besagten Böller abbekam.

Als die Sicht wieder aufklart, das Spiel angepfiffen ist, sehe ich aufm Rasen angeknockte Unioner. Klar, der Klassenunterschied, dazu der Gegentreffer kurz vor der Pause – aber nee, unsere Männer fighten zurück! Erobern den Ball wieder und wieder im Mittelfeld, schießen sogar gefährlich aufs gegnerische Tor. »Eisern Union!«, honorieren wir das wie daheim AdAF, dann »Alte Försterei, Alte Försterei, Alte-Alte-Alte Försterei!« Ich fühle mich jetzt tatsächlich wie zu Hause. Aus dem Unterrang heraus übernehmen die Ultras, die Trommel hält uns beim »F-C-U Fußballclub Union Berlin!« im Takt. Eben war ich noch müde, jetzt sofort wieder hellwach.

Wir singen Lied auf Lied. Die Gelbe Wand bleibt leisegedreht, wir sind die Rote Wand! »Oh Köpenick, du bist wunderschön!« Ja verdammt, bist du. Und wie glücklich können wir sein, dass wir dort ein Stadion ohne Rummelbums-Musik & Co haben. Und genau wie daheim AdAF höre ich jetzt *nur noch* uns! Eisern Union – und unsere Männer aufm Rasen schlagen zu! Die gegnerischen Tormaschen tanzen, mir schwindelts, wir schreien wie irre, liegen uns in den Armen, bis uns das Geschehen aufm Platz wie ein mieser Wasserwerfer aus dem Hinterhalt trifft. Abseits? ABSEITS? Niemals, oder? Geb's Fußballgott, dass es tatsächlich abseits war. Mittlerweile weiß ich dank nachträglich konsumierter Fernsehbilder, der Schiri hatte korrekt entschieden.

Die Minuten ticken herunter, es geht auf die achtzigste zu. Mittlerweile seien alle Eisernen im Stadion, höre ich. Unser Trainer nimmt den letzten Wechsel vor, bringt Stevie, einen weiteren Stürmer! Wow, offensichtlich will auch er es jetzt wissen – und Stevie braucht gerade mal 40 Sekunden, um Danke zu sagen. Ecke Kroos, ein Gelber köpft den Ball aus dem Strafraum, genau zu Stevie. Der zieht beherzt ab, drischt das Ding als Aufsetzer ins lange Eck – und jetzt hat auch der Schiri nichts mehr dagegen, dass wir uns jede Menge angestauten Frust und Eiserne Lebensfreude aus den Leibern schreien, minutenlang! Es dauert eine ganze Weile, bis sich aus der völlig chaotischen Ekstase das zwölftausendfach wie aus einem Munde skandierte: »Hier regiert der FCU!« schält.

Ja verdammt, »hart ist das Team!« – und es kam zurück gegen diese scheinbare Übermannschaft. »Dö dödödö döp döp ... Union!«, singen wir wie daheim beim sicheren Sieg. Und genauso fühlt sich das hier an.

Abpfiff, Verlängerung, weiter geht's: singen und kämpfen – und um ein Haar *tatsächlich* siegen. Stevie vorm leeren Tor – schießt nicht, sondern passt, leider unglücklich, auf Eroll, der irre Tanz der Tormaschen bleibt aus. Auch der Gegner kommt vor unser Tor. Ist der etwa drin? »Nee, hinters Tor!«, beruhigt mich Berge.

Als die Verlängerung vorbei ist, jubeln wir wie über einen Sieg, und genau das ist es ja auch. Leider folgt jetzt der fiese Nervenkitzel, obendrein gegen die Gelbe Wand, die nun, zumindest beim Pfeifen, wirklich noch mal laut wird. Barbarisch laut. Unsere Spieler haben, so irre weit weg von uns, keine Chance. Das Wunder bleibt aus – und doch waren am Ende weder die Unioner aufm Platz noch wir auf den Rängen eine Klasse tiefer als unser Gegner. Wir feiern unsere Mannschaft wie nach dem größten Triumph.

Denn ja, verdammt, wir waren eine Eiserne Rote Wand, die sich gegenüber ihrem gelben Pendant absolut nicht verstecken musste. Im Gegenteil! Hernach, im Biergarten am Stadion Rote Erde, verklickern uns Schwarz-Gelbe: »So einen Support haben wir hier noch nie erlebt. Irre, was ihr da abgeliefert habt!«

Und plötzlich, mitten drin im Getümmel, hatte ich es wieder am eigenen Leib erfahren, was ich so irre liebe an Union, an diesem unserem Sport: Es sind diese Momente, in denen ich völlig aufgehe in der Masse. Eins in Leid und Freud, Verzweiflung und Triumph – Schulter an Schulter mit all den Menschen neben mir. Einig im ewigen Kampf Gut gegen Böse – auf eine Art, bei der niemand zu Schaden kommen, niemand verletzt oder gar getötet werden muss. Nur der Gegner soll verlieren – in diesem unserem Spiel, das nach Abpfiff für alle wieder neu beginnt. Genauso wie dieses irre kostbare Leben an jedem neuen Morgen.

BONUSGRUND 7

Weil Stressi ohne Union morgens oft keinen Grund zum Aufstehen gehabt hätte

Nicht nur für mich war er der allgegenwärtige Unioner. Ein Typ, der immer und überall mitmischte, wo sich die Eiserne Familie zu was auch immer traf. Der untersetzte, eher kleine Mittvierziger mit der großen Klappe echt Berliner Mundart, um den Hals die Schärpe seines Union-Fanclubs »Die Eisernen«, den Rucksack am Mann, war nie zu überhören.

Das erste Mal begegnete ich ihm im Internet. Da trug er einen schwarzen Anzug mit weißem Hemd. Das Foto war eine Reminiszenz an seine Vergangenheit, als Svenne noch in Sachen Event-Sicherheit unterwegs war. Eine Arbeit, die ihm irgendwann fürchterlich zusetzte, vielleicht deshalb sein Kampfname »Sven Gestresst«? Mehrere Herzinfarkte besiegelten das Ende seines Berufslebens. Sieben Jahre kannten Unioner ihn mit Apparaturen am Gürtel und Akkus im Rucksack. Ein Kunstherz sorgte dafür, dass Svenne noch lebte. Das tat er mindestens für drei! Als mal ein paar Typen versuchten, seinen Rucksack zu klauen, hatten sie keine Ahnung, dass sie ihn damit fast umgebracht hätten. Sie bekamen Svennes Fäuste zu spüren, der *Berliner Kurier* berichtete darüber, erinnere ich mich richtig, auf der Titelseite.

Als ihn dereinst ein Magdeburger Ordner vorm Auswärtsspiel unserer Zweeten auf sein Equipment am Bauch und aufm Rücken ansprach: »Was iss'n das?«, erwiderte Sven dem Manne prompt: »Dit is' meene Bombe! Und wenn mir dit hier nich' passt, jag ick den janzen Laden inne Luft!« Svenne zuckte kurz zusammen, als er mir die Story erzählte. »Würde ick heute nich mehr so bringen. War'n eben noch andere Zeiten, und die Magdeburger Ordner janz cool druff.«

Gute Freunde durften ihn »Robo-Cop« nennen. Auch den Spitznamen »Doppel-Herz« bekam er oft zu hören, aber das nur nebenbei. Denn auch Svenne war und ist, genau wie die meisten von uns, in erster Linie Unioner. Mitglied des Fan-Clubs »Die Eisernen«, Unionprogramm-Verkäufer, Anzettler verschiedener Projekte in den sozialen Medien wie anderswo. Logo guckte Svenne nicht nur An der Alten Försterei Union. Allesfahrer war er, soweit es Gesundheit wie Geldbeutel zuließen, aber es musste in beiden Fällen schon total dicke kommen, dass er mal fehlte. Ob Test- oder

Freundschaftsspiel gegen SV Empor, SC Union 06 oder wen auch immer, ob Drachenboot-Cup, die Party eines Eisernen Fanclubs, Union-Demo – eines wusste ich: Svenne ist dabei.

Zum ersten Mal die Hand schüttelte ich ihm am Abend meines allerersten Lese-Derbys gegen Hertha-Knut. Unser vorletztes Duell begleitete Svenne mit rauer, biergestählter Stimme als Ringsprecher. Immer wieder warb er für unsere Berliner Fußball-Duelle auf der Lesebühne, unermüdlich stärkte er Knut und mir den Rücken.

Als ich zusammen mit Bancro, Opi, Sam Paff und Svenne im Dezember 2015 unser altes Theaterstück besuchte, hatte ihn Sam kurz zuvor aus dem Krankenhaus abgeholt. Bei einem seiner zahlreichen Routineaufenthalte dort hatte ihn ein Schlaganfall niedergebrettert. Danach war Svenne halbseitig gelähmt, auf dem rechten Auge blind, aber unser Theaterstück verpassen? Nicht mit »Stressi«!

»Janz ehrlich, gäbet Union nich, hättick morgens oftmals keenen Grund mehr uffzustehen«, vertraute mir Svenne mal zu später Stunde an. Ich sage: Einer mit seinem Schicksal darf das sagen. Vor allem, weil es nicht die ganze Wahrheit ist. Ein weiterer Überlebens-Grund war ihm zweifellos seine Tochter Sarah. Für sie tat er alles. Einmal ging's zu Töchterchens Geburtstag nach Paris. Das Reiseprogramm hatte nur eine Prämisse: »Ihr musset jefallen, iss ja schließlich *ihr* Jeburtstach!«

Sarahs Existenz ließ ihn bis zum Schluss weiterkämpfen. »Etappenweise«, wie Svenne zu sagen pflegte. »Erst hab ick mir jesagt: Ihren Schulabschluss musste noch miterleben. Dann war's die Lehre – und jetzt will ick ooch noch Opa werden!«

Das blieb ihm leider verwehrt. Aber ich bin sicher: Kommt es eines Tages tatsächlich dazu, was selbstredend allein die längst nicht mehr »Kleene« entscheidet, wird ihr Svenne aus dem Eisernen Fußballhimmel zunicken und zu Töchterchens Ehren da oben eine Party lostreten, bei der sämtliche Wolken den Union-Walzer tanzen.

Leicht hatte es Sarah bestimmt nicht mit ihrem Papa, aber auch sie verpasste ihm so manches Ding. So brachte sie ihm mal einen

Schwiegersohn-Anwärter, der das unrote Trikot der Unaussprechlichen spazierentrug. »Dit jing ja nu jaaaar nich!«, raunzte Svenne ungehalten, als er mir davon erzählte. Einen Augenblick später eroberte das für ihn typische Schelmen-Grienen wieder sein Gesicht.

Ganz sicher gleicht Sven nicht allzusehr einem Heiligen, aber wer von uns könnte so etwas von sich behaupten, ohne zu lügen? Ecken und Kanten hatte er in jedem Fall genug. Die Spezialität des echten Berliners brachte er ebenfalls mit Bravour: Meckern konnte er, ohne mit der Wimper zu zucken, wie ein Rohrspatz, ob über Eventies in unserem Stadion oder auf speziellen Auswärtsfahrten, ob über Trainer, Spieler, Fan-Kollegen, das Wetter, die Krankenhaus-Verpflegung oder sich selbst. Ich gebe zu, es gibt da wohl ein, zwei Dinge, die ich ihm nicht in jedem Fall anvertraut hätte, und doch hab ich diesen Kerl einfach gern.

Nicht nur innerhalb unserer Gemeinde war er bekannt wie der sprichwörtliche Bunte Hund. Etliche Berliner Zeitungsredaktionen wussten stets, wo sie ihn fanden, brauchten sie mal wieder ein paar Eiserne O-Töne. Die brachte er mühelos, zu jeder Tages- oder Nachtzeit. *Wo riecht's nach verbranntem Rasen?* Stressi wusste es!

Unser Wohnzimmer war ihm Wallfahrtsort und Arbeitsstätte. Früher jobbte Sven hier als Ordner, später als Verkäufer des weltbesten Programmhefts. Kleiner Nebeneffekt dieses Ultra-Minijobs: »Ick kann mir im Stadion aussuchen, wo ick dit Spiel ankieke. Und dit iss mittlerweile – mussick ja zujeben – uffde Tribüne.« Da hatte er seinen Platz direkt hinter unserer Trainerbank. Unvergessen jener Spieltag kurz nach einem von Stressis Interviews im *Berliner Kurier*. In dem hatte er sich als »böser« Sven mit dem »guten« Sven Klebba über unseren damaligen Trainer ausgelassen und messerscharfe Kritik an dessen Arbeitsweise geübt. Prompt hatte sich besagter Trainer am nächsten Spieltag kurz vor Anpfiff zu Svenne umgedreht und seinen Kritiker mit Handschlag begrüßt.

»Mittlerweile bin ick janz froh, wenn ick mir Anne Försterei zum Spiel hinsetzen darf«, bekannte der Gestresste 2016, um sofort hinzuzufügen: »Aber auswärts, da steh ick nach wie vor!«

Unions Spiele *stehend* zu verfolgen, war ihm Bedürfnis, aber kein Muss. Beim ersten Heimspiel der Saison 2016/17 verlas unser Stadionsprecher den Hinterbliebenen-Brief eines Unioners, der um seinen Vater trauerte. Darin stand, dieser sei nicht mehr zu Union gegangen, seit er nicht mehr vermochte, mehrere Stunden lang zu stehen. Weil sich das »nicht gehört« für einen Unioner. Svennes Kommentar: »Ick würde nie freiwillig uffn Union-Spiel verzichten!«

Aber genau das würde er schon bald tun müssen, zumindest live – so der Stand im Herbst 2016. »Ick zieh mal wieder int Krankenhaus ein, uff unbestimmte Zeit«, sagte er mir nach dem Dresden-Spiel im Coé. »Bis dit klappt mit 'nem neuen Herzen, dit kann Jahre dauern ... wenn't überhaupt funktioniert. ... Aber ick bin da recht zuversichtlich«, fügte er hinzu. »Kenne einige, die loofen bis heute durch die Gegend.«

Und Svenne dachte auch hier sofort praktisch: »Da werd ick mir wohl dit erste Mal in meem' Leben ein Sky-Abo leisten, denn so janz ohne Union, dit wird nüscht. Und eens ham mir die Krankenschwestern vasprochen: Sollte Union je inne erste Liga gegen Hertha im Olympiastadion uffloofen, dann karrense mir da hin. Dit Krankenhaus steht nämlich direkt vor der ollen Schüssel!«

Union ohne Svenne irgendwo in meiner Nähe, das kann ich mir bis heute nicht vorstellen. Und ich bin ganz sicher, er feiert und meckert auch da oben, was das Zeug hält. Zum Glück ist Gott ja Berliner, sonst würde ihn Svennes große Schnauze schnell kirre machen.

Immer dabei bist Du, lieber Stressi – jetzt im Eisernen Fußballhimmel. Am Tag nach Deinem Abflug und auch, als wir Dich beerdigten, sah ich es vor mir: Wir heulen uns hier die Augen aus – und Du guckst auf uns runter, schüttelst Deinen Kopf und murmelst grienend: »Macht doch nich so'n Jewese, ihr blöden Eventies!«

Der Platz hinter der Trainerbank wird immer Deiner sein. Und bei jeder Ente aufm Wasser werden wir an Dich denken. Rucksack, Schärpe, große Schnauze, volle Pulle Union und eine Menge Liebe für Dein manchmal so »böses« Töchterchen, so bleibst Du uns in Erinnerung. Ich kannte Dich nur vier Jahre und werde niemals vergessen, wie Du mir beigestanden hast. Ob gegen die Arminen oder meinen Lieblingsfeind Knut Beyer, Du warst immer dabei, von Anfang an!

Grüße bitte all die Eisernen Haudegen und Fighterinnen da oben. Passt gut uff uns uff – und wenn wir eines Tages tatsächlich wieder gegen Hertha im Oly zum Pflichtspiel antreten, bist Du dabei! Ich bin gespannt, was Du dem ollen Fußballgott dann ins Ohr flüsterst. Wir haben Dich lieb, Kleener Großer. Eisern Berlin, Eisern Union und Eisern Stressi, du oller Meckerkopp!

BONUSGRUND 8

Weil »Scheiße … wir steigen auf!«

Zunächst alles wie fast immer, wenn unser Verein spielt: Eine halbe Stunde vor Anpfiff eine Aktion für ein Familienmitglied. Der kleine Colin, jüngster Sohn unserer Exiler Denice und Siggi, kämpft darum, weiter *seinen* Weg gehen zu dürfen. Colin hat Aniridie, jene überaus seltene Augenerkrankung, die in den Fokus der Eisernen Familie geriet, seit der Sohn von Ex-Union-Profi Martin Dausch von ihr betroffen ist. Im Zuge der Aktion »gemeinsam SEHEN – UNION leben« fand Familie Dausch Kontakt zu dem von Denice mitgegründeten ANIRIDIE WAGR e.V., im Gegenzug machte besagte Aktion Denice und Siggi zu Unionern.

Colin geht zur Schule und hat es dort als Inklusionskind mit stark verminderter Sehkraft schwerer als seine Mitschüler. Die ihm zur Seite gestellte Schulhelferin ist überfordert, kann ihm oft keine echte Hilfe sein. Sie schirmt ihn ab, statt ihm den Rücken zu stärken. Der kleine Mann fühlt sich allein, will manchen Morgen gar nicht mehr zur Schule gehen!

»Es ist verdammt schwer für Kinder mit einer an Blindheit grenzenden Augenerkrankung!«, weiß Mama Denice. »Mobbing, Ausgrenzung und eine falsch verstandene Fürsorge sind nur einige der Widrigkeiten, mit denen sie und ihre Angehörigen sich tagtäglich auseinanderzusetzen haben. Wie stehen wir Blinden und generell andersartigen Menschen gegenüber?« – ein Thema, das weit über unsere Unionfamilie hinausgeht. Wir jedenfalls zeigen unserem kleinen Freund mit dem großen Kämpferherzen: Wir stehen hinter Dir!

Colin aus Michelau!!! Gib niemals auf, vermeldet das von Familie Hackius gemalte Spruchband, das wir vor der Haupttribüne, am Rand unseres heiligen Rasens, für ein Foto in die Höhe halten. Davor die von Königin Bia und Matze Howorka entworfene Zaunfahne: *Alle großen Freunde unseres kleinen Unioners Colin – an Deiner Seite!*

Wir sind 36 Unionerinnen und Unioner mit Sonnenbrillen auf den Nasen. Eine solche muss Colin ständig tragen, um seine lichtempfindlichen Augen selbst bei trübstem Wetter zu schützen. Auch Hauptsponsor Harry Layenberger, seine Frau Simone und sämtliche Gäste seiner Loge sind mit dabei. Besagtes Foto ist längst nicht der einzige Gruß an unseren Freund. Unionshirts und so manches andere Eiserne Geschenk begaben und begeben sich auf den Weg nach Michelau, dazu Bias & Matzes Zaunfahne sowie eine druckfrische Ausgabe des *Berliner Kuriers* mit Bunkis Artikel über unsere Aktion.

Während der 2. Halbzeit ist das Spruchband *Colin aus Michelau!!! Gib niemals auf* auf der Waldseite zu sehen. Vielen Dank Dorian Hackius, Birgit Hupe und unserer gesamten Ultra-Szene, die sofort auf Colins Seite standen.

Nun aber flinke Füße, rüber in den längst prall gefüllten Block. Meine Nachbarn am Mittelkreis haben sich extra dick gemacht, dass ich noch zwischen sie passe. »Auf geht's Union, kämpfen und siegen!«

Während der Hymne eine mehrteilige Choreo unserer Ultras, die Neu-Unionern als Kurzlehrgang in jüngerer Eiserner Geschichte dienen dürfte. *Im Blätterwald und in aller Munde – ob Tadel oder Applaus*, präsentiert die Waldseitenlange Zaunfahne zwölf Zeitungs-Schlagzeilen über unseren Verein. Von der Liebes-Karambolage zweier Union-Profis berichteten dereinst die Medien ebenso wie über den völlig gerechtfertigten Freispruch unseres Spielers »Mac« Younga-Mouhani. Nach einem unglücklichen Zweikampf hatte sein Unfallgegner eine langwierige Verletzung davongetragen und Mac angezeigt. Von überall her prasselten massive Vorwürfe auf unseren Spieler ein, seine Kinder wurden von Mitschülern gedisst, Mac selbst war hernach lediglich ein Schatten seiner selbst. Die gefälschte Bankbürgschaft, unsere Ablehnung des an »schönste« SED-FDJ-Zeiten erinnernden »Sicherheitspapiers« der DFL, unseren unglückseligen Auftritt in Stockholm mit aufeinander einprügelnden Unionern, der Streit ums KWO-Gelände, die in die Wuhle verbrachten Sofas aus dem WM-Wohnzimmer, das irre Elfmeterschießen gegen Gladbach dereinst im DFB-Pokal, unser seit Jahrzehnten fälliges 8:0 gegen Hohenschönhausen, *Bluten für Union* – alles dabei!

Tausende rote Fähnchen begleiten den 2. Akt: Links eines Ex-Trainers Stinkefinger, rechts Tusches Jubelpose nach seinem von uns ins Tor gesungenen 2:1 gegen Hertha BSC im Oly am 5. Februar 2011. Beide Transparente umrahmen das riesige Banner *Union schießt übers Ziel hinaus*. Damit ist der Reim komplett, nicht jedoch die Choreo. Ein knackiges Feuerwerk, hinter der Tribüne und damit außerhalb der Fußball-Gerichtsbarkeit gezündet, lässt es – wunderschön anzusehen und völlig legal – mächtig krachen.

Nach alledem gewinnen unsere Gegner die Platzwahl, schicken unsere Mannschaft gegens falsche Tor. »Dit war's für Würzburg!«, ist sich mein Nachbar sicher.

»Wir sind Unioner, wir sind die Kranken!« Noch keine Minute ist von der Uhr, da kracht der erste gefährliche Schuss gen Gästetor.

Leider nicht rein ... *noch* nicht, oder? Wir bleiben bei unserem Lied, bis es heißt: »Kämpfen und siegen!« Knapp fünf Minuten gespielt, da steht's bereits 3:0, leider nur in Sachen klare Torchancen. Ist das die Falle, in die uns Würzburg oder gar der Fußballgott persönlich laufen lassen will? Aber der ist doch Unioner, oder?!

Wir singen, Würzburg bekommt einen Freistoß. Nix passiert, aber die Gäste greifen schon wieder an. Ein Gegner allein vor unserem Tor, zieht ab! Der Ball fliegt heran wie ein ultraschneller Jab! Der für den verletzten Jacob Busk unseren Kasten hütende Daniel Mesenhöler taucht ab, blockt das Ding, klärt zur Ecke! »Weil's diese Saison so schön ist, lassen wir eben auch mal unsere Nummer 1 spielen!«, hält mich mein Freund und Bier-Sponsor Rolf bei Laune. Er hat gemerkt, wie ich zusammenzuckte bei diesem Angriff. »Oh, FC Union, wir wollen den Sieg!«, stellt die Waldseite klar, wir singen mit.

Als ein gegnerischer Spieler foult, das alte Spiel bei uns überm Mittelkreis: »Auf die Fresse, auf die Fresse!«, gefolgt vom beherzt wie einsam vorgetragenen Wende-Zitat: »Keine Gewalt!« Angriff Union, unser ehemaliger Keeper »Wulle« Wulnikowski hält. Ecke Union. Kroos auf Micha, der verlängert mit dem Kopf zu Polter – und »Jaaaaaaaaaaaaaaa!«, das Ding ist drin!

Direkt nach der Würdigung von Torschützen, neuem Spielstand und unserem Verein bedanken wir uns mit drei Evergreens: »In einem Stadion, in der Hauptstadt, in der wunderschönen, immergrünen Alten Försterei!« zur Melodie von *Bella Ciao*, gefolgt von »Eine Abwehr aus Granit, so wie einst Real Madrid. Und so zogen wir in die Bundesliga ein, und wir werden auch mal Deutscher Meister sein«. Besonders steil wie immer der Schluss: »FCU, FCU, Deutscher Meister, das wirst du – *irgendwann!*« Mit »He FC Union, stürme hinaus« besingen wir die einzigartige Schönheit unseres Eisernlands Köpenick.

Während wir grölen und unsere Spieler fighten, gefallen sich die bitterfiesen Würzburger im Hinfallen und Provozieren gelber Karten. Kurz vor der Pause können sie sich gratulieren. Nach der Gelben für Roberto Punčec folgt wenig später die Gelb-Rote – wahrscheinlich zu Recht, und doch: Diese Schiris, die sie verdammich noch mal Spieltag für Spieltag zu uns nach Köpenick schicken, sind doch allesamt ... Grummel-Grummel-Grummel, Mecker-Mecker...! Kurz und ungut: Union zu zehnt, ein paar endlose Minuten und dann noch eine gesamte Halbzeit lang. Freistoß Würzburg. Der Ball von rechts außen in die Mitte gespielt, Schuss – Mesi kratzt das Ding um den Pfosten herum ins Aus! »Hier regiert der FCU!«, endlich Pause.

»Na klar rocken wir das zu zehnt!«, weiß Rolf. Der baumlange Kerl steht vor mir. Gut so, kann ich hinter ihm abtauchen, wenn's zu brutal wird. Und Rolf packt noch eins drauf: »Bring Nussi bitte eins mit, der ist extrem unterhopft!«, schickt er Lieblings-Italiener Helmut Bier holen.

Trainer Jens Keller nimmt Stürmer Hedlund raus, bringt Poga für die Abwehr. Der »alte Mann« ist gerade mal 16 Jahre jünger als ich und strahlt bei aller kindlichen Freude über seinen Einsatz eine wohltuende Ruhe aus. Genau das bräuchte auch ich jetzt. Immer wieder ertappe ich meinen Mund dabei, dass er wüste Beleidigungen in die Richtung gegnerischer Schmierenschausp... äääähm, Spieler schickt. Würzburg drückt, aber kommt kaum noch vor unser Tor. Das heißt, sie würden das schon gern, doch der wackere Poga, dazu unser Mr. Abwehr Toni »Stranzl« Leistner und all die anderen Eisernen da unten aufm Platz haben verdammt gute Argumente dagegen parat.

Dennoch, die Zeit will einfach nicht vergehen! Da hilft nur: Singen bis zum Abwinken! Nach zahlreichen Songs schallt es »Wir lieben Union, jawoll!« als Wechselgesang zwischen Waldseite und Gegengerade über den Platz. Schade, heute schaffen wir es nicht zum vierten Mal, den Ball mit diesen Zeilen ins Tor zu trällern.

Freistoß Kroos, Polti gräbt den gegnerischen Sechzehner um, »Wir sind die Kranken!« Weiter Lied auf Lied, und in der 75. Minute: »Wo du auch spielst, ja, wir folgen dir, und ist der Sieg auch noch so fern ...« Verdammt fern ist er noch immer, und die blöden Minuten wollen nicht vergehen! In der 66. fiel endlos lange die Stadionuhr aus. Als sie wieder »tickt«, zeigt sie vorn noch immer keine 8 oder gar die befreiende 9. Würzburg drückt, zumeist ungefährlich. Irgendwann dann doch mal ein Schuss auf unser Tor – Mesi hat ihn sicher! Der Wind weht über Köpenick, die Null steht! Wie arschcool selbst dieser überaus Jungsche rüberkommt! Gerade so, als hätte er ebenso viele Spiele aufm Buckel wie Poga. »Und wir lieben unsern Club, und wir sind stolz auf ihn, FC Union aus Berlin!«

Und wie verdammt stolz ich bin auf all das um mich herum. »Es kommt nicht auf den Aufstieg an, sondern auf Union!«, brüllt eine Stimme in meinem Schädel. Ja, verdammt, ich liebe diese Mischpoke auf den Rängen und feiere diese Mannschaft wie ihren Trainer, der offenbar auf jede Frage die richtige Antwort weiß. Was für ein Team! Egal, ob Abwehrchef, Käpten, Torwart, Verteidiger – fällt einer aus, ist sofort ein anderer zur Stelle und haut sich rein.

Während mein Hirn tapfer Aufbauarbeit leistet, Freistoß Union aus der eigenen Hälfte. Leistner haut ihn lang, weit und punktgenau auf Polter. Nun ist es an diesem, per Kopf auf den bestens mitgelaufenen Damir Kreilach zu verlängern. Damir tanzt den wackeren Wulle aus, zieht aus spitzem Winkel ab – *und drin ist der Ball!*

Während ich, genau wie all die anderen neben mir, hemmungslos aufschreie, schießen mir Tränen in die Augen. Derart überwältigt mich diese echt Eiserne Mannschaft. Da stehen sie hinten so sicher wie jene von uns so gern besungene Granitwand – und jetzt machen sie genau das, was sonst immer nur unsere Gegner fertigbrachten: Du hast nur eine Chance, musste eben *die* reinmachen!

Der Rest sind Eiserne Gesänge, massig Zweikämpfe auf dem Rasen, Gelbe Karten für beide Teams – und ein weiterer Kracher von der Waldseite. Sozusagen als i-Tüpfelchen der Choreo vom Anfang: schwarz auf weißem Stoff eine Botschaft, die mit *Scheiße* beginnt und mit *auf* endet. Das ist nicht wahr, oder? Doch, ist es, und stellt genau das in die Schrift, was in wohl nahezu jedem rot-weißen Herzen jetzt geschrieben steht: *Scheiße … wir steigen auf!*

Diese vier Worte und die drei Punkte in ihrer Mitte erzählen von unseren Ängsten, unseren Hoffnungen, unserer Liebe zu diesem Verein. Auch die neben mir brauchen ein paar Sekunden, diese poetische Verdichtung Eisernen Gedankenguts im Hinblick auf einen eventuellen Spielklassenwechsel nach oben zu verarbeiten. Dann endlich singen wir, zusammen mit unserem auf dem Rasen wild Pogo tanzenden Team, zur Melodie von Frank Zanders Hertha-Hymne: »So ne Scheiße, so ne Scheiße, so ne Scheiße – wir steigen auf!«

Ja, wir alle sind soeben tatsächlich aufgestiegen. Wohin auch immer – wir *sind* es! Ein fettes Dauergrienen im Gesicht, feiere ich das gesamte Wochenende hindurch, immer weiter, immer weiter … Noch drei Tage nach dem Würzburg-Spiel wachte ich trunken auf, genau wie am Morgen zuvor völlig hacke, und das seit über 48 Stunden nahezu ohne einen Tropfen Alkohol!

Und noch was: Beim letztes Heimspiel dieser Saison bekommen wir auf den Rängen besondere Verstärkung: Colin aus Michelau wird zusammen mit seiner Familie im Stadion sein, auf dass wir uns endlich mal wieder *gemeinsam* Schulter an Schulter für unseren jeliebten Verein heiser brüllen! Wir alle freuen uns wie Bolle uffm Milchwagen, dass wir unseren kleinen Kämpfer dann mal wieder janz in echt drücken dürfen!

BONUSGRUND 9

Weil Unioner nicht immer unfehlbar sind, aber »bekloppt«

Am Ende der Saison 2016/17 hatten wir sensationelle 60 Punkte auf dem Konto. Das hätte in so mancher Spielzeit zum Aufstieg gereicht, nicht jedoch in dieser. »Immer diese Angst von Union vor dem Aufstieg!«, bringt es der unserem Verein sehr zugetane Berliner Verleger Oliver Schwarzkopf auf den Punkt: »Immer wenn es ernst werden könnte, wird zuverlässig so lange verloren, bis die ›Gefahr‹ vorbei ist.«

Nach zwei Auftaktsiegen 2017/18 schien es ausgemacht, dass wir als Mitfavoriten für den Klassenwechsel nach oben an den Start gehen. Wer wollte, konnte jedoch bereits beim 4:3-Heimsieg gegen Aufsteiger Holstein Kiel sehen, dass sich besonders unsere Abwehr erschreckend oft als »zweiter Sieger« präsentierte.

Dennoch hielten wir noch immer oben mit, als nach dem 16. Spieltag, einer desaströsen 1:2-Niederlage in Bochum, die Bombe hochging: In einer aus meiner Sicht äußerst unglücklich kommunizierten Aktion wurde Trainer Jens Keller mit sofortiger Wirkung beurlaubt und André »Hofi« Hofschneider als neuer Übungsleiter eingesetzt. »Sportliche Gründe«, hieß es offiziell. Logische Folge: Die Gerüchteküche um die wahren Hintergründe brodelte auf Hochtouren. Verunsicherung auf Rasen und Rängen, zwei aufeinanderfolgende Heimniederlagen später hätte man das Buch *Alles auf Wut!* herausgeben können.

»Kiek mal, der da vorne iss eener unserer Spieler!«, sagte ein jugendlicher Unioner nach dem 0:1 gegen Dynamo Dresden in der Straßenbahn zu seinem Kumpel.

»Ick hoffe schwer, Hofi hat dem die Autoschlüssel wegjenommen«, grummelte der Kumpel. »Kriegta erst wida, wenna sich rinhängt uffm Platz. Janz ehrlich: Ick hättn nach Hause loofen lassen!«

»Dit war Arbeitsverweigerung!«, hatte mir am Barkas ein Freund anvertraut. »Wenn ick sowatt im Job abliefern würde, hättense mir längst jefeuert!«

»Das war jar nüscht, was da von den Rängen kam!«, tobte am Barkas ein total heiserer Fux ob des laschen Supports.

Ja, verdammt, was ist los mit uns?, durchfuhr es mich. Spekulationen, Verschwörungstheorien und jede Menge Anschuldigungen in alle Richtungen. Die Spieler, der Präsi, der gefeuerte Trainer – alle wurden mal schnell bezichtigt, übelste Dinge getan zu haben. In der nächsten Welle dissten sich viele Eiserne von den Rängen gegenseitig, keine echten Unioner zu sein. Schulter an Schulter sieht anders aus! Aber alles ergeben schlucken, was da von oben vermeldet wird? Und jeder, der aufmuckt, verstößt gegen die »Parteidisziplin«, ist ein »Scherge des Klassenfeinds«? Nee danke, hatten wir schon mal!

Zum Glück brachte mich oben erwähnte Straßenbahn nach dem Spiel ins Bootshaus Sportdenkmal: Eiserne Weihnachtsfeier der Block'n Roller und der Eisernen Botschafter. Nach einigen Stunden unter all den »Bekloppten« war auch ich wieder Mensch. Unioner unter Unionern, ohne Kult, ohne Hipster aller Sparten, aber mit immer trunkener werdender Freude an dem, was uns verbindet: die Liebe zum Leben, zueinander und zu unserem Club. Sporti sang, Geburtstagskind Ingo hatte Tränen in den Augen, wir alle hielten einander fest, ohne Durchhalte-Parolen, ohne Punktestand im Kopf. Als einer plötzlich als verschollen galt, begaben sich alle auf die Suche. Schließlich befanden wir uns hier ja nicht nur sprichwörtlich ganz nah am tiefen Wasser …

Das Geschehen auf dem Rasen sorgte dafür, dass ich mich auch weiterhin vor allem daran festhielt, dass ich an Unions Spieltagen viele Leute treffe, die meine Laune deutlich heben. Was die zumeist martialisch daherkommenden Lösungsvorschläge für Hofi und seine Kicker angeht, hielt ich vor allem den von Tusche für zielführend: Die Spieler sollten einander mal ehrlich und ungeschminkt die Meinung geigen, um danach wieder Spaß am Training zu haben! Dann spränge womöglich auch im Punktspiel wieder der so nötige Funke über!

Zimmi aus Wildau ging hier noch einen Schritt weiter: »Ich würd mit den Jungs bis einen Tag vorm Spiel nach Malle fliegen! Mal ein paar Tage durchsaufen, auf dass die Jungs einander kennen und achten lernen. Und bei der Rückkehr direkt vom Airport aufs Feld.

Ich glaube, so könnte man wieder *Teamgeist* herstellen! Denn – wer spielt und rennt denn momentan für den Nebenmann???«

War es nicht genau das, was wir jetzt auf Rasen und Rängen vor allem brauchten? *Teamgeist* meint hier nicht das massenhafte Verharren im *Eisern-Eisern-dit-wird-schon*-Modus. Aber auch das klarste »Dieser Trainer hätte niemals/schon lange vorher entlassen werden dürfen/müssen!« half uns jetzt keinen Fatz weiter. All das schafft keinen Sieg unserer Mannschaft, ja nicht mal 'nen Punkt herbei. Und Punkte brauchten wir, mindestens noch 12 Stück – und ich sage: Das schaffen wir nur zusammen, eben als *Team*!

Siehe da, wir ersangen und erkämpften AdAF ein sattes 3:1 gegen den amtierenden Spitzenreiter. Am Sonntag drauf wieder graue Öde. Nach Eiserner Choreo unserer Auswärtsfahrer eine Mannschaft, die einmal mehr in Sachen Ballbesitz, Passquote & Co vorn lag, doch den Platz ohne Tor, Punkt – und viele sagen: *ohne Willen* – verließ. »Köpfe müssen rollen«, hieß es erneut.

Einem hart erfightetem Arbeitssieg daheim folgte ein wahres Rückschlags-Inferno. Unglückselige Niederlagen, triste Unentschieden und mit Polti & Micha zwei langzeitverletzte echt Eiserne.

Auch was beim nächsten Heimspiel zwischen An- und Abpfiff auf dem Platz abging, kann ich mit dem schlichten Wort »Scheißspiel« zusammenfassen. Für mich war es jedoch bereits lange vor 13.30 Uhr MEZ vor allem ein schweres, ja schmerzhaftes Spiel. Die Ursache dafür ist schnell diagnostiziert: Ich war mordsmäßig verkatert. Der Grund DAFÜR stand im Block direkt neben mir: mein Schulfreund Berge.

Der weilte seit Freitagabend in Berlin, extra angereist aus dem Pott, wo er mittlerweile seit fast 20 Jahren lebt. Seit Freitagabend also Schwerstarbeit für alle Kneiperinnen und Kneiper, die Berge seitdem am Tresen hatten. In jedem Fall Mone & Mirko vom Coé und »NEMO«-Jo können ein Lied davon singen. Kurzum: Mit Anpfiff hatten wir etwa 41,5 Stunden, viele davon quatschend und trinkend, aufm Buckel und im Schädel.

Das allein wäre nicht des Aufschreibens wert. Doch Berges Berlin-Aufenthalt hatte – vor dem Unionspiel und dem bisher Ausgeführten – hauptsächlich einen familiären Grund. Berges Unioner-Freund Holly hat mittlerweile so viele Bein-Operationen hinter sich, dass er sie kaum noch zählen kann. Kurzum, er hat irre große Schwierigkeiten zu laufen. Ein Elektro-Scooter würde Holly super helfen, doch verweigerte ihm seine Krankenkasse jede Zusammenarbeit. Also sah sich der gebürtige Niederländer auf eigene Faust nach einer fahrbaren Gehhilfe um – und wurde schließlich fündig, in seinem Geburtsland!

Das nächste Problem hieß: Wie kriegte er besagtes Teil nach Berlin? Die Bahn schüttelte den Kopf, das Teil sei ein paar Kilochen zu schwer. Ein Transportunternehmen rief eine Summe auf, die für Holly nicht zu stemmen war. Was tun also? Richtig, er wandte sich an seine Familie, sprich: an uns Unioner. Nach ergebnisarmen Facebook-Posts rief er kurzerhand seinen Unioner-Freund Berge in Castrop-Rauxel an, eine gute Autostunde vom Standort des Scoot-Mobils entfernt gelegen.

Nach ein paar einleitenden Sätzen Hollys schnitt ihm Berge rigoros das Wort ab: »Sprich nich weiter, wo soll ick dit Ding abholen? Ick brauche Adresse und ’ne Telefonnummer – und wann haste Zeit, dass ick dir dit Teil vorbeibringe?« Kaum hatte er aufgelegt, fasste sich Berge an den Kopf: »Wie machste dit jetzt?«

Um das Mobil aus dem malerischen Lichtenvoorde abzuholen und zu Holly nach Berlin zu bringen, brauchte er vor allem einen PKW-Anhänger sowie einen arbeitsfreien Freitag. Beides zusammen spendierte ihm sein Chef – und fügte hinzu: »Du wirst lachen, aber ‘ne Auffahr-Rampe geb ich dir auch, die brauchste nämlich.«

Wieder fasste sich Berge an den Kopf: »Stimmt, ohne ‘ne Rampe krieg ick dit schwere Ding niemals uffn Hänger … danke!«

Also ab in die Niederlande – und weiter nach Berlin! Mit beladenem Hänger war er knappe sechs Stunden auf Achse, um Holly am Freitagabend freudestrahlend seine schnittige Gehhilfe (Höchstgeschwindigkeit 40 km/h) zu übergeben. Der Rest ist schnell erzählt: 41,5 Stunden, die für alle Beteiligten wie im Flug vergingen, unzählige Gespräche und Getränke – und dann, Punkt 13.30 Uhr am Sonntag, unser 400. Zweitligaspiel, gegen Aue.

Das ging auf Platz und Rängen los wie die Feuerwehr, der »Rest« wird seither heiß diskutiert. Meine katergeplagten Augen sahen immerhin drei supersteil herausgespielte Torchancen, darunter zwei Eiserne. Die Pfiffe nahm ich nicht wahr – und ja, am »Aufwachen!«, gerichtet an unsere Mannschaft, beteiligte auch ich mich. Und nein, ich meinte damit NICHT, dass die Jungs nach Abpfiff ein Tor schießen sollen. Ich meinte damit, dass sie bittebittebitte alle Kraft, Leidenschaft und Energie reinhauen, dass aus den 5 Punkten Abstand zum Schleudersitz-Platz nach unten in den verbleibenden Wochen etliche Zähler mehr werden.

Saumäßig stolz war ich auf meinen Schulfreund, der einfach mal das getan hatte, was an diesem Wochenende zu tun war. Genau in diesem Sinne freute ich mich auch über des Taz-Unioners Spieltags-Resümee: »Allen Suchenden geholfen und sieben Bedürftige ins Stadion gebracht.« Unioner helfen Unionern, das gilt aufm Platz, auf den Rängen und immer wieder in Deinem und meinem Alltag. Und wie auch immer die nächsten Spiele ausgehen, weiß ich zwischen Ab- und Wiederanpfiff vor allem eins: Union ist meine Heimat, die mir niemand nehmen kann. Selbst wenn ich mir eines Tages die Dauerkarte nicht mehr leisten kann. Solange ich andere Unioner kenne, werd ich den Zugang zum Wohnzimmer niemals auf Dauer verlieren. Ich denke an Aktionen wie »Dauerkarte für Hannes«, »Eisern trotz(t) Handicap«, an die Exilertreffen – einfach daran, dass Unioner Unionern helfen, gestern, heute und morgen. Und niemals vergessen: Eisern Union!

BONUSGRUND 10

Weil Unioner ohne Macke Kacke sind

2.30 Uhr klingelt mein Wecker. Dieser Arsch – nee, vielen Dank, mein Freund! Die am Abend zurechtgelegten Union-Klamotten anpellen, Kaffee einwerfen, raus in den Regen. Und das alles, weil mich einen Monat zuvor Filip Schnuppe gefragt hatte: »Du sag mal, könnteste dir vorstellen, bei unserer Handicapfahrt im Bus was aus Deinem Buch vorzulesen? So als Unterhaltung während der Tour, die Handicapper würden sich sicher freuen, watt sagste?«

Überwältigt von der Ehre, dabei sein zu dürfen, sagte ich sofort zu – und fragte mich sogleich: Haben die Leute überhaupt Bock auf mein Jesabbel? Ich beruhigte mich, dass ich ja zumindest beim Verstauen der Rollstühle helfen könnte.

Schon zum zweiten Mal gab es nun diese ganz besondere Auswärtsfahrt für dieses Mal 46 Unionerinnen und Unioner mit geistiger oder körperlicher Beeinträchtigung, angestoßen und organisiert durch das Team um Filip Schnuppe und den Eisernen Wanderer Sascha Koschitzke. Der hatte im Herbst 2016 die über 500 Kilometer von Berlin zum Auswärtsspiel nach Nürnberg auf Schusters Rappen zurückgelegt. Andere Unioner hatten nach jedem von ihm gelaufenen Kilometer Geld für die erste Handicapfahrt nach Braunschweig gespendet. Wieder andere hatten Busse samt Fahrern zur Verfügung gestellt, für die Verpflegung auf der Reise wie vor Ort gesorgt, beim Transport der Rollstühle geholfen, die Reisenden mit Fanschals, Janine-Pins oder Sam-Paff-Tassen, gefüllt mit kräftigenden Protein-Riegeln, überrascht. Ritter Keule und Tusche wünschten allen vor der Abfahrt eine gute Reise, und der Capitano erfüllte bis zum Abwinken Autogramm- wie Fotowünsche.

Vor der nun anstehenden Fahrt war Sascha auf einem Fahrrad mit vorgebautem Rollstuhl nach Nürnberg gestrampelt. Diese Tour bedeutete nicht nur für ihn, sondern auch für seinen Mitfahrer

Basti »Sam« Braun eine ganz besondere Kraftanstrengung. Jetzt aber los!

3.11 Uhr: Inmitten lauter Noch-Besoffener reise ich noch nüchtern gen Köpenick. Es regnet Strippen. Auf dem Weg zum Stadion treffe ich die ersten Unioner. »Eisern.« »Eisern.«

Die Haupttribüne im schönsten LED-Licht, unterm schützenden Vordach ein paar Leute. Wir gesellen uns zu ihnen. Immer mehr Handicapper und Helfer trudeln ein, schließlich erscheinen Filip & Sascha. Letzterer ist am Vorabend beim Fahrrad-Training böse gestürzt – und fit wie'n Turnschuh. Wunden verbinden? »Später«, winkt der Eiserne Wanderer ab, »im Bus.«

Ich freue mich, als ich Margit Schnell die Hand schütteln darf und meiner Freundin Friedrike. Freddy lernte ich Anfang der 90er kennen. Mein erster Job im Westen: Als Träger wuchtete ich sie und ihre Schwester Anna im Rollstuhl die Treppen ihrer Schule rauf und runter. Aus dem Job wurde alsbald was Persönliches. Freddy, Anna und ihre Eltern nahmen mich quasi in ihre Familie auf. Von hier aus beste Genesungswünsche an Papa Hartmut, der aus gesundheitlichen Gründen leider nicht dabei sein konnte bei dieser Auswärtsfahrt!

Der große Doppeldecker fährt vor, dazu acht Eisern geschmückte Spezialbusse der Firma Reha-Tech für nicht umsetzbare Rollstuhlfahrer. Pünktlich zum Einstieg legt der Regen eine Pause ein. Jochen Lesching, Vorsitzender unserer Stiftung *UNION VEREINT. Schulter an Schulter*, ist vor Ort, genau wie Ritter Keule, Christian Arbeit, Mitinitiator Basti Braun, Matze Koch und Überraschungsgast S. Polter. »Ich komm nach, im Zug, leider ohne Sportzeug.« Polti hält entschuldigend seinen dick verpackten verletzten Fuß hoch. Alsdann arbeitet er alle anstehenden Autogrammwünsche ab.

Und ich? Wollte doch beim Verladen und Umsetzen helfen, aber wo verdammt sind all die Leute auf einmal hin? Jemand tippt mir auf die Schulter, es ist Filip: »Nussi, wennde jetzt ooch noch einsteigst, könntenwa tatsächlich los.«

Schnell klettere ich auf meinen Sitz neben Sam Paff. Die beiden Initiatoren begrüßen alle übers Bordmikro. »Filip und Sascha, Filip und Sascha!«, feiert die reizende Vonnsche in der ersten Reihe des Oberdecks. »Für mich ist heute Weihnachten!«, gesteht sie Filip später.

Vonnsches Truppe samt Betreuerteam Anne, Ingo, Anja, Hanno, Manuel, Markus und Holle hatte ich vorletzten Sommer im Zug gen Mecklenburg kennengelernt. Sie auf einem Gruppenausflug, ich zusammen mit Liebe und Töchterchen aufm Weg in den Sommerurlaub. Nun reisen wir gemeinsam nach St. Pauli. Während uns die Eisernen Busfahrer Dirk und Uwe zum Rasthof Stolpe kutschieren, fährt etliche Autos vor uns die Truppe um Filips Vadder Christian Schnuppe, Onkel Gerhard Schnuppe und Stevie. Erik Raasch, dem beste Beziehungen zu Union-Maskottchen Ritter Keule nachgesagt werden, lässt uns per Video daran teilhaben, wie in Christians T5 im Akkord Brötchen aufgeschnitten, geschmiert, mit fangfrischem Hering sowie anderen leckeren Sachen belegt werden. Bereits in der Nacht hatte die Schnuppe-Gang losgeackert, um uns alle zu bewirten.

Bei uns im Doppeldecker ist derweil tatsächlich Weihnachten, zumindest Bescherung: Filips Mudder Sigrid, ihre Freundin Tatti, Cousine Lini und Tante Berle verteilen Handicap-Schals, Pins und die von Filip und Sascha ausgeheckten Mützen mit der Aufschrift: UNIONER OHNE MACKE SIND KACKE. Dazu gibt's leckere Salami-Brezeln aus Augsburg. Längst hat Sigrid das Bein des Eisernen Wanderers verbunden. Zusammen mit ihrer Truppe kümmert sie sich nun um unser aller Wohl. Der jugendlich frische Max Gödecke ist derweil mit seiner Kamera unterwegs, all das fotografisch festzuhalten. Auch auf dem Rastplatz und später im Stadion wird er erstklassig wie liebevoll seines Amtes walten. Diana und Dörte sorgen dafür, dass im Bus alles seine Ordnung hat. Auch das Verladen der Rollstühle liegt in ihren Händen.

Auf der Strecke begegnen uns Busse und PKWs mit Eisernen Schals und Wink-Elementen in den Fenstern. Schon erreichen wir den Rasthof, der in den Farben unserer Stadt und unseres Vereins erstrahlt. Eine Stunde Pause, wir steigen aus. »Ohne Jacken!«, wie Filip scherzend fordert.

Direkt vorm Doppeldecker der rot-weiße Fischbrötchen-Stand, dazu gibt's Kaffee, Wasser, Bier – und jede Menge Gespräche, unter anderem mit Kameramann Steffen Schencker und Jochen Lesching, der stolz unseren Motto-Hut trägt. Ritter Keule schwenkt unsere Fahne, bittet zum Tanz. Verdammt, wo steckt bloß sein Kumpel Erik?

Christian Schnuppe macht mich auf des Wettergottes Wirken aufmerksam: »Rund um den Rastplatz schüttet's wie aus Kannen – nur hier nich!« Das kann kein Zufall sein! Ein Gruppenfoto, auf dem nahezu alle gut 100 Mitglieder unserer Reisegruppe Platz finden, weiter geht's! Einmal mehr dauert der Einstieg gerade mal so lange, als befänden wir uns auf einer stinknormalen Linienfahrt durch Berlin. Und warum? Weil Vossi zusammen mit René, Marke und ihrem Team das Ganze schlichtweg grandios im Griff haben. Sie machen das heute zum zweiten Mal. Auf mich wirken sie, als sei das ihr Beruf und sie die Besten ihrer Zunft.

Die Stimmung im Bus wird immer heftiger, was nicht nur am mitgeführten Holsten liegt. »Es wurde dieses Mal weniger gespendet als bei der ersten Handicapfahrt?«, frage ich Filip, um schlechtgelaunte Nüchternheit bemüht.

»Seh' ick nich so!«, erwidert der. »Genau genommen haben wir sogar *mehr* Leute erreicht. Waren eben viel mehr kleene Spenden dabei. Ick freu mich über jeden, der 'nen Fünfer gibt, weil er sich mit der Jeschichte hier auseinandergesetzt hat!«

Und nicht zu vergessen die 5.000 Euro aus der Schrott-Sammel-Aktion, losgetreten von Filip, maßgeblich unterstützt durch Unions Stiftung und die Firma Schrott Wetzel GmbH. »Ich krieg noch heute 'ne Gäsehaut, wenn ich an den Opa denke, der uns paar Eimer mit Schrauben brachte, die jahrelang in seiner Garage rumgestanden hatten«, erinnert sich Schnuppe. »Allein die Freude in seinen Augen, als er sagte: ›Ist doch toll, dass die ollen Dinger noch zu watt jut sind‹ – dit is' Union!«

Schon haben wir das Millerntor-Stadion erreicht. Kurzer Halt, dann hinein, hinein! Alles völlig unkompliziert, herzlich und fernab jeder Dienstvorschrift. An dieser Stelle ein fettes Danke an den FC St. Pauli und dessen Behindertenbeauftragten Jörn Weidlich, in fester Zusammenarbeit mit seinem Eisernen Ehrenamts-Kollegen Mario Jänicke. Apropos: Natürlich drehten sich im Bus viele Gespräche um Janine Jänicke, deren Schicksal Filip und Sascha auf die Idee der Handicapfahrten gebracht hatte. »Ick denk mal, Janine sieht uns von da oben aus zu und freut sich, wie viel Spaß ihre Schützlinge haben«, steckt mir Filip.

Ab ins Stadion! Am Bierstand treffen wir – welch Zufall – die Sportis, Matze, Bia, Ritter Knut und nahezu alle anderen Kuchtras. Was für ein Fest! Im Block angekommen, sehe ich rechts auf der Haupttribüne unsere Rollifahrer rocken. Wer laufen kann, steht neben oder über uns im Gästeblock. Fahnen, Gesänge – der ganz normale Irrsinn eines Fußballspiels. Was, schon Halbzeit? Was, wir nur noch zu zehnt? Dann ein Tor, das mir die Tränen in die Augen treibt und jede Menge Biere über Haut, Haar und Jacke.

Als ich wieder zu mir komme, sitzt unser Tross schon wieder in den Bussen. Der Eiserne Irrsinn geht weiter! Wir singen, umarmen einander, feiern weit mehr als diesen so wichtigen Sieg unserer Mannschaft! Ich für meinen Teil nerve das Busfahrerteam mit einer Endlosschleife Lobhudelei. Aber wo sind hier bitteschön Behinderte?

»Das Ganze fühlte sich für mich wie 'ne janz normale Auswärtsfahrt an«, verrät mir Filip zwei Tage später, um sofort hinzuzufügen: »Und jenau dit waret ja ooch. Wir sind Unioner!« Fakt ist in jedem Fall: Wir alle nennen die auf unserer Kopfbedeckung vermerkte Macke mit Fug und Recht unser Eigen.

Noch immer auf Wolke 66, landen wir in Köpenick. So ein Mist: Erik, der auf dem Rückweg in grandioser Einzelleistung dafür gesorgt hatte, dass die Getränkequelle nicht versiegt, ist spurlos verschwunden, als sein Freund Ritter Keule uns in die Arme nimmt.

Es war verdammt noch mal nicht nur Gerstensaft, der dafür sorgte, dass wir alle zwei Tage später noch völlig berauscht sind. Saschas Rat: »Aus der Erfahrung unserer ersten Handicapfahrt sage ich dir: Erst mal alles sacken lassen! Wir werden Tage brauchen, um alles zu verarbeiten.«

»Ich bin immer noch total geflasht von all den Eindrücken«, verrät mir Filip Montagmittag. »All die Mühe hat sich mehr als jelohnt, und wir sind jetzt schon wieder hoch motiviert, den Handicappern auch weiterhin solche Momente zu ermöglichen!«

Ein riesiges Danke an dieser Stelle noch einmal all jenen, die dafür sorgten, dass auch Handicapfahrt Nummer zwei für dieses Mal 46 Handicapper und ihre Begleiter ein voller Erfolg wurde. Die Firma Reha Tech sorgte für acht Busse, jeweils mit zwei Fahrern, Benzin & Co. Und das alles nicht nur völlig ohne Bezahlung – am Ende spendeten sie sogar noch eine beträchtliche Summe für die nächste Handicapfahrt! Wieder arbeiteten sie Schulter an Schulter mit dem Pflegedienst Pflege mit Herz von Anke Reincke. Stellvertretend für alle Mitarbeiter ein lautes Eisernes Danke an Anke, Thorsten, Thomas und ihre Teams.

Danke auch an unsere Stiftung um Jochen Lesching, die diesem Projekt nach wie vor das schützende Dach bietet. Erik und sein Freund Keule waren stets zur Stelle, wenn es irgend nötig wurde – und mit ihnen alle bereits Genannten und viele, viele weitere Menschen. Wie sagte Sascha: »Jeder, der dabei war, ist ein Teil von Eisern trotz(t) Handicap! Und wir alle sind gleich wichtige Teile! Fehlt ein Teil, ist die Aktion nicht mehr vollständig.«

Ich für meinen Teil werde lange von der Energie zehren, die ich von restlos allen Mitreisenden empfing. Nicht nur in unserem Land, auch im Hause Union regieren derzeit harsche Töne. Diese unbändige Freude auf der Handicapfahrt, dieses gemeinsame gnadenlose

Abfeiern des Lebens, Schulter an Schulter weit über jedes Stadion hinaus – das alles gab mir irrsinnig viel Kraft.

Völlig erschlagen trat ich den Heimweg an – zugleich überglücklich und noch beim Schreiben dieser Zeilen wie auf Trip. Nun ja, geholfen hab ich weder beim Aus- noch Einstieg. Und hab ich im Bus was vorgelesen? Ich kann mich nur noch an diverse Union-Gesänge inklusive neuem Wechselgesang erinnern. Und an dieses wunderbare Kompliment aus dem Munde des Mitreisenden Mario Klante: »Ich war manchmal am Überlegen, wer sind hier eigentlich die Betreuer?«

Ich hab mich ohne jede Überlegung dazu entschlossen, dies nur positiv zu werten. Das einzige Problem, was ich noch ungelöst sehe: Welche Verrücktheit wird sich der Eiserne Wanderer das nächste Mal einfallen lassen? Aber ich hörte, dass Sascha und Komplizen bereits eine neue Idee vorschwebt. Hier nur so viel: Eisern trotz(t) Handicap 3.0 ist in Arbeit.

BONUSGRUND 11

Weil wir auch angeschlagen niemals aufgeben

Die 2. Bundesliga der Saison 2017/18 zeigte sich spannender als nahezu jedes Königsdrama von Altmeister Shakespeare. Drei Spieltage vor Saisonende konnten sich lediglich zwei Clubs sicher sein, in der nächsten Saison in dieser Liga zu spielen: die Drittliga-Aufsteiger 1. FC Magdeburg und SC Paderborn!

Alle 18 Mannschaften der aktuellen 2. Bundesliga konnten, zumindest theoretisch, noch ab- oder aufsteigen. *Mit aller Gewalt Klassenerhalt*, hieß es wieder mal im Hause Union. Müßig zu erwähnen, dass es dabei um den Relegationsplatz nach unten ging, den es tunlichst zu vermeiden galt. Von dem waren wir gerade mal vier Zähler entfernt. Das alles mit einer Mannschaft, deren Marktwert zu den höchsten der Liga zählte sowie mit Ambitionen … lassen wir das!

Auch als Union nach zwei Siegen in den letzten beiden Spielen quasi sicher auf Platz 8 ins Ziel kam, herrschte kein eitel Sonnenschein. »Es war natürlich eine katastrophale Saison, von uns als Mannschaft«, brachte es unser scheidender Abwehrrecke Toni Leistner auf den Punkt. »Als Verein haben wir komplett versagt. Es ist ärgerlich zu sehen, wie eng die Liga ist und was man da für eine Möglichkeit hatte.«[48]

Was uns Unioner auf den Rängen angeht, spricht mir Textilvergehen-User Silberhacke voll aus dem Herzen: »Am Eindrucksvollsten erscheint mir die emotionale Berg-und-Talfahrt der Fans, ihre Einheit, ihre Spaltung, ihre Besinnung, ihre Vereinigung; ihre Überzeugung, trotz allem zusammenzustehen und das Team bedingungslos zu supporten. Es war eminent wichtig, sich auf dieses Wesen des Union-Fans zu besinnen und Frustrationen wenigstens für die Dauer des Spiels herunterzuschlucken, auch wenn das manchmal äußerst schwer fiel.«[49]

Genau, reden wir über die Eisernen auf den Rängen: Vor nunmehr vielen Jahren spielte unsere erste Herrenmannschaft eine derart grottige Saison, dass ein Alt-Unioner vor der Winterpause vergaß, seinen Freunden im Stadion ein frohes Fest samt gutem Rutsch zu wünschen. Das Ergebnis ist bekannt und in Grund 47 dieses Buches aufgeschrieben: Besagter Alt-Unioner namens Torsten Eisenbeiser erfand aus jener Not heraus das Weihnachtssingen.

2017/18 spielte Unions erste Herrenmannschaft eine Saison, die in weiten Teilen den fragwürdigen Titel »Grotte« verdient. In jedem Fall sah sich unsere Vereinsführung veranlasst, den bislang üblichen Saisonabschluss am letzten Heimspieltag ausfallen zu lassen. Und wieder gab es einen Unioner, der sich sagte: Das lasse ich so nicht stehen!

Kurz nachdem unsere Mannschaft dank des erlösenden Heimsiegs am vorletzten Spieltag den Klassenerhalt perfekt gemacht hatte, postete jener Unioner: »Ich würde mich sehr freuen, wenn sich ganz viele von Euch am kommenden Samstag drei Stunden Zeit nehmen, um mit mir einen persönlichen Saisonabschluss zu feiern.«[50] Unter dem Titel »Time to say something!« zitierte uns Hauptsponsor Harald Layenberger an einen der schönsten Eisernen Orte dieser Welt, den Biergarten vom Bootshaus Sportdenkmal.

Das wurde über viele Jahre geführt von einem Mann, der auf Lebenszeit den Zweitfamiliennamen Fußballgott führen darf. In 205 Pflichtspielen trug Rolf »Rolli« Weber das Trikot unseres Vereins. Dass er dabei ganze sieben Tore schoss, lag einzig daran, dass er konsequent defensiv aufgestellt war. Als Vorstopper sorgte er entscheidend mit dafür, dass Unions Hintermannschaft um Torhüter Wolfgang »Potti« Matthies – im Gegensatz zu heute – bestens funktionierte. Unvergessen auch, dass »Rolli« am 4. September 1976 mit einer mustergültigen Vorlage auf Uli Netz in der 14. Spielminute unser legendäres 1:0 gegen die Weinroten aus Hohenschönhausen ermöglichte.

Seit 2017 bewirten die Eisernen Petra und Ingo Freund die Gäste des Bootshauses. Seither feierten wir hier etliche Geburtstage, Eiserne Lesungen und Konzerte, die Hochzeit von Sportis Ziehtochter Hanna und ihrem Marius sowie den vorläufigen Abschied vom allgegenwärtigen Unioner Sven »Gestresst« Richter, von dem ich im 7. Bonusgrund erzählte.

Svenne und alle anderen Eisernen Haudegen und Kämpferinnen sahen aus dem Eisernen Fußballhimmel zu, wie am Samstag, den 12. Mai 2018, etwa 300 Unionerinnen und Unioner Harry Layenbergers Einladung folgten und im Bootshaus-Biergarten die Sau rausließen. Viel war in dieser Saison kaputtgegangen, eine Menge böses Blut geflossen. Desaströse Auftritte unserer Mannschaft, umrahmt von allerlei »Kacke am Schuh« – und all die Gerüchte um die wahren Hintergründe der Entlassung von Trainer Jens Keller hatten ihr Übriges getan. »Der Hauptsponsor überlegt ooch schon, ob er überhaupt bei Union weitermacht«, verklickerte mir ein Unionerkollege.

Diesem Gerücht zumindest zog Harry Layenberger in seiner kurzen Ansprache jedweden Boden unter den Füßen weg. Seine Stimme wurde brüchig, als er uns von seinen Sorgen um seinen Heimatverein, den 1. FC Kaiserslautern, erzählte – um sofort klarzustellen, dass auch das seinem Engagement für Union in keiner Weise einen Abbruch tut. Selbst wenn auch wir den bitteren Gang in Liga 3 hätten antreten müssen, wäre Harry voll und ganz seinem Wort treu geblieben. Viel wichtiger erscheint mir jedoch: Dieser Typ ist längst einer von uns geworden und wird dies auch nach dem Ende seines Vertrags als Hauptsponsor bleiben. Unvergessen all die Heimspieltage, an denen er die ihm zustehende Loge 12 des Stadions An der Alten Försterei in eine Eiserne Begegnungsstätte verwandelte. Auch hier wird seither gebrüllt, gesungen, Union gelebt! Nun also hatte er uns in den Bootshaus-Biergarten zitiert, um sich bei den Fans des 1. FC Union Berlin zu bedanken.

Tags darauf bebte das größte Dresdner Fußballstadion vom Wechselgesang: »Wir lieben Union, jawoll!« Mit einem Auswärtssieg setzte unsere Mannschaft einen immerhin sauberen Schlusspunkt unter diese … piiiieeep!!! … Saison. Müßig zu erwähnen, dass das 0:1 für Union mitten in jenem Eisernen Wechselgesang fiel.

Jawoll, wir sind angeschlagen, waren angeknockt, fast am Boden – und stehen immer noch! Was auch immer in den nächsten Wochen geschehen, wer auch immer unsere erste Herrenmannschaft von nun an managen, trainieren und in ihr spielen mag, wir Unionerinnen und Unioner auf den Rängen werden niemals aufgeben und kleinlaut vor Spielschluss von dannen ziehen. Singen werden wir, auch brüllen und meckern – und niemals vergessen: *Eisern Union!*

Zum Weiterlesen

Neben meinen eigenen Erinnerungen und den mir anvertrauten Geschichten bemühte ich folgende Literatur und tummelte mich vornehmlich auf den hier angeführten Webseiten.

- Als mit Abstand wichtigste Quelle diente mir unser Union-Programm, welches gerade zum dritten Mal hintereinander von der Deutschen Programmsammler-Vereinigung zum Besten Stadionheft der 2. Liga gekürt wurde. Erhältlich ist es vor jedem Heimspiel des 1. FC Union Berlin, Die PROGRAMMierer erreicht man über: 1. FC Union Berlin, An der Wuhlheide 263, 12555 Berlin, Fax: 030 / 65 66 88 66, Mail: unionprogramm@aol.com
- Stadion An der Alten Försterei, Das Buch zum Bau, Herausgegeben von Jochen Lesching und Dieter Gluschke, edition else, Berlin 2009
- Christian Wolter: Rasen der Leidenschaften, Die Fußballplätze von Berlin, Geschichte und Geschichten, edition else, Berlin 2011
- Christian & Martin Henkel: Die Stars des DDR-Fußballs, von Ducke bis Zötsche, Delius Klasing Verlag, Bielefeld 2011
- www.immerunioner.de: sämtliche Union-Spieler, Trainer, Trikots und Mannschaftskader aller Zeiten
- www.fc-union-berlin.de: die offizielle Seite des 1. FCU
- www.fussballdaten.de: alle Ligen, alle Spiele
- www.sport-komplett.de/sport-komplett/sportarten/f/fussball/hst/18_3.html: Verzeichnis aller Spieler, die je in der DDR-Nationalmannschaft spielten
- http://home.snafu.de/erich.mielke/: eine Seite aus dem Fan-Spektrum des DDR-Rekordmeisters, enthält Spielberichte von nahezu allen Partien der Hohenschönhausener gegen den 1. FC Union Berlin

Quellen

1 Christoph Biermann: Und niemals vergessen ..., in: 11 Freunde, Nr. 137, April 2013, S. 31

2 Union Berlin Hymne: (P) 1998 M. Kölmel, © 1998 G.I.B. Music & Distribution GmbH, Musik & Text: Klaus Sperber, Andreas Cämmerer; Produktion: Andreas Cämmerer, Klaus Sperber

3 Der Rasensport, 4. Juni 1923

4 Gerald Karpa, Unsere Ehrenmitglieder: Günter Mielis, in: Union-Programm 13, Saison 2009/10, 20. Dezember 2009, S. 49

5 Internetlexikon FCC-Wiki: www.fcc-supporters.org/wiki/1967/68_FDGB-Pokal_Finale:_1._FC_Union_Berlin_-_FC_Carl_Zeiss_Jena_2:1

6 Michael Jahn: Urlaub in Sotschi statt Dribblings in Barcelona, in: Berliner Zeitung vom 09. Mai 2001: www.berliner-zeitung.de/archiv/wie-der-aktuelle-uefa-cup-starter-1--fc-union-berlin-im-jahre-1968-um-seine-chance-kam--im-europapokal-zu-spielen-urlaub-in-sotschi-statt-dribblings-in-barcelona,10810590,-9900594.html

7 Zitiert aus: Christian und Martin Henkel: Die Stars des DDR-Fußballs, von Ducke bis Zötsche, Delius Klasing Verlag, Bielefeld 2011, S. 33

8 U.a.: Max Bosse: Union ist nun mal Osten, in: Frankfurter Rundschau, 12. Januar 2013: www.fr-online.de/sport/torsten-mattuschka--union-ist-nun-mal-osten-,1472784,21442266.html

9 Spielarchiv BFC Dynamo: home.snafu.de/erich.mielke/HTMLPokal/197879pokAFH.html

10 Gerald Karpa, Unsere Ehrenmitglieder: Georg Pohler, in: Union-Programm Nr. 18, Saison 2009/2010, 31. März 2010, S. 55

11 Archiv des Unionforums: www.archiv.unionforum.de/index.php?page=Thread&postID=118919

12 Gerald Karpa, Unsere Ehrenmitglieder: Margrit Lehmann, in: Union-Programm Nr. 21, Saison 2009/10, 2. Mai 2010, S. 54

13 Spielerarchiv 1. FC Union Berlin: www.immerunioner.de/meyer-hans.htm

14 Matthias Wolf: »Gegen Union können wir nur verlieren«, Berliner Zeitung vom 22. Dezember 2000: www.berliner-zeitung.de/archiv/gladbachs-trainer-meyer-zum-pokal-los--gegen-union-koennen-wir-nur-verlieren-,10810590,9862766.html

15 Hamburger Morgenpost, 8. Februar 2001: www.mopo.de/news/gladbach--fairer-verlierer-hat-jetzt-grosse-angst-um-den-aufstiegs traum-hans-meyer---berlin-laengst-ein-zweitligist-,5066732, 6143102.html

16 Rund, Das Fußballmagazin: www.rund-magazin.de/news/777/80/Interview-Hans-Meyer-Teil-2/

17 Union-Programm Nr. 3, Saison 2011/12, 20. August 2011, S. 49

18 Union-Programm Nr. 4, Saison 2011/12, 11. September 2011, S. 50

19 Union-Programm Nr. 5, Saison 2011/12, 24. September 2011, S. 53

20 Vereinshomepage 1. FC Union Berlin. www.fc-union-berlin.de/profis/aktuelle-meldungen/detail/-Bluten-fuer-Union--2618E/

21 Horst Bläsig: Bluten für Union, in: Berliner Morgenpost, 12. Mai 2004: www.morgenpost.de/printarchiv/sport/article399043/Bluten-fuer-Union.html

22 Spielerarchiv 1. FC Union Berlin. www.immerunioner.de/boenig-sebastian.htm

23 Videoforum youtube. www.youtube.com/watch?v=hvE4J-Kg9Z3o

24 Siehe u.a. Fußballarchiv Ostfußball: ostfussball.com/fundstueck-des-tages-266-rangnick-red-bull-leipzig-bundesliga-1266/

25 Siehe u.a.: Süddeutsche Zeitung, 17. Mai 2010: www.sueddeutsche.de/sport/fussball-in-italien-hauptsache-elite-berlusconi-will-provinzklubs-aussperren-1.200985

26 Siehe u.a. Fanforum 1860 München: www.loewenforum.de/loewenforum/viewtopic.php?f=56&t=19321

27 Vereinshomepage 1. FC Union Berlin: www.fc-union-berlin.de/verein/aktuelle-meldungen/details/Historisch-Silvio-erzielt-erstes-Tor-des-Monats-fuer-den-1-FC-Union-Berlin-282A/

28 MB in Berliner Kurier, 26. November 2012: www.berliner-kurier.de/1--fc-union/dfl-konzept-vollkontrolle-fuer-kurier-reporter,7168992,20964048.html

29 Stadion An der Alten Försterei, Das Buch zum Bau, Edition else, Berlin 2009, S. 217

30 YouTube: www.youtube.com/watch?v= 4mg75ybq60

31 Webpräsenz der Eisernen Kubik-Elfen: kubikelfen.de.tl

32 Siehe u.a. Fanforum 1860 München: www.loewenforum.de/loewenforum/viewtopic.php?f=56&t=19321

33 Vereinshomepage 1. FC Union Berlin: www.fc-union-berlin.de/profis/spielplan/detail/2-Bundesliga-Hertha-BSC-gegen-1-FC-Union-Berlin-7871h/

34 Union-Programm Nr. 16, Saison 2010/11, 12. März 2011, S. 44

35 Wikipedia: de.wikipedia.org/wiki/1._FC_Union_Berlin

36 Vereinshomepage 1. FC Union Berlin: www.fc-union-berlin.de/profis/aktuelle-meldungen/detail/1-FC-Union-Berlin-spielt-nicht-gegen-RB-Leipzig-17435D/

37 Alex Heinen, Interview der Woche, in: Berliner Fußballwoche, 5. November 2012, S. 56

38 Carsten Priefer in: BZ, 28. September 2009: www.bz-berlin.de/sport/hertha-bsc/holt-hertha-jetzt-lothar-matthaeus-article597515.html

39 U.a.: Maxim Leo und Thomas Vögele, Die Seele des Fußballs, in: Berliner Zeitung 5./6. November 2011, Magazin, S. 5

40 Gerald Karpa in: Union-Programm Nr. 13, Saison 2012/13, 16. Februar 2013, S. 42

41 Gunnar Leue in: Union-Programm Nr. 20, Saison 2010/11, 8. Mai 2011, S. 24

42 Homepage Jörg Steinberg: www.joergsteinberg.de/seiten/stuecke11.html

43 Unionfanforum: www.unionforum.de/index.php?form=Search& searchID=724431&highlight=gentrifiziert

44 Dajana Rubert: Der Tag nach dem Tiefpunkt – Jetzt stellt Lewandowski alles in Frage, in: Berliner Kurier vom 25.10.2015, siehe: http://www.berliner-kurier.de/sport/der-tag-nach-dem-tiefpunkt-jetzt-stellt-lewandowski-alles-in-frage-23122924, Zugriff am 04.01.2016

45 Zimmi Wildau in: Unionprogramm Nr. 12, Saison 2015/16, 30.01.2016, S. 3

46 Ebenda

47 https://fanzeit.de/spektakel-in-dortmund/30628, Zugriff am 15.03.2017

48 www.textilvergehen.de/2018/05/14/ein-halbwegs-versoehnlicher-abschluss-einer-verkorksten-katastrophalen-saison/#more-29489, Zugriff am 14.05.2018

49 Ebenda

50 Siehe www.facebook.com/events/632189773788385/, Zugriff am 14.05.2018

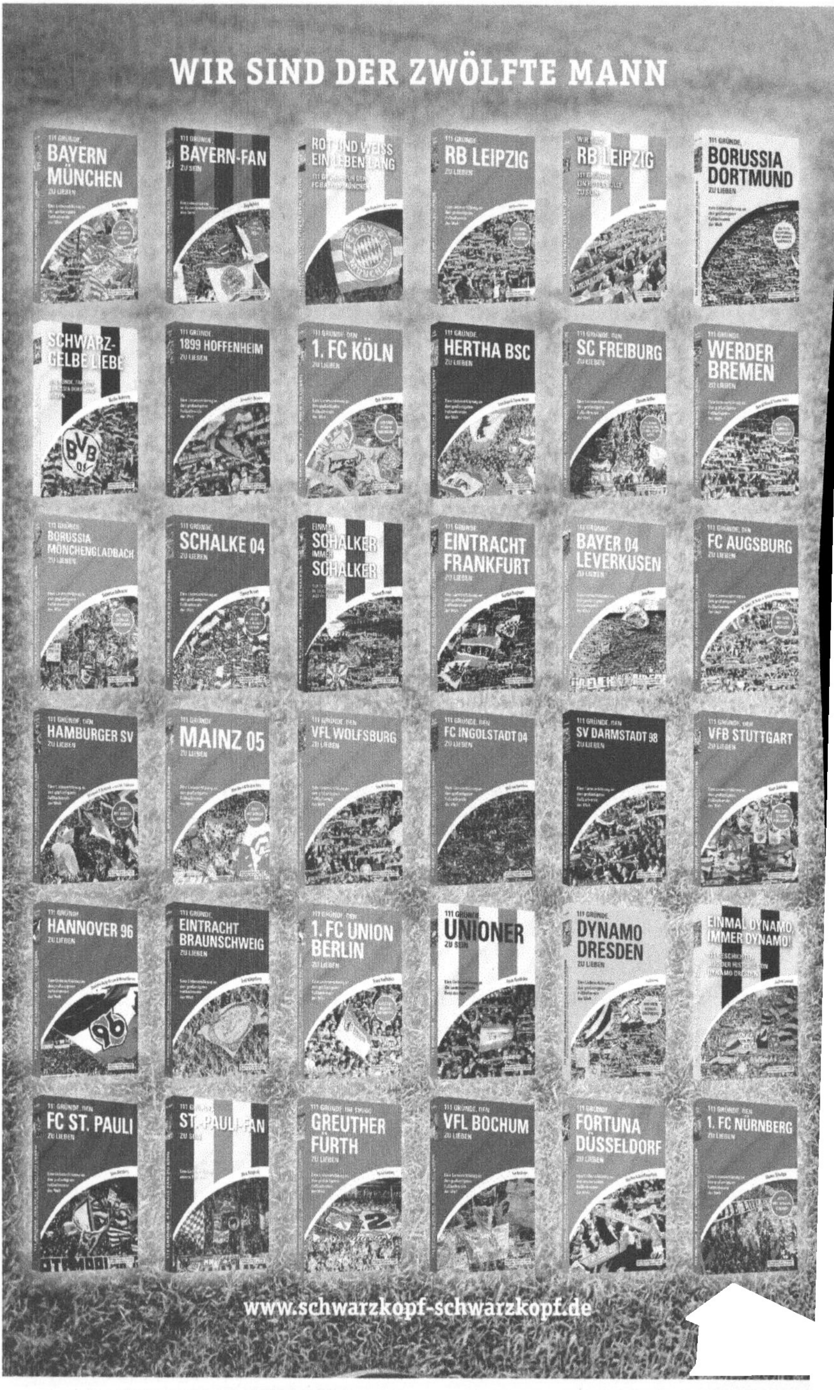
WIR SIND DER ZWÖLFTE MANN
111 GRÜNDE, BAYERN MÜNCHEN ZU LIEBEN
111 GRÜNDE, BAYERN-FAN ZU SEIN
ROT UND WEISS EIN LEBEN LANG
111 GRÜNDE, RB LEIPZIG ZU LIEBEN
RB LEIPZIG
111 GRÜNDE, BORUSSIA DORTMUND ZU LIEBEN
SCHWARZ-GELBE LIEBE
111 GRÜNDE, 1899 HOFFENHEIM ZU LIEBEN
111 GRÜNDE, DEN 1. FC KÖLN ZU LIEBEN
111 GRÜNDE, HERTHA BSC ZU LIEBEN
111 GRÜNDE, DEN SC FREIBURG ZU LIEBEN
111 GRÜNDE, WERDER BREMEN ZU LIEBEN
111 GRÜNDE, BORUSSIA MÖNCHENGLADBACH ZU LIEBEN
111 GRÜNDE, SCHALKE 04 ZU LIEBEN
EINMAL SCHALKER, IMMER SCHALKER!
111 GRÜNDE, EINTRACHT FRANKFURT ZU LIEBEN
111 GRÜNDE, BAYER 04 LEVERKUSEN ZU LIEBEN
111 GRÜNDE, DEN FC AUGSBURG ZU LIEBEN
111 GRÜNDE, DEN HAMBURGER SV ZU LIEBEN
111 GRÜNDE, MAINZ 05 ZU LIEBEN
111 GRÜNDE, DEN VFL WOLFSBURG ZU LIEBEN
111 GRÜNDE, DEN FC INGOLSTADT 04 ZU LIEBEN
111 GRÜNDE, DEN SV DARMSTADT 98 ZU LIEBEN
111 GRÜNDE, DEN VFB STUTTGART ZU LIEBEN
111 GRÜNDE, HANNOVER 96 ZU LIEBEN
111 GRÜNDE, EINTRACHT BRAUNSCHWEIG ZU LIEBEN
111 GRÜNDE, DEN 1. FC UNION BERLIN ZU LIEBEN
111 GRÜNDE, UNIONER ZU SEIN
111 GRÜNDE, DYNAMO DRESDEN ZU LIEBEN
EINMAL DYNAMO, IMMER DYNAMO!
111 GRÜNDE, DEN FC ST. PAULI ZU LIEBEN
ST.-PAULI-FAN ZU SEIN
111 GRÜNDE, DIE SPVGG GREUTHER FÜRTH ZU LIEBEN
111 GRÜNDE, DEN VFL BOCHUM ZU LIEBEN
111 GRÜNDE, FORTUNA DÜSSELDORF ZU LIEBEN
111 GRÜNDE, DEN 1. FC NÜRNBERG ZU LIEBEN
www.schwarzkopf-schwarzkopf.de

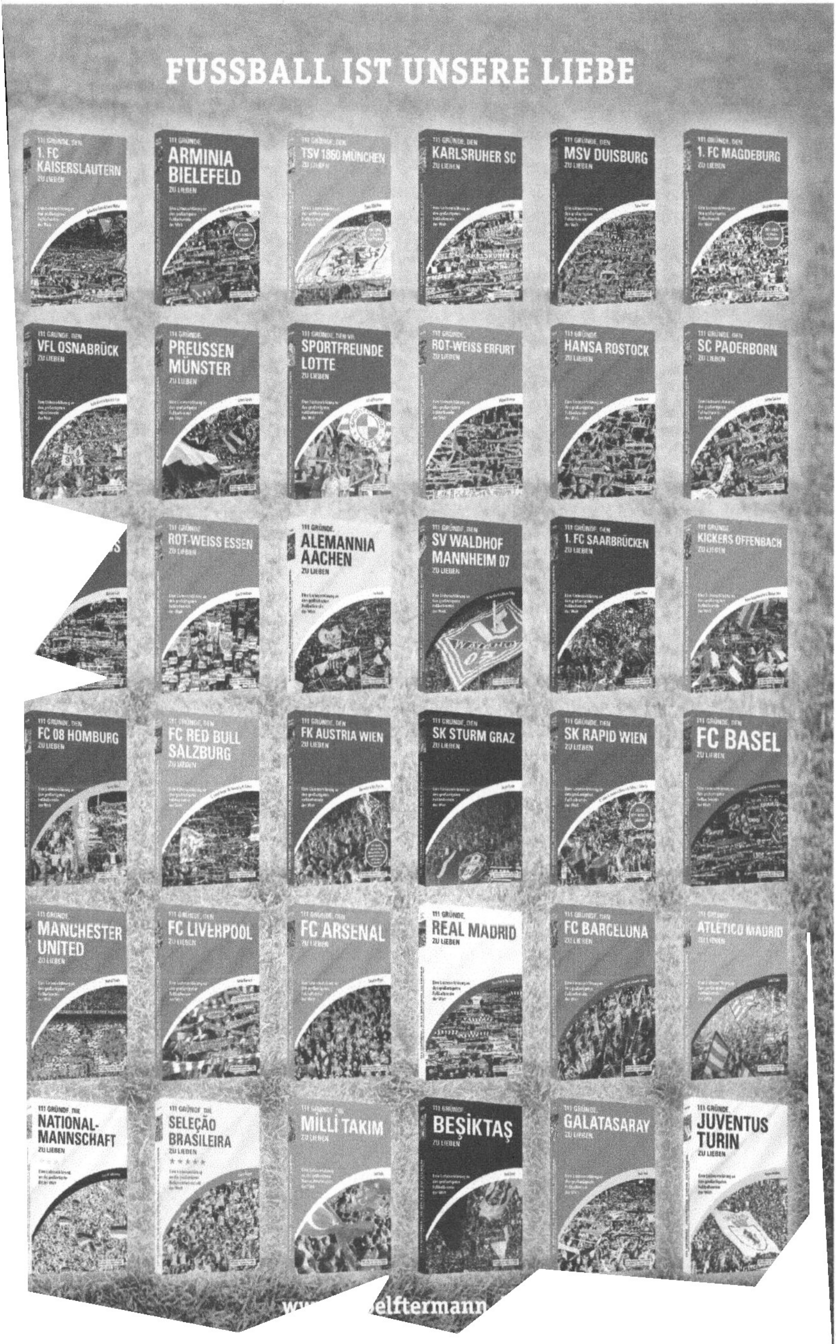
FUSSBALL IST UNSERE LIEBE
111 GRÜNDE, DEN 1. FC KAISERSLAUTERN ZU LIEBEN
111 GRÜNDE, ARMINIA BIELEFELD ZU LIEBEN
111 GRÜNDE, DEN TSV 1860 MÜNCHEN ZU LIEBEN
111 GRÜNDE, DEN KARLSRUHER SC ZU LIEBEN
111 GRÜNDE, DEN MSV DUISBURG ZU LIEBEN
111 GRÜNDE, DEN 1. FC MAGDEBURG ZU LIEBEN
111 GRÜNDE, DEN VFL OSNABRÜCK ZU LIEBEN
111 GRÜNDE, PREUSSEN MÜNSTER ZU LIEBEN
111 GRÜNDE, DEN VfL SPORTFREUNDE LOTTE ZU LIEBEN
111 GRÜNDE, ROT-WEISS ERFURT ZU LIEBEN
111 GRÜNDE, HANSA ROSTOCK ZU LIEBEN
111 GRÜNDE, DEN SC PADERBORN ZU LIEBEN
111 GRÜNDE, ROT-WEISS ESSEN ZU LIEBEN
111 GRÜNDE, ALEMANNIA AACHEN ZU LIEBEN
111 GRÜNDE, DEN SV WALDHOF MANNHEIM 07 ZU LIEBEN
111 GRÜNDE, DEN 1. FC SAARBRÜCKEN ZU LIEBEN
111 GRÜNDE, KICKERS OFFENBACH ZU LIEBEN
111 GRÜNDE, DEN FC 08 HOMBURG ZU LIEBEN
111 GRÜNDE, DEN FC RED BULL SALZBURG ZU LIEBEN
111 GRÜNDE, DEN FK AUSTRIA WIEN ZU LIEBEN
111 GRÜNDE, DEN SK STURM GRAZ ZU LIEBEN
111 GRÜNDE, DEN SK RAPID WIEN ZU LIEBEN
111 GRÜNDE, DEN FC BASEL ZU LIEBEN
111 GRÜNDE, MANCHESTER UNITED ZU LIEBEN
111 GRÜNDE, DEN FC LIVERPOOL ZU LIEBEN
111 GRÜNDE, DEN FC ARSENAL ZU LIEBEN
111 GRÜNDE, REAL MADRID ZU LIEBEN
111 GRÜNDE, DEN FC BARCELONA ZU LIEBEN
111 GRÜNDE, ATLETICO MADRID ZU LIEBEN
111 GRÜNDE, DIE NATIONALMANNSCHAFT ZU LIEBEN
111 GRÜNDE, DIE SELEÇÃO BRASILEIRA ZU LIEBEN
111 GRÜNDE, DIE MİLLİ TAKIM ZU LIEBEN
111 GRÜNDE, BEŞİKTAŞ ZU LIEBEN
111 GRÜNDE, GALATASARAY ZU LIEBEN
111 GRÜNDE, JUVENTUS TURIN ZU LIEBEN

DER AUTOR

Frank Nussbücker, geboren 1967 in Jena, Kindheit in Oranienburg, wohnt seit 1988 in Berlin. Seine Schrippen verdient er als Schriftsteller und Ghostwriter. Seit 2008 gibt er zusammen mit Andreas B. Vornehm die Kurzgeschichten-zeitschrift STORYATELLA heraus. Fußballsüchtig ist er, seit er denken kann. Als Kind lernte er den Mythos 1. FCU kennen. Als Erwachsener lernt er, Union zu leben. Vereinsmitglied, Dauerkarteninhaber und Stadionbesitzer.

www.storyatella.de

Frank Nussbücker

111 GRÜNDE, DEN 1. FC UNION BERLIN ZU LIEBEN

Eine Liebeserklärung an den großartigsten Fußballverein der Welt

Aktualisierte und erweiterte Neuausgabe mit elf Bonusgründen

ISBN 978-3-86265-726-1

ZWÖLFTER MANN – Das Programm für Fußballfans von Schwarzkopf & Schwarzkopf | Die Reihe ZWÖLFTER MANN wird von Martin Brinkmann und Oliver Schwarzkopf herausgegeben | Aktualisierte und erweiterte Neuausgabe |

VERLAG

Schwarzkopf & Schwarzkopf Verlag GmbH

Kastanienallee 32, 10435 Berlin

Telefon: 030 – 44 33 63 00

Fax: 030 – 44 33 63 044

INTERNET | E-MAIL

www.zwoelftermann.de

www.schwarzkopf-schwarzkopf.de

www.facebook.com/schwarzkopfverlag

info@schwarzkopf-schwarzkopf.de